누구나 아는 나만 모르는 IT

이성원 강사의

3분 엑셀

이렇게 쉽게 가르쳐준 사람은 없었다!

이성원 지음

한빛미디어
Hanbit Media, Inc.

지은이 이성원

웹디자이너로 첫 사회생활을 시작한 후 컴퓨터 방문 교육 사업을 창업하여 지난 13년간 엑셀, 파워포인트, 워드, 포토샵, 베가스, 프리미어 프로 등의 과목을 강의하였습니다. 온라인 마케팅 회사를 운영하면서 실질적인 경험을 바탕으로 쇼핑몰 창업, 블로그 마케팅, 유튜브 마케팅 강사로 활동하였고 4년 전, 3분 엑셀 온라인 교육 콘텐츠로 인터넷 강의를 개설하였습니다.

현재는 누나IT(누구나 아는 나만 모르는 IT) 대표로 다수의 기업과 대학교에서 원격 화상 솔루션을 제공하고 온라인 콘텐츠 제작을 교육하고 있습니다. 또한 유튜브 크리에이터와 유튜버 양성에 힘쓰면서 3분 엑셀과 같은 IT 온라인 교육 프로그램을 개발하고 있습니다.

3분 엑셀 카페 | cafe.naver.com/3excel
누나IT 유튜브 채널 | www.youtube.com/haiipad
이성원강사 유튜브 채널 | www.youtube.com/noonacom
유튜브 스쿨 | www.youtubeschool.co.kr
블로그 | comkang4.blog.me

누구나 아는 나만 모르는 IT 이성원 강사의

3분 엑셀

초판 1쇄 발행 2020년 10월 19일
초판 4쇄 발행 2024년 06월 10일

지은이 이성원 / **펴낸이** 전태호
펴낸곳 한빛미디어(주) / **주소** 서울특별시 서대문구 연희로 2길 62 한빛미디어(주) IT출판1부
전화 02-325-5544 / **팩스** 02-336-7124
등록 1999년 6월 24일 제25100-2017-000058호 / **ISBN** 979-11-6224-356-5 13000

총괄 배윤미 / **책임편집** 장용희 / **기획·편집** 박지수
디자인 김연정 / **전산편집** 김보경
영업 김형진, 장경환, 조유미 / **마케팅** 박상용, 한종진, 이행은, 김선아, 고광일, 성화정, 김한솔 / **제작** 박성우, 김정우

이 책에 대한 의견이나 오탈자 및 잘못된 내용은 출판사 홈페이지나 아래 이메일로 알려주십시오.
파본은 구매처에서 교환하실 수 있습니다. 책값은 뒤표지에 표시되어 있습니다.

한빛미디어 홈페이지 www.hanbit.co.kr / 이메일 ask@hanbit.co.kr / 자료실 www.hanbit.co.kr/src/10356

지금 하지 않으면 할 수 없는 일이 있습니다.
책으로 펴내고 싶은 아이디어나 원고를 메일(writer@hanbit.co.kr)로 보내주세요.
한빛미디어(주)는 여러분의 소중한 경험과 지식을 기다리고 있습니다.

엑셀이 어려운 왕초보 독자를 위한 가장 쉬운 학습법

"엑셀이 너무 어려워요."

엑셀 강의를 시작하고 나서 엑셀을 처음 배우는 분들께 가장 많이 들었던 이야기입니다. 엑셀은 어려운 프로그램이 맞습니다. 하지만 모든 것을 알고 시작하는 사람은 없습니다. 누구나 엑셀을 처음 배울 때는 초보일 수밖에 없지만 엑셀을 배워야 할 이유가 있기 때문에 엑셀 공부를 시작했을 것입니다.

이런 분들을 가르치면서 어떻게 하면 엑셀 초보자가 쉽고 지루하지 않게 엑셀에 다가갈 수 있을지 고민하였고 최대한 내용을 쉽게 풀어낸 강의 영상을 제작하게 되었는데, 그 강의가 바로 이 책의 제목이기도 한 '3분 엑셀'입니다.

이 책은 3분 엑셀 영상 강의를 바탕에 두고 첫 장부터 끝 장까지 엑셀 초보자를 위해 만들었습니다. 엑셀을 처음 배우거나 엑셀이 어려워서 배우다가 포기한 사람들이 엑셀을 사용하는 데 있어 반드시 필요한 기능을 학습할 수 있도록 하되, 어려운 기능과 복잡한 용어는 최대한 배제하여 한 권을 완독하면 엑셀 기본 기능을 모두 학습할 수 있도록 구성했습니다. 엑셀을 처음 배우는 분이라면 수많은 기능을 전부 익힌다는 목표보다는 기본 기능을 내 업무에 어떻게 활용할 수 있을지 생각하면서 한 단계씩 배워가는 것이 좋습니다.

엑셀은 데이터의 계산을 효율적으로 해결하기 위해 만들어진 프로그램이지만 요즘은 다양한 사무 분야에서 광범위하게 쓰입니다. 하다못해 표로 구성된 특징 덕분에 간단한 서식 문서로도 사용되는 등 그야말로 통합 문서 작성 프로그램으로 널리 활용되고 있습니다. 엑셀의 편리한 계산 기능과 데이터 관리 기능으로 다양한 업무에서 엑셀 사용 능력을 필요로 하고 있으며, 앞으로는 더 많은 곳에서 엑셀을 쓰게 될 것으로 예상됩니다.

이 책이 엑셀 학습에 어려움을 느꼈던 분들에게 학습을 다시 시도할 수 있는 기회가 될 수 있길 바랍니다. 엑셀 초보자의 도전을 응원합니다.

2020년 10월

이성원

이 책의 구성

Lesson

누나 IT의 3분 엑셀을 이제 책으로 만난다! 3분 엑셀 커리큘럼을 통해 엑셀 왕초보 탈출에 도전해보세요!

실습 파일&완성 파일

Lesson 학습에 필요한 실습 파일과 완성 파일입니다. 다운로드와 활용 방법은 [예제 파일 활용 가이드]를 참고하세요!

들어가며

Lesson 학습에 들어가기 전 중요한 학습 포인트를 미리 확인할 수 있습니다.

나만 모르는 엑셀 꿀팁

엑셀의 기능을 응용하는 방법, 함수 설명, 향후 엑셀 학습을 위해 추가로 알면 좋은 내용 등 다양한 노하우를 담았습니다.

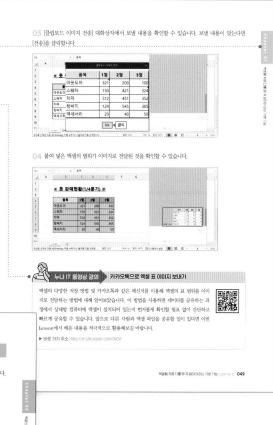

03 [클립보드 이미지 전송] 대화상자에서 보낼 내용을 확인할 수 있습니다. 보낼 내용이 맞다면 [전송]을 클릭합니다.

04 붙여 넣은 엑셀의 범위가 이미지로 전달된 것을 확인할 수 있습니다.

누나 IT 동영상 강의 | 카카오톡으로 엑셀 표 이미지 보내기

엑셀의 다양한 저장 방법 및 카카오톡과 같은 메신저를 이용해 엑셀의 표 범위를 이미지로 전달하는 방법에 대해 알아보았습니다. 이 방법을 사용하면 데이터를 공유하는 과정에서 상대방 컴퓨터에 엑셀이 설치되어 있는지 번거롭게 확인할 필요 없이 간단하고 빠르게 공유할 수 있습니다. 앞으로 다른 사람과 엑셀 파일을 공유할 일이 있다면 이번 Lesson에서 배운 내용을 적극적으로 활용해보길 바랍니다.

▶ 바로 가기 주소 : http://m.site.naver.com/0VGi7

엑셀로 자료 더욱 꼭 알아야하는 기본 기능 CHAPTER 01 **049**

수식 입력줄에 직접 최댓값을 구하는 MAX 함수 입력하기

01 ❶ [J4] 셀을 클릭합니다. ❷ [수식 입력줄]에 =MAX(B4:G4)를 입력한 후 ❸ Enter 를 누릅니다. ❹ [B4:G4] 범위 중 최댓값이 표시됩니다.

누구나 아는 Tip 수식을 입력할 때 =MAX(까지 입력하면 셀 혹은 범위를 마우스로 드래그해 직접 지정할 수 있습니다. [B4:G4] 셀 범위를 드래그한 후 Enter 를 눌러도 결과는 동일합니다.

함수 인수 대화상자로 최솟값을 구하는 MIN 함수 입력하기

01 함수 이름 전체를 입력하지 않아도 몇 글자만 입력한 후 함수 목록에서 선택하고 [함수 인수] 대화상자에서 입력하는 방법도 있습니다. 우선 ❶ [K4] 셀을 클릭하고 ❷ =M을 입력합니다. ❸ ⬇ 를 여러 번 눌러 [MIN]을 선택합니다. 간단한 설명이 오른쪽에 표시됩니다. ❹ Tab 을 누릅니다. [수식 입력줄]에 =MIN(이 입력됩니다.

엑셀의 함수와 계산을 도와주는 기본 CHAPTER 02 141

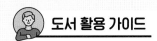

누나 IT 유튜브 채널 활용 무료 강의 시청하기

01 누나 IT 유튜브 채널(검색에서 **누나IT**로 검색)에 접속합니다. 누나 IT 채널 페이지 메뉴에서 [재생목록]을 클릭합니다.

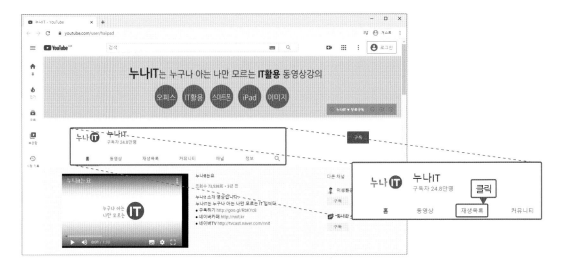

02 [생성된 재생목록]에서 [3분 엑셀]을 찾아 클릭하면 3분 엑셀 무료 영상 목록을 확인할 수 있습니다.

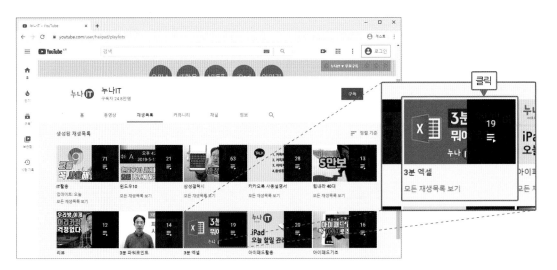

03 선택한 영상이 재생됩니다. 오른쪽 [3분 엑셀]의 재생 목록을 확인하면 누나 IT 유튜브 채널의 무료 영상 강의 목록을 확인할 수 있습니다. 원하는 강의를 찾아 클릭합니다.

누나 IT 3분 엑셀 네이버 카페 유료 강의 신청하기

웹 브라우저 주소 창에 **cafe.naver.com/3excel**을 입력하여 3분 엑셀 네이버 카페에 접속합니다. 네이버 아이디를 이용하여 카페에 가입한 후 유료 영상 강의를 구매해 시청할 수 있습니다. 자세한 사용 방법은 공지사항을 참고하세요.

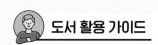
키보드 키 배치, 단축키 입력 방법 확인하기

컴퓨터를 잘 다루지 못하는 초보자라면 키보드 용어와 단축키 입력 방법을 먼저 확인해보세요! 누나 IT 키보드 용어정리 강의를 이용하면 훨씬 쉽게 컴퓨터에 사용되는 다양한 기능키 용어를 학습할 수 있습니다.

누나 IT '컴맹탈출 키보드 용어 정리' 영상 접속 주소 : https://tv.naver.com/v/1320369

누나 IT 동영상 강의 QR 코드 활용하기

스마트폰의 기본 카메라 어플리케이션을 실행하고 각 Lesson에 소개된 누나 IT 동영상 강의의 QR 코드에 초점을 맞추면 잠시 후 접속할 수 있는 유튜브 링크가 나타납니다. 링크를 터치하면 해당 동영상 강의로 접속합니다. 유튜브 어플리케이션을 설치했다면 유튜브 어플리케이션이 실행됩니다.

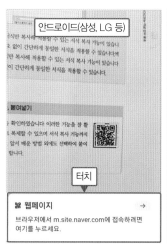

수준별 맞춤 학습 방법

• 엑셀을 처음 배우는, 빠르게 배우고 싶은 왕초보라면

누나 IT 3분 엑셀의 커리큘럼을 책으로 만난다! 《누구나 아는 나만 모르는 IT 이성원 강사의 3분 엑셀》은 Lesson의 실습 위주로 빠르게 진행해도 엑셀에 필수적인 기능과 함수를 학습할 수 있도록 구성되어 있습니다. 모르는 부분은 [누구나 아는 Tip]의 내용으로 확인하여 해결하고 각 Lesson에 소개된 무료 3분 엑셀 강의 QR 코드를 활용해 복습하면 빠르게 엑셀 학습을 완료할 수 있습니다.

Lesson
**실습만
빠르게 진행**

모르는 내용은
**누구나 아는 Tip을
참고해 해결**

누나 IT 3분 엑셀
**무료 강의로
학습 내용 복습**

• 엑셀을 차근차근 익혀 실력을 업그레이드하고 싶은 초보라면

엑셀을 처음 배우거나 부족한 실력을 업그레이드하고 싶다면 Lesson에 수록된 실습을 통해 엑셀 기능과 함수를 익힙니다. [나만 모르는 엑셀 꿀팁]의 내용을 읽고 이해하며 엑셀의 기능과 함수가 어떻게 구현되는지 학습합니다. 또한 누나 IT의 3분 엑셀 카페에서 동영상 강의를 수강하여 추가로 학습한다면 자신의 엑셀 실력이 점차 업그레이드되는 것을 체감할 수 있을 것입니다.

Lesson
**설명과 실습을
차근차근 학습**

나만 모르는
**엑셀 꿀팁을 보며
추가 내용 학습**

누나 IT 3분 엑셀
**유료 강의로
학습 내용 복습**

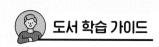
도서 학습 가이드

왕초보를 위한 체계적인 학습 구성

왕초보를 탈출하기 위한 엑셀 필수 기능은 따로 있습니다. 엑셀을 처음 학습하는 사람도 처음부터 끝까지 완독하면 엑셀 기초를 전부 학습할 수 있습니다. 체계적으로 구성된 3분 엑셀의 커리큘럼을 통해 엑셀 왕초보 탈출에 도전해보세요!

Chapter 01

**엑셀
기초**

엑셀의 가장 기본이 되는 부분을 학습합니다. 엑셀을 찾고 실행하는 방법부터 문서를 만들고 저장한 후 데이터를 수정, 삭제하는 방법 등 엑셀을 다루기 위해 반드시 알아야 하는 기본 기능을 학습해보세요.

Chapter 02

**엑셀
함수**

엑셀에는 수많은 함수가 있지만 반드시 알아야 하는 함수는 한정되어 있습니다. 간단한 연산을 해결하는 함수부터 날짜와 시간을 추출하고 조건에 따라 다양한 값을 출력하는 함수 등 엑셀 필수 함수만 공부해도 기본적인 작업이 가능합니다.

Chapter 03
엑셀 응용

엑셀 왕초보를 탈출하기 위해서는 기본적인 기능 외에도 여러분의 작업을 효율적으로, 그리고 빠르게 해결할 수 있도록 도와주는 다양한 기능을 활용할 줄 아는 것이 좋습니다. 엑셀의 다양한 기능을 통해 여러분의 엑셀 능력을 업그레이드해보세요!

엑셀 왕초보 탈출

책을 완독하고 모든 실습을 진행하면 왕초보 탈출! 배운 내용을 업무에 적용하면서 실력을 점검해보세요! 엑셀을 사용해 원하는 작업을 할 수 있는 실력이 되었다면 부족한 부분은 책과 함께 동영상 강의를 이용해 복습해보세요!

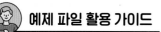

예제 파일 활용 가이드

한빛미디어 홈페이지에서 예제 파일 다운로드하기

01 웹 브라우저를 열고 한빛출판네트워크 홈페이지 주소 **http://hanbit.co.kr/**를 입력하거나 인터넷 검색 사이트에 **한빛출판네트워크**를 검색해 접속합니다. 홈페이지에 접속한 후 오른쪽 아래에 있는 [자료실]을 클릭합니다.

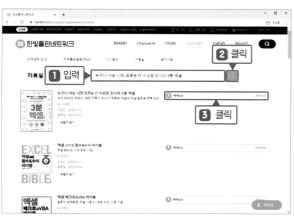

02 검색란에 **①** **3분 엑셀**을 입력한 후 **②** 검색 버튼을 클릭합니다. 검색 결과가 나타나면 《누구나 아는 나만 모르는 IT 이성원 강사의 3분 엑셀》 도서의 **③** [예제소스]를 클릭합니다.

03 다운로드 페이지가 나타나면 [다운로드]를 클릭해 예제 파일을 다운로드합니다. 예제 파일은 보통 컴퓨터의 [다운로드] 폴더에 압축 파일 형태로 저장됩니다.

예제 파일 활용하기

• 다운로드한 파일의 압축 해제는 반드시 최신 버전의 압축 프로그램 사용

오래된 버전의 압축 프로그램을 사용할 경우 압축이 해제되지 않거나 오류가 발생할 확률이 높습니다. 예제 파일의 압축을 해제할 때는 꼭 최신 버전의 압축 해제 프로그램을 사용합니다.

최신 버전의 압축 프로그램은 네이버 소프트웨어 자료실(**https://software.naver.com/** 주소 입력 혹은 네이버 검색에 **소프트웨어 자료실** 검색)에 접속하여 [PC 포맷 후 필수 S/W] 메뉴를 클릭하면 나타나는 최신 버전의 압축 프로그램을 다운로드해 설치합니다. 혹은 반디집(**https://kr.bandisoft.com/bandizip/** 주소 입력 혹은 검색 사이트에서 **반디집** 검색) 홈페이지에 접속해 최신 버전의 반디집을 다운로드해 설치합니다.

• 다운로드한 파일은 압축을 해제하여 복사한 후 사용

다운로드한 압축 파일을 해제하지 않고 예제 파일을 실행하면 오류가 발생합니다. 따라서 예제 파일은 반드시 압축을 해제하여 사용합니다. 또한 예제 파일은 실습하는 도중 실습한 내용이 덮어 씌워지거나 수정되어 원본 실습 파일의 내용과 달라질 수 있습니다. 추후 학습을 위해 원본은 별도로 저장하여 관리하는 것이 좋습니다.

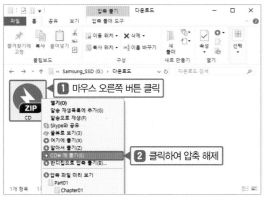

내가 사용하는 엑셀 버전 알아보기

《누구나 아는 나만 모르는 IT 이성원 강사의 3분 엑셀》의 실습 내용은 엑셀 2016, 2019, Microsoft 365 버전에 최적화되어 있습니다. 엑셀 2010, 2013 버전에서도 대부분의 기능과 함수가 호환되지만 화면과 메뉴 구성이 일부 상이할 수 있습니다. 가급적 최신 버전의 엑셀을 사용해 실습을 따라 하는 것을 권장합니다.

누나 IT '내가 사용하는 엑셀버전 아는 4가지 방법' 영상 접속 주소 : https://youtu.be/4-zv4XgY41k

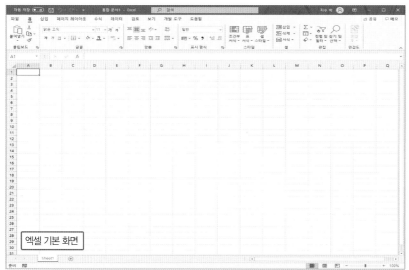

엑셀 기본 화면

●한셀에서는 정상적인 학습이 불가능해요!

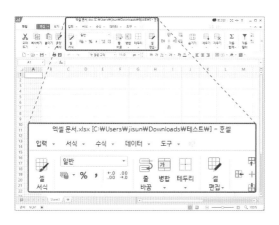

한글과컴퓨터에서 제작한 한셀은 제목 표시줄에 [혼셀]로 표시됩니다. 한셀은 엑셀 파일이 호환되는 프로그램이기 때문에 엑셀 문서 파일은 열리지만 엑셀과는 다른 프로그램입니다. 따라서 메뉴 구성과 화면이 상이하며, 책의 내용과 달라 실습이 불가능합니다.

한셀(한컴오피스)로 열리는 파일 엑셀(Microsoft 365)에서 열기

01 엑셀 문서를 열었을 때 Microsoft의 엑셀이 설치되어 있음에도 한셀에서 대신 열리는 경우가 있습니다. 엑셀 문서 파일을 엑셀에 바로 연결하려면 **1** 엑셀 문서 파일을 마우스 오른쪽 버튼으로 클릭한 후 **2** [속성]을 클릭합니다. [속성] 창이 나타나면 [일반] 탭의 **3** [연결 프로그램]에 [Cell 2020]이 표시된 것을 확인합니다. **4** [변경]을 클릭합니다.

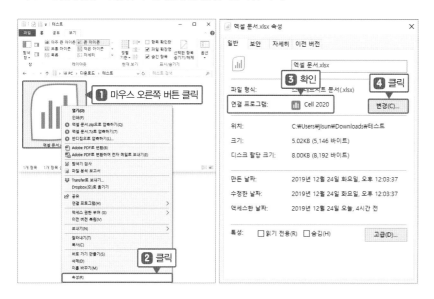

02 '앞으로 .xlsx 파일을 열 때 사용할 방법을 선택하세요'라는 대화상자가 나타나면 **1** [기타 옵션]에서 [Excel]을 클릭하고 **2** [확인]을 클릭합니다. **3** [속성] 창을 확인하면 [연결 프로그램]에 [Excel]이 설정된 것을 확인할 수 있습니다. **4** [속성] 창의 닫기 ☒를 클릭해 창을 닫습니다.

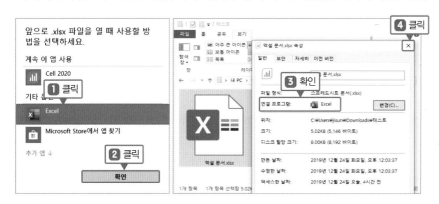

목차

Chapter 01 엑셀을 처음 다룰 때 꼭 알아야 하는 기본 기능

목차

목차

목 차

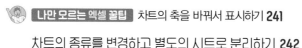

Chapter

01

엑셀을 처음 다룰 때 꼭 알아야 하는 기본 기능

Lesson

01 내 컴퓨터에서 엑셀 찾고 실행 하기

실습 파일 | 새 통합 문서 직접 만들기
완성 파일 | 없음

내 컴퓨터에 설치된 엑셀을 찾아 실행하는 방법에 대해 알아보겠습니다. Microsoft 365 혹은 MS Office를 설치하면 엑셀, 파워포인트, 워드가 같이 설치됩니다. 엑셀은 윈도우에서 Excel로 표기됩니다. 자신이 사용하는 엑셀 프로그램의 버전을 확인하는 방법은 014페이지를 참고하세요.

내 PC에서 엑셀 프로그램 찾기

01 윈도우 10 이상 버전에서 **①** 화면 왼쪽 아래에 위치한 [시작 ⊞]을 클릭하면 ABCD 순서로 정렬된 프로그램 목록이 나타납니다. **②** E 항목에서 [Excel]을 찾을 수 있습니다.

누구나 아는 Tip 윈도우 7 이하 버전에서는 [Excel] 혹은 [Microsoft Excel]로 찾아 실행합니다.

02 또 다른 방법은 [시작 ⊞] 옆에 위치한 **1** [검색 🔍]을 클릭하고 **2** **Excel**을 입력하면 **3** [Excel] 프로그램을 쉽게 찾을 수 있습니다.

03 윈도우 10에서 엑셀을 좀 더 빠르게 실행하려면 [시작 ⊞] 메뉴의 **1** [Excel]을 마우스 오른쪽 버튼으로 클릭하고 **2** [자세히]–[작업 표시줄에 고정]을 클릭합니다. **3** 윈도우 화면 하단의 작업 표시줄에 엑셀 아이콘이 추가되어 다른 작업 중에도 엑셀을 빠르게 실행할 수 있습니다.

01 엑셀을 실행합니다. 엑셀을 처음 실행하면 각종 서식과 엑셀을 학습할 수 있는 자습서, 최근에 작업했던 파일 목록이 나타납니다. [새 통합 문서]를 클릭하면 새 엑셀 통합 문서가 열립니다.

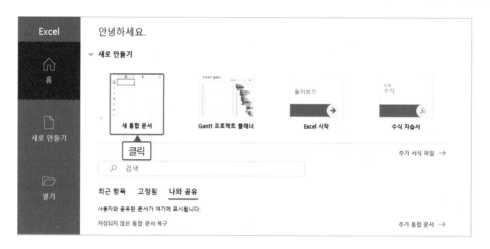

02 처음 엑셀 새 통합 문서를 만들면 셀과 시트로 구성된 엑셀 작업 영역과 메뉴가 나타납니다. **①** 엑셀에서 작업 영역의 사각형 하나를 **셀**이라고 하며 이런 셀이 모여 **②** **시트**를 이룹니다. **③** 작업 영역 위쪽에 표시된 A, B, C…를 **열 머리글**, **④** 왼쪽의 1, 2, 3…을 **행 머리글**이라고 합니다.

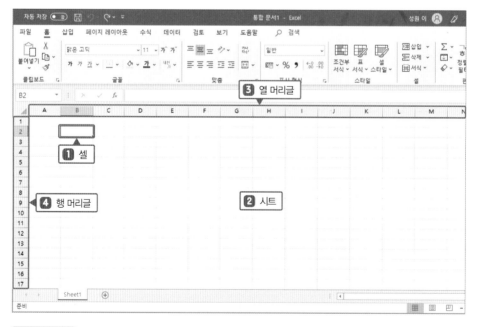

누구나아는 Tip 엑셀에서 주로 작업하게 되는 '시트'를 지칭할 때는 '워크시트'라고 합니다.

03 셀과 시트가 나타나는 곳을 워크시트 작업 영역이라고 합니다. 현재 지정된 셀은 초록색 선으로 표시되어 있습니다. **1** 이것을 **셀 포인터**라고 부릅니다. 현재 셀 포인터는 B열, 2행이 교차하는 곳에 위치하고 있습니다. 이것을 열+행 주소로 조합해 해당 셀은 [B2] 셀이라고 합니다. **2** 셀 주소는 [수식 입력줄] 왼쪽에 위치한 **3** [이름 상자]에 나타납니다.

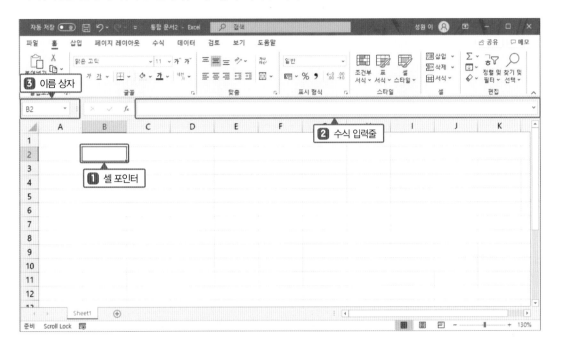

04 작업 영역에 위치한 [B3] 셀부터 [F6] 셀까지 드래그합니다. 이렇게 여러 셀을 드래그해 하나의 범위로 지정할 수 있습니다. 이때 지정한 범위는 가장 처음 셀을 기준으로 주소가 표시됩니다. 표기할 때는 [B3:F6] 범위라고 부릅니다.

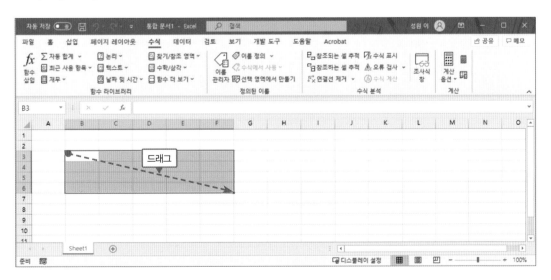

Lesson

02 간단한 데이터 입력하고 엑셀 문서 저장하기

실습 파일 | 새 통합 문서 직접 만들기
완성 파일 | CHAPTER01\02_데이터입력_완성.xlsx

엑셀을 실행하고 새 통합 문서를 만들었으니 이제 간단한 표를 만들면서 데이터를 입력하고 통합 문서를 저장하는 방법을 익혀보겠습니다. 완성된 엑셀 파일은 '.xlsx'라는 확장자(파일 형식)를 사용하는 엑셀 통합 문서 형식으로 저장합니다.

간단한 표 양식 만들기

01 Lesson 01에서 배운 방법으로 새 통합 문서를 만들고 데이터를 입력해 표를 만들어보겠습니다. 새 통합 문서에서 **1** [B2] 셀을 클릭한 후 표 제목인 **2** **옷 판매현황**을 입력하고 **3** Enter 를 두 번 누릅니다. **4** [B4] 셀에서 **품목**을 입력한 후 Tab 을 누릅니다. [C4] 셀에는 **1월**을 입력한 후 Tab 을 누릅니다. [D4] 셀에는 **2월**을 입력한 후 Tab , **5** [E4] 셀에는 **3월**을 입력한 후 Enter 를 누릅니다. **6** 셀 포인터가 [B5] 셀에 위치합니다.

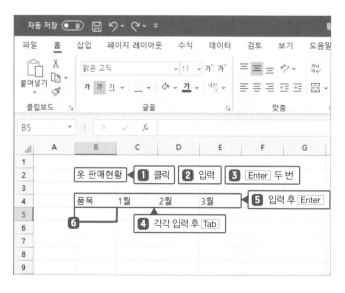

누구나아는 Tip 셀을 이동할 때는 ←, ↑, ↓, →의 방향키를 이용해도 되고, 입력한 후 밑으로 이동할 때는 Enter , 오른쪽으로 이동할 때는 Tab 을 눌러도 됩니다. Tab 을 이용해 오른쪽으로 이용한 후 줄을 바꾸려면 Enter 를 누릅니다. 이때 셀 포인터는 맨 처음 Tab 을 눌렀던 위치로 이동합니다.

02 입력한 표 내용의 글꼴 크기를 조절해보겠습니다. **1** [B4] 셀에서 [E9] 셀까지 드래그하여 [B4:E9] 범위를 지정합니다. **2** [홈] 탭-[글꼴] 그룹-[글꼴 크기 크게 가]를 한 번 클릭해 글자 크기를 조금 크게 조정합니다.

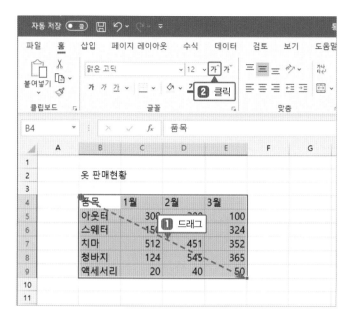

누구나아는 Tip 글꼴 크기를 줄이려면 [글꼴 크기 작게 가]를 클릭합니다.

누구나아는 Tip 글꼴 크기는 [글꼴 크기] 입력 란을 클릭한 후 직접 숫자를 입력하고 Enter 를 눌러 조절할 수도 있습니다.

03 **1** [글꼴] 목록의 목록 버튼을 클릭합니다. 예제에서는 **2** [굴림] 글꼴을 선택하겠습니다. 원하는 글꼴이 있다면 어떤 것을 선택해도 무방합니다.

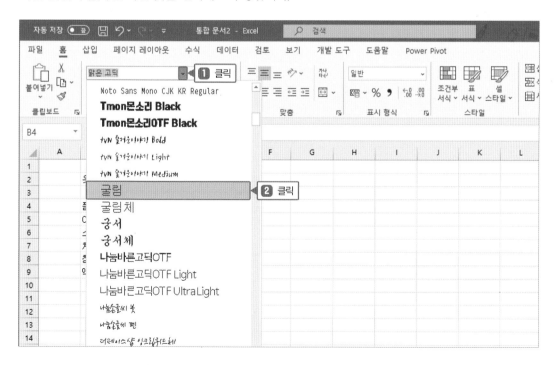

04 ❶ [홈] 탭–[글꼴] 그룹–[테두리 ▦]에서 목록 버튼 ∨을 클릭하고 ❷ [모든 테두리]를 클릭합니다. 전체 표 영역에 테두리가 표시됩니다. 다시 ❸ [홈] 탭–[글꼴] 그룹–[테두리 ▦]–[굵은 바깥쪽 테두리]를 클릭합니다. 표 바깥쪽 테두리만 두껍게 표시됩니다.

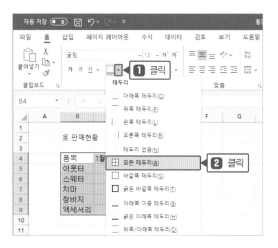 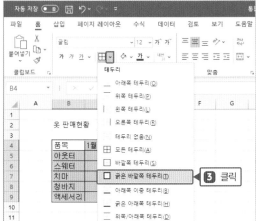

누구나아는Tip 엑셀 리본 메뉴에는 다양한 기능이 모두 포함되어 있습니다. 각 아이콘에 있는 버튼을 클릭하면 기능이 실행되고, 목록 버튼을 클릭하면 그 기능과 유사한 다른 기능의 목록이나 옵션을 확인하고 실행할 수 있습니다.

05 데이터 표에서 각 항목이 어떤 항목인지 나타내는 행을 **제목 행**이라고 합니다. 이 제목 행의 서식만 바꿔 표가 더욱 일목요연하게 보이도록 만들어보겠습니다. ❶ [B4] 셀부터 [E4] 셀까지 드래그해 [B4:E4] 범위를 지정합니다. ❷ [홈] 탭–[글꼴] 그룹–[채우기 색 ⬦]의 목록 버튼 ∨을 클릭하고 ❸ [파랑] 계열에서 [파랑, 강조 5, 60% 더 밝게]를 클릭합니다. 셀 채우기 색은 글자만 잘 보인다면 아무 색으로 지정해도 상관없습니다.

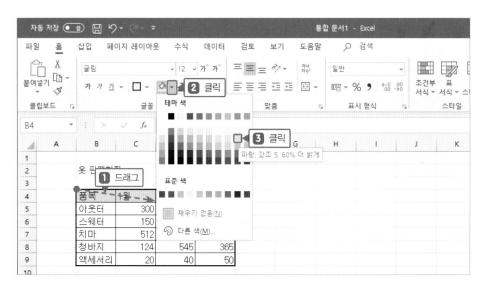

06 [B4:E4] 범위가 지정된 상태입니다. **1** 글꼴은 [굴림]으로 변경하고 **2** [홈] 탭–[글꼴] 그룹–[굵게]를 클릭합니다. **3** [홈] 탭–[맞춤] 그룹–[가운데 맞춤]을 클릭합니다. 텍스트가 셀 가운데로 정렬됩니다.

나만 모르는 엑셀 꿀팁   엑셀의 맞춤 기능과 텍스트 맞춤 기본값

엑셀의 [홈] 탭–[맞춤] 그룹에는 텍스트를 각 셀에 다양하게 정렬할 수 있는 기능이 있습니다. 엑셀은 기본적으로 일반 텍스트는 왼쪽 맞춤, 숫자 데이터는 오른쪽 맞춤으로 정렬됩니다.

1 **[위쪽 맞춤], [가운데 맞춤], [아래쪽 맞춤]** : 셀의 상하를 기준으로 텍스트의 위치를 지정합니다. 기본값은 [가운데 맞춤]입니다.

2 **[방향]** : 목록 버튼을 클릭하면 나오는 설정에 따라 사선 방향이나 세로쓰기 등이 가능합니다.

3 **[자동 줄 바꿈]** : 텍스트가 오른쪽으로 넘치면 보통 셀을 통과해서 삽입되는데, 이때 텍스트가 셀 너비에 맞게 자동으로 줄을 바꿔 입력되도록 해줍니다. 강제로 줄을 바꾸려면 데이터 입력 중 Alt + Enter 를 누릅니다.

4 **[왼쪽 맞춤], [가운데 맞춤], [오른쪽 맞춤]** : 셀의 좌우를 기준으로 텍스트의 위치를 지정합니다.

07 ❶ 제목이 있는 [B2] 셀을 클릭합니다. ❷ 글꼴 크기는 **16**으로 변경합니다. ❸ [홈] 탭–[글꼴] 그룹–[밑줄 가]의 목록 버튼 ▾을 클릭하고 ❹ [이중 밑줄]을 클릭합니다.

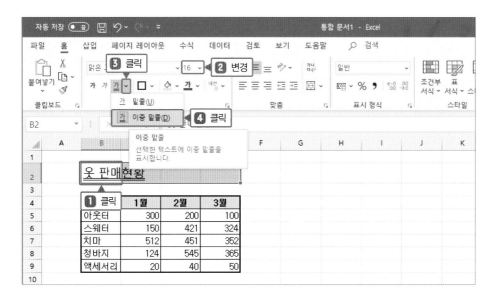

만든 문서 저장하기

01 새로 만든 통합 문서를 처음 저장하려면 저장할 위치(폴더)를 지정하고 파일 이름을 입력해야 합니다. 새 통합 문서를 저장해보겠습니다. ❶ 엑셀 화면 왼쪽 상단의 [저장 💾]을 클릭합니다. ❷ [이 파일 저장하기] 대화상자가 나타나면 [기타 저장 옵션]을 클릭합니다.

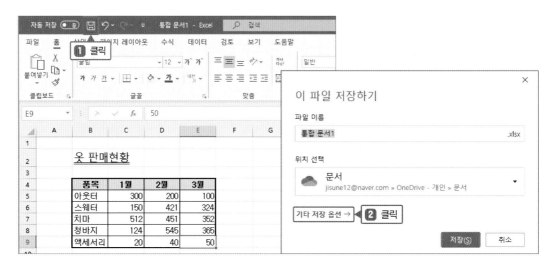

누구나아는 Tip 통합 문서를 저장할 때는 Ctrl + S 를 눌러도 됩니다.

02 [다른 이름으로 저장] 창이 나타납니다. [기타 위치]–[찾아보기]를 클릭합니다.

누구나아는 Tip 엑셀 작업 화면 왼쪽 상단에 있는 [저장📖]뿐만 아니라 [파일] 탭–[저장] 혹은 [다른 이름으로 저장]으로도 엑셀 문서를 저장할 수 있습니다.

03 [다른 이름으로 저장] 대화상자가 나타나면 **1** [파일 이름]에 **엑셀연습1**을 입력하고 **2** [저장]을 클릭합니다. 이렇게 한 번 파일로 저장된 통합 문서는 나중에 [저장📖]을 클릭하거나 Ctrl + S 를 눌러 동일한 파일에 작업 내용을 간단히 저장할 수 있습니다.

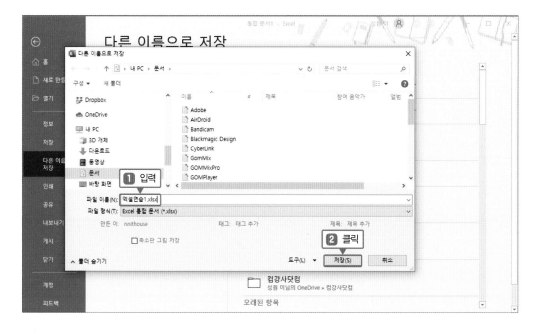

나만 모르는 엑셀 꿀팁 | **Excel 통합 문서 파일 형식과 xlsx 확장자**

윈도우 탐색기의 [보기] 탭-[표시/숨기기] 그룹-[파일 확장명]에 체크하면 파일의 확장자(파일 형식)를 확인할 수 있습니다. 엑셀은 통합 문서 파일 형식인 xlsx 확장자를 사용하고, 엑셀 2003 이하 버전의 경우 xls 확장자를 사용합니다. 이 외에도 엑셀에서 사용하는 파일 형식은 엑셀 매크로 문서인 xlsm, 엑셀 추가 기능 문서인 xlam 등이 있습니다.

 누나 IT 동영상 강의 ▶ **간단한 표 만들기**

Lesson 01에서 엑셀의 행, 열 구성과 셀, 범위 지정 방법 등을 알아보았고, Lesson 02에서는 앞서 배운 내용을 응용해 간단한 표를 만들며 데이터를 입력하는 방법에 대해 알아보았습니다. 엑셀에서 데이터를 입력한 후 Tab 과 Enter 를 눌러 셀을 이동하고, [홈] 탭의 다양한 기능으로 서식을 지정하는 것만 알아도 엑셀 표를 쉽게 완성할 수 있습니다.

▶ **바로 가기 주소 :** http://m.site.naver.com/0vjcA

Lesson
03 빠른 실행 도구 모음 사용하기

실습 파일 | 새 통합 문서 직접 만들기
완성 파일 | 없음

엑셀에는 다양한 기능이 있습니다. 하지만 자주 사용하는 기능은 한정되어 있습니다. 이런 기능을 보다 빠르게 실행할 수 있다면 작업 시간을 효과적으로 단축할 수 있습니다. 엑셀을 잘 다루려면 빠른 실행 도구 모음을 이용하여 자주 쓰는 기능만 모아서 사용하는 것이 좋습니다.

기본 메뉴 추가하고 제거하기

01 새 통합 문서를 엽니다. 화면 왼쪽 상단의 **1** [빠른 실행 도구 모음 사용자 지정⏷]을 클릭합니다. **2** [빠른 실행 도구 모음 사용자 지정] 메뉴에는 엑셀에서 자주 사용하는 기능 목록이 정리되어 있습니다. **3** [인쇄 미리 보기 및 인쇄]를 클릭합니다.

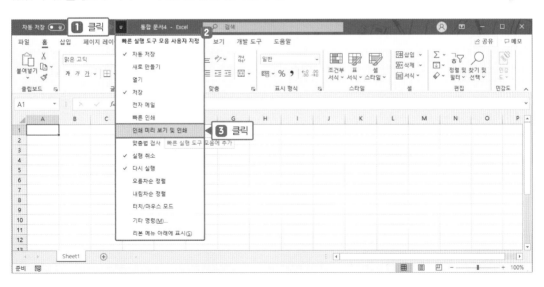

02 빠른 실행 도구 모음 메뉴에 [인쇄 미리 보기 및 인쇄 📄]가 추가되었습니다. 이렇게 빠른 실행 도구 모음으로 추가한 기능은 번거롭게 해당 기능을 찾을 필요 없이 클릭 한 번으로 쉽게 실행할 수 있습니다.

03 앞서 추가한 **1** [인쇄 미리 보기 및 인쇄 📄]를 마우스 오른쪽 버튼으로 클릭합니다. **2** [빠른 실행 도구 모음에서 제거]를 클릭합니다.

04 추가했던 [인쇄 미리 보기 및 인쇄 📄] 아이콘이 제거되었습니다.

빠른 실행 도구 모음에 원하는 기능 추가하기

01 자신이 원하는 리본 메뉴 기능을 빠른 실행 도구 모음으로 추가할 수도 있습니다. **1** [홈] 탭-[편집] 그룹에 있는 [자동 합계 Σ]를 마우스 오른쪽 버튼으로 클릭합니다. **2** [빠른 실행 도구 모음에 추가]를 클릭합니다.

02 빠른 실행 도구 모음에 [자동 합계 Σ]가 추가되었습니다.

03 추가한 기능은 원하는 순서대로 편집할 수 있습니다. **1** [빠른 실행 도구 모음 사용자 지정 ▾]을 클릭합니다. **2** [기타 명령]을 클릭합니다.

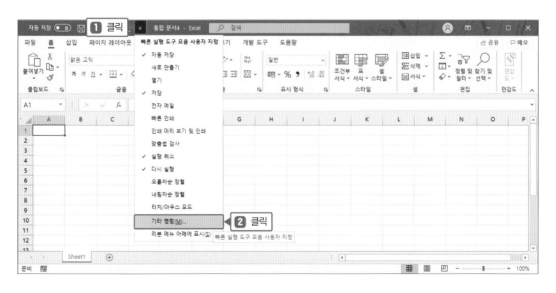

04 [Excel 옵션] 대화상자가 나타
나고 [빠른 실행 도구 모음 사용자
지정] 화면이 나타납니다. 여기서 원
하는 기능을 추가하고 순서를 설정
할 수 있습니다.

05 ❶ [명령 선택]을 클릭하고 [파일 탭]으로 지정합니다. ❷ 아래 목록에서 [다른 이름으로 저장]
을 찾아 클릭한 후 ❸ [추가]를 클릭합니다. ❹ [빠른 실행 도구 모음 사용자 지정] 항목에 [다른 이름
으로 저장]이 추가됩니다. ❺ 기능이 선택된 상태에서 필요에 따라 [▲], [▼]를 클릭해 순서를 바꿀 수
있습니다. ❻ [확인]을 클릭합니다.

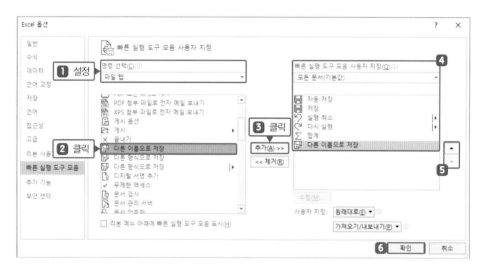

06 빠른 실행 도구 모음에 [다른 이름으로 저장 🖫] 아이콘이 추가되었습니다.

나만 모르는 엑셀 꿀팁 | **빠른 실행 도구 모음 단축키 활용하기**

빠른 실행 도구 모음에 추가한 단축키는 Alt 를 누르면 나타나는 단축키를 조합해 빠르게 실행할 수 있습니다. Alt 를 누른 상태에서 1 을 동시에 눌러도 되고, Alt 를 누른 후 단축키가 나타나면 1 을 누르는 방식으로 실행해도 됩니다.

9 까지는 기본으로 추가할 수 있으며 이후에는 09, 08 로 지정됩니다. 이때는 Alt 를 누른 후 0 과 9 를 연속해서 빠르게 누르면 됩니다.

리본 메뉴 아래에 빠른 실행 도구 모음 표시하기

01 ❶ [빠른 실행 도구 모음 사용자 지정 ▼]을 클릭합니다. ❷ [리본 메뉴 아래에 표시]를 클릭합니다.

02 엑셀 화면 기준으로 왼쪽 상단에 있던 빠른 실행 도구 모음 메뉴가 리본 메뉴 아래로 이동합니다. 이렇게 하면 많은 기능을 한번에 모아 볼 수 있어 편리하고 작업 영역에서 가까우므로 작업 중 마우스로 클릭하기에도 편합니다. 하지만 빠른 실행 도구 모음이 메뉴 왼쪽 상단에 있어도 무방하다면 자신에게 편한 작업 방식으로 설정해도 됩니다.

누구나 아는 Tip 아래에 있는 리본 메뉴의 [빠른 실행 도구 모음 사용자 지정 ▾]을 클릭한 후 [리본 메뉴 위에 표시]를 클릭하면 원래 위치인 위쪽으로 원상 복귀합니다.

누나 IT 동영상 강의 ▶ 빠른 실행 도구 모음 활용하기

엑셀에 많은 단축키가 있지만 실질적으로 모든 단축키를 외워서 쓰기는 어려운 것이 사실입니다. 이때 본인이 작업하는 방법과 주로 사용하는 기능을 잘 확인하여 빠른 실행 도구 모음에 추가해 활용하면 작업 시간을 단축할 수 있습니다. 빠른 실행 도구 모음에 추가된 기능은 간단한 단축키로 활용할 수 있다는 점을 꼭 기억하고 실제 업무에 반영할 수 있길 바랍니다.

▶ **바로 가기 주소 :** http://m.site.naver.com/0vGis

04 엑셀을 다양하게 저장 하고 간단히 표 공유 하기

실습 파일 | CHAPTER01 \ 04_저장하기.xlsx
완성 파일 | 없음

엑셀 데이터는 꼭 하나의 파일에 저장할 필요 없이 사본을 만들거나 PDF 형식으로 저장해 보관할 수도 있습니다. PDF 형식은 디지털 형식의 문서 중 하나로 어떤 환경에서나 열리는 강력한 범용성을 가지고 있습니다. 꼭 엑셀과 같은 전용 프로그램을 설치하지 않아도 어디서든 확인할 수 있어 파일을 공유할 때 자주 사용합니다.

다른 이름으로 저장하기로 엑셀 사본 파일 만들기

01 이미 저장한 엑셀 파일은 사본으로 만들어 저장하고 편집할 수 있습니다. 우선 예제 파일을 열면 옷 판매현황 데이터 표가 나타납니다. [파일] 탭을 클릭합니다.

※ 옷 판매현황(1/4분기) ※

품목	1월	2월	3월
아웃도어	321	200	100
스웨터	150	421	324
치마	512	451	352
청바지	124	545	365
액세서리	20	40	50

02 1 [다른 이름으로 저장]을 클릭하고 2 [찾아보기]를 클릭합니다. [다른 이름으로 저장] 대화상자가 나타나면 원하는 3 저장 위치를 선택하고 4 [파일 이름]에 **08_저장하기_다른이름**을 입력합니다. 5 [저장]을 클릭합니다.

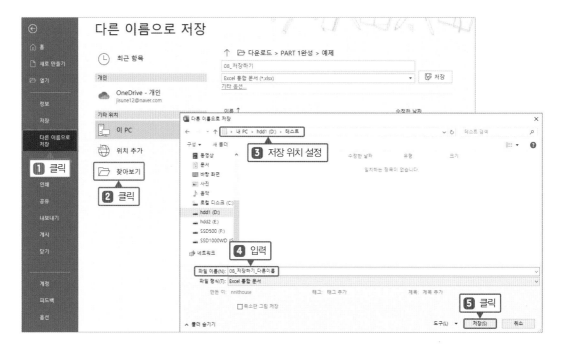

03 엑셀 파일이 사본으로 저장되었습니다. 제목 표시줄을 확인하면 앞서 입력했던 엑셀 사본 파일의 이름으로 바뀌었습니다. [다른 이름으로 저장] 기능을 사용한 후에는 사본에 이어서 작업합니다.

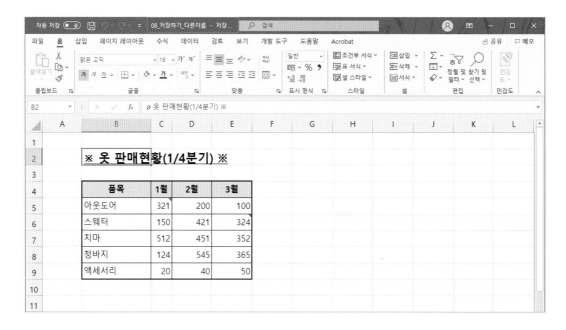

PDF 파일 형식으로 저장하기

01 엑셀 파일은 기본적으로 상대방의 컴퓨터에 엑셀이 설치되어 있어야 서로 공유하고 볼 수 있습니다. 이때 PDF로 저장한 파일을 공유하면 상대방의 컴퓨터에 엑셀이 설치되지 않아도 파일 내용을 확인할 수 있습니다. **1** [파일] 탭-[내보내기]를 클릭합니다. **2** [PDF/XPS 문서 만들기]를 클릭하고 **3** [PDF/XPS 만들기]를 클릭합니다. [PDF 또는 XPS로 게시] 대화상자가 나타나면 **4** [파일 이름]에 **08_저장하기_PDF**를 입력하고 **5** [게시 후 파일 열기]에 체크합니다. **6** [게시]를 클릭합니다.

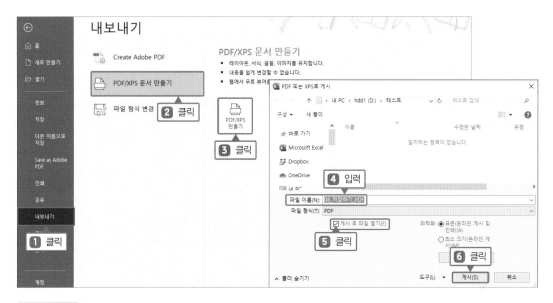

누구나아는 Tip PDF로 내보낸 데이터는 확인만 가능하고 수정은 할 수 없습니다. 따라서 원본 엑셀 파일은 반드시 보관해야 나중에 수정이 가능합니다.

02 PDF 게시가 완료되면 PDF 파일 형식으로 저장된 엑셀 PDF 문서가 나타납니다. PDF 전용 문서 뷰어가 설치되어 있다면 문서 뷰어가 나타납니다. 또 PDF 문서는 마이크로소프트 엣지, 인터넷 익스플로러 혹은 구글 크롬과 같은 웹 브라우저에서도 바로 확인할 수 있습니다.

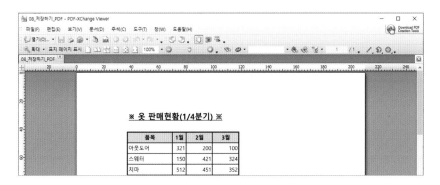

01 PC 카카오톡으로 엑셀 파일을 주고받는 경우가 있습니다. 이때 간단한 표 내용은 일일이 파일로 주고받을 필요 없이 간단한 이미지로 전달해 확인할 수 있습니다. 1 [B4:E9] 범위를 드래그해 지정한 후 2 Ctrl + C 를 눌러 복사합니다.

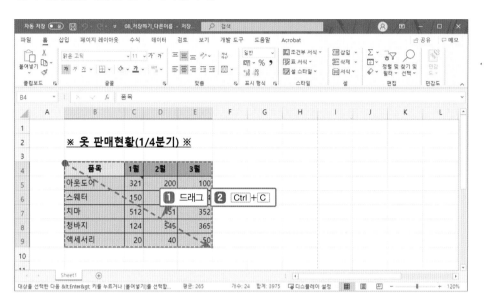

02 받을 사람의 PC 카카오톡 창에 복사한 내용을 1 Ctrl + V 를 눌러 붙여 넣습니다. 2 [이미지로 붙여넣기]를 클릭합니다.

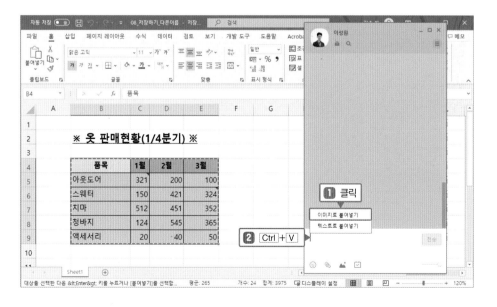

03 [클립보드 이미지 전송] 대화상자에서 보낼 내용을 확인할 수 있습니다. 보낼 내용이 맞는다면 [전송]을 클릭합니다.

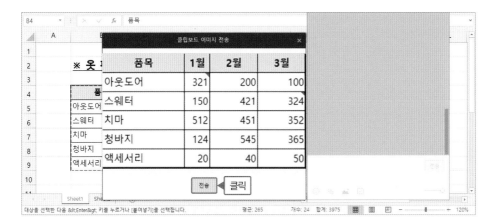

04 붙여 넣은 엑셀의 범위가 이미지로 전달된 것을 확인할 수 있습니다.

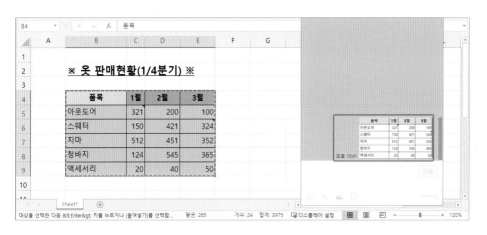

 누나 IT 동영상 강의 ▶ **카카오톡으로 엑셀 표 이미지 보내기**

엑셀의 다양한 저장 방법 및 카카오톡과 같은 메신저를 이용해 엑셀의 표 범위를 이미지로 전달하는 방법에 대해 알아보았습니다. 이 방법을 사용하면 데이터를 공유하는 과정에서 상대방 컴퓨터에 엑셀이 설치되어 있는지 번거롭게 확인할 필요 없이 간단하고 빠르게 공유할 수 있습니다. 앞으로 다른 사람과 엑셀 파일을 공유할 일이 있다면 이번 Lesson에서 배운 내용을 적극적으로 활용해보길 바랍니다.

▶ **바로 가기 주소 :** http://m.site.naver.com/0vGi7

05 데이터 수정 하고, 삭제 하기

실습 파일 | CHAPTER01\05_데이터수정삭제.xlsx
완성 파일 | CHAPTER01\05_데이터수정삭제_완성.xlsx

엑셀에 데이터를 입력하는 방법을 알아보았으니 이번에는 데이터를 수정하고 삭제하는 방법에 대해 알아보겠습니다. 엑셀은 데이터를 자유롭게 입력, 수정, 삭제할 수 있고 언제든 원하는 자료를 불러와 계산하고 분석할 수 있습니다.

입력된 텍스트와 서식 지우기

01 셀에 입력된 내용을 간단히 지워보겠습니다. 먼저 지울 부분인 **❶** [B4:E9] 범위를 드래그해 지정합니다. **❷** Delete 를 누릅니다. 셀에 입력된 내용은 지워지지만 테두리와 셀 채우기 색은 남아 있습니다.

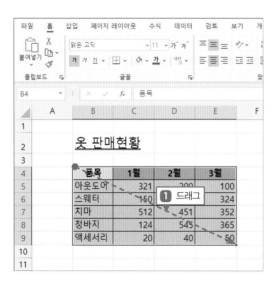

누구나아는Tip Delete 는 방향키 위에 있는 여섯 개의 컨트롤 패드 좌측 하단에 있습니다. 키보드 모델에 따라 Del 이라고 적혀 있기도 하며, 노트북이나 미니 키보드의 경우 우측 상단에 위치하기도 합니다.

02 셀에 지정된 테두리를 지우려면 범위가 지정된 상태에서 **1** [홈] 탭-[글꼴] 그룹-[테두리 ▦]의 목록 버튼 ⌄ 을 클릭합니다. **2** [테두리 없음]을 클릭하면 테두리가 지워집니다.

03 셀에 지정된 셀 채우기 색을 지우려면 범위가 지정된 상태에서 **1** [홈] 탭-[글꼴] 그룹-[채우기 색 ◇]의 목록 버튼 ⌄ 을 클릭한 후 **2** [채우기 없음]을 클릭하면 셀 채우기 색이 없어집니다.

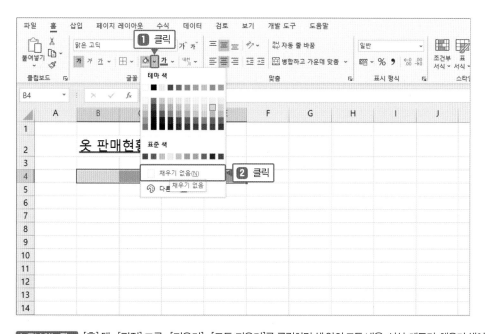

누구나 아는 Tip [홈] 탭-[편집] 그룹-[지우기]-[모두 지우기]를 클릭하면 셀 안의 모든 내용, 서식, 테두리, 채우기 색이 삭제됩니다.

04 왼쪽 상단의 **1** [닫기 ✕]를 클릭하고 저장할 것인지 묻는 대화상자가 나타나면 **2** [저장 안 함]을 클릭합니다. 이렇게 하면 삭제한 내역이 저장되지 않습니다.

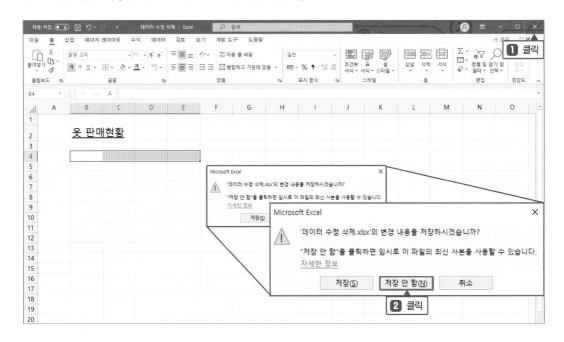

나만 모르는 엑셀 꿀팁 | 셀 내용과 서식을 한번에 삭제하는 [지우기] 기능

앞서 테두리와 셀 채우기 색을 지우는 방법은 서식을 기본 상태로 되돌리는 것에 가깝습니다. **1** 셀의 내용과 서식을 한번에 지우려면 [홈] 탭–[편집] 그룹–[지우기]를 클릭했을 때 나타나는 5가지 메뉴에서 **2** [모두 지우기]를 클릭합니다. **3** [서식 지우기]는 셀의 채우기 색, 글꼴 색, 테두리, 메모는 물론 데이터 양식까지 지우는 기능입니다. 따라서 셀 채우기 색이나 테두리를 선택적으로 지우려면 앞서 배운 방법을 사용하는 것입니다. **4** [내용 지우기]는 Delete 를 누른 것과 동일하게 셀 내용만 삭제합니다. **5** [설명 및 메모 지우기]는 셀에 입력된 메모를 지우는 역할을 합니다.

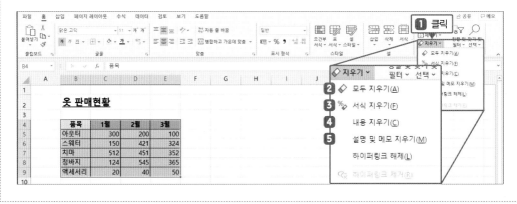

데이터 수정하기

01 다시 예제 파일을 엽니다. 아웃터의 1월 항목에 해당하는 [C5] 셀에 입력된 숫자 **300**을 **321**로 수정해보겠습니다. **❶** [C5] 셀을 클릭한 후 **❷ 321**을 입력합니다. **❸** Enter 를 누릅니다.

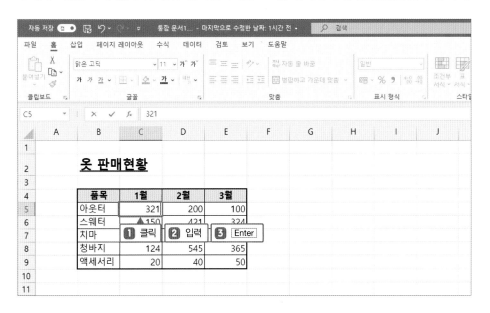

02 **아웃터** 항목을 **아웃도어**로 부분 수정해보겠습니다. **❶** [B5] 셀을 더블클릭합니다. **❷** 셀에서 **터**를 삭제하고 **도어**를 입력한 후 **❸** Enter 를 누릅니다.

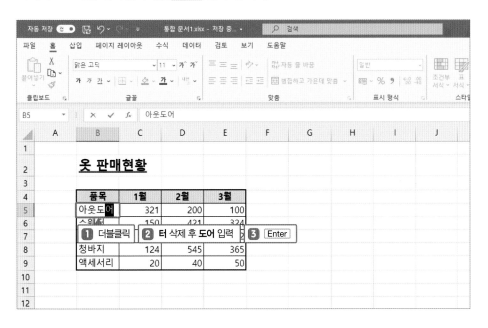

03 옷 판매현황 뒤에 **(1/4분기)**를 입력해보겠습니다. 이때 [C2] 셀을 클릭한 후 입력하려고 하면 셀에 아무런 텍스트가 없어 수정할 수 없습니다. [B2] 셀에 입력된 '옷 판매현황' 텍스트가 셀 너비를 초과해 [C2] 셀까지 넘어갔지만 실제로 [B2] 셀에서 입력했기 때문에 옷 판매현황 텍스트는 [B2] 셀에 입력되어 있습니다.

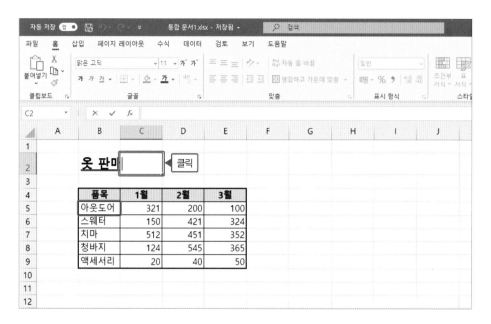

04 ❶ [B2] 셀을 클릭하고 ❷ F2 를 누릅니다. 제목 뒷부분에 ❸ **(1/4분기)**를 입력한 후 ❹ Enter 를 누르면 부분 수정이 가능합니다. 이때 셀을 클릭하고 [수식 입력줄]에 내용을 입력해도 결과는 동일하게 나타납니다.

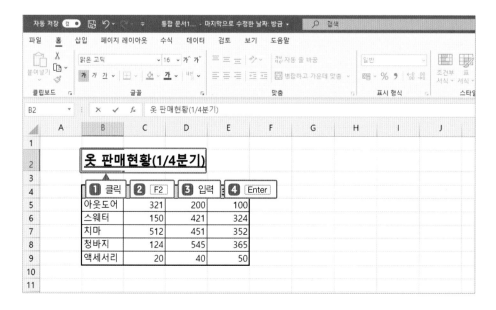

나만 모르는 엑셀 꿀팁 — 특수 문자 입력하기

01 [기호] 대화상자에서 입력하기 : 완성된 예제 파일에서 **1** [B2] 셀을 더블클릭한 후 **2** [삽입] 탭-[기호] 그룹-[기호]를 클릭합니다. [기호] 대화상자가 나타나면 **3** [글꼴]에서 [Wingdings 2]를 클릭합니다. **4** 목록에서 [※]를 찾아 클릭한 후 **5** [삽입]을 클릭합니다. **6** [닫기☒]를 클릭합니다.

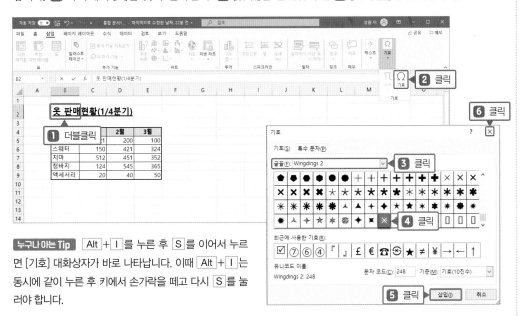

누구나아는Tip Alt + I 를 누른 후 S 를 이어서 누르면 [기호] 대화상자가 바로 나타납니다. 이때 Alt + I 는 동시에 같이 누른 후 키에서 손가락을 떼고 다시 S 를 눌러야 합니다.

02 특수 문자를 이용하여 기호 입력하기 : **1** 한글 입력 상태에서 ㅁ을 입력한 후 키보드의 **2** 한자 를 누릅니다. 특수 문자 목록이 나타나면 **3** Tab 을 눌러 더 많은 특수 문자를 한눈에 볼 수 있습니다. **4** 원하는 특수 문자를 클릭합니다.

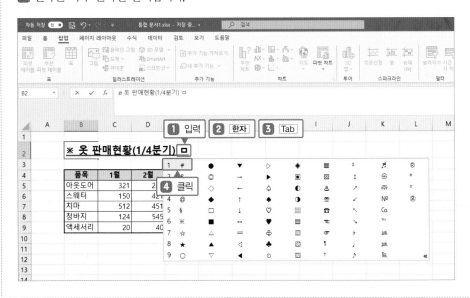

누나 IT 동영상 강의 　 서식과 데이터 수정하고 삭제하기

이미 셀에 삽입된 데이터를 수정하려면 셀을 더블클릭하거나 F2 를 눌러 수정 가능한 상태에서 작업합니다. 또한 데이터를 수정하려면 셀에 직접 입력하거나 수식 입력줄을 이용할 수 있습니다. 셀에 입력된 서식과 데이터는 [지우기] 기능을 이용해 한번에 삭제할 수도 있고, 데이터만 삭제하려면 간단히 Delete 를 눌러도 된다는 것을 기억합니다.

▶ **바로 가기 주소 :** http://m.site.naver.com/0vjdX

누나 IT 동영상 강의 　 특수 문자 입력하기

특수 문자를 입력하려면 [삽입] 탭–[기호] 그룹–[기호]를 클릭하거나, Alt + I 를 누른 후 S 를 누르는 것만 기억하면 됩니다. 웬만한 특수 문자는 [기호] 대화상자에서 [글꼴]을 [Wingdings] 계열로 바꿔 입력할 수 있습니다. 혹은 자음 ㅁ을 입력한 후 한자 를 눌러 간단한 특수 문자를 입력하는 방법도 있습니다.

▶ **바로 가기 주소 :** http://m.site.naver.com/0vjev

Lesson

06 다양한 복사 붙여넣기로 데이터 복제 하기

실습 파일 | CHAPTER01\06_복사붙여넣기.xlsx
완성 파일 | CHAPTER01\06_복사붙여넣기_완성.xlsx

컴퓨터에서 데이터를 복사하고 붙여 넣을 때는 Ctrl+C와 Ctrl+V를 사용합니다. 엑셀에서도 두 단축키를 이용해 데이터를 복사하고 붙여 넣는 방법을 사용합니다. 하지만 엑셀은 단순히 복사하고 붙여 넣는 방법 외에도 다양한 형태로 데이터를 붙여 넣을 수 있습니다.

복사, 잘라내기, 붙여넣기

01 ❶ 복사할 [B4:E9] 범위를 드래그해 지정한 후 ❷ 마우스 오른쪽 버튼을 클릭합니다. ❸ [복사]를 클릭하면 데이터가 복사됩니다.

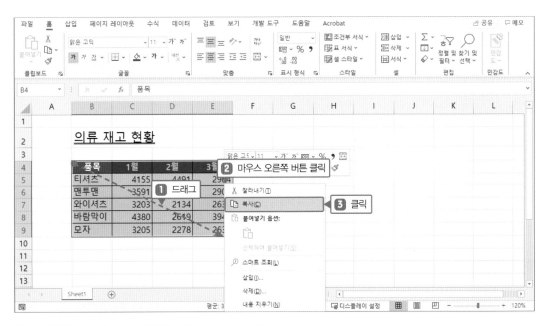

누구나아는Tip [복사]는 단축키 Ctrl+C를 눌러도 됩니다.

02 🔳 복사할 범위로 지정된 영역은 초록색 점선이 나타납니다. 🔳 복사한 내용을 붙여 넣으려면 [G4] 셀을 마우스 오른쪽 버튼으로 클릭한 후 🔳 [붙여넣기 옵션]에서 [붙여넣기 🔳]를 클릭합니다. 데이터와 서식이 동일하게 붙여 넣어집니다. 🔳 Ctrl + Z 를 눌러 붙여넣기 작업을 취소합니다.

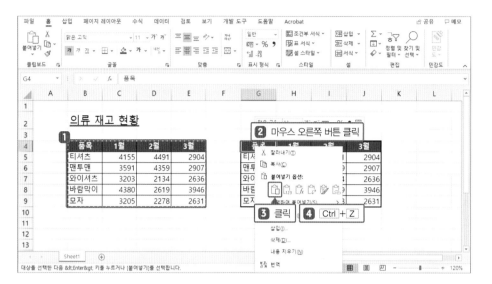

누구나아는 Tip [붙여넣기]는 단축키 Ctrl + V 를 눌러도 됩니다.

누구나아는 Tip Ctrl + Z 는 직전에 실행한 작업을 취소(되돌리기)하는 단축키입니다. 꼭 붙여넣기가 아니더라도 다른 작업을 실행한 후 취소할 수 있습니다. 취소한 작업을 다시 복구하려면 Ctrl + Y 를 누릅니다.

03 데이터를 이동하는 잘라내기를 실행해보겠습니다. 🔳 동일하게 [B4:E9] 범위를 드래그해 지정합니다. 🔳 마우스 오른쪽 버튼을 클릭한 후 🔳 [잘라내기]를 클릭합니다.

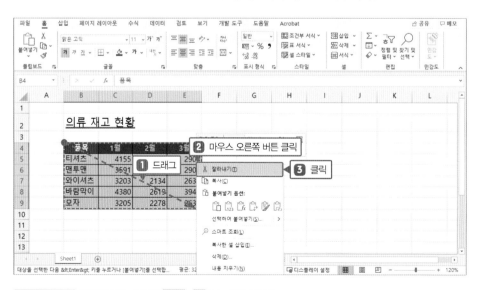

누구나아는 Tip [잘라내기]는 단축키 Ctrl + X 를 눌러도 됩니다.

04 ① [G4] 셀을 마우스 오른쪽 버튼으로 클릭합니다. 잘라낸 데이터 범위는 [붙여넣기 옵션]에서 [붙여넣기 🗐]만 활성화됩니다. ② [붙여넣기 🗐]를 클릭하면 원래 셀의 데이터는 사라지고 데이터가 이동합니다. ③ Ctrl + Z 를 눌러 붙여넣기 작업을 취소합니다.

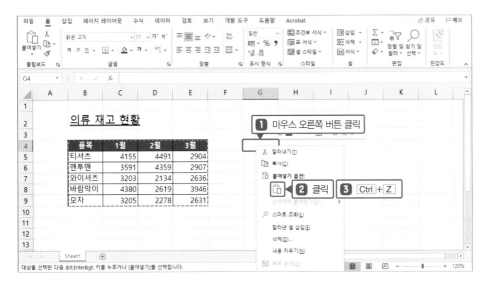

다양한 방법으로 데이터 붙여넣기

01 [선택하여 붙여넣기] 기능을 이용하면 원하는 양식에 맞춰 데이터의 값, 특정 요소만 선택적으로 붙여 넣을 수 있습니다. ① [B4:E9] 범위를 드래그해 지정하고 ② 마우스 오른쪽 버튼으로 클릭합니다. ③ [복사]를 클릭합니다.

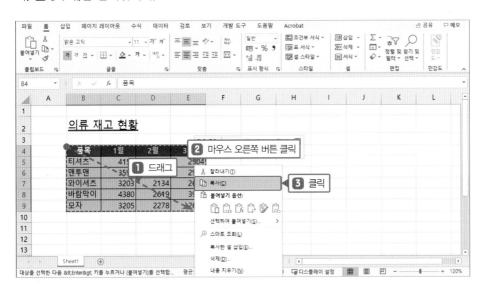

02 붙여 넣을 셀인 ❶ [G4] 셀을 마우스 오른쪽 버튼으로 클릭합니다. ❷ [선택하여 붙여넣기]의 확장 버튼 ▷을 클릭합니다.

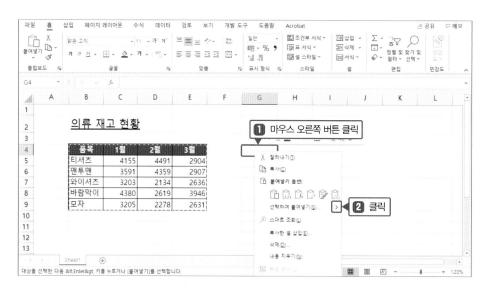

03 ❶ 다양한 붙여넣기 옵션이 나타납니다. ❷ [선택하여 붙여넣기]를 클릭합니다. [선택하여 붙여넣기] 대화상자가 나타나면 ❸ [붙여넣기]-[값]을 클릭한 후 ❹ 아래의 [행/열 바꿈]에 체크하고 ❺ [확인]을 클릭합니다.

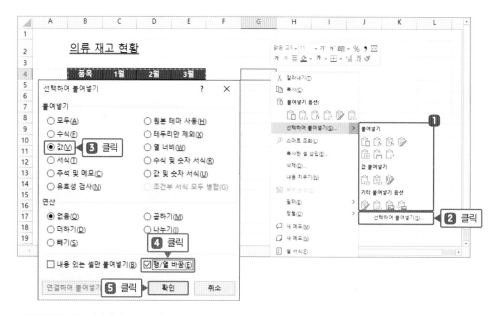

누구나 아는 Tip [선택하여 붙여넣기] 대화상자는 확장 버튼을 클릭할 필요 없이 바로 [선택하여 붙여넣기]를 클릭해도 나타납니다.

04 복사한 [B4:E9] 범위의 데이터가 [G4] 셀을 기준으로 서식 없이 값으로, 행/열이 바뀌어 붙여 넣어집니다. 이렇게 [선택하여 붙여넣기]의 다양한 옵션을 조합하면 원하는 방식으로 데이터를 복사한 후 붙여 넣을 수 있습니다. Esc 를 눌러 지정된 범위를 해제합니다.

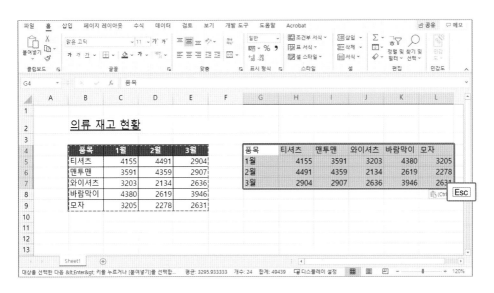

 유용한 붙여넣기 옵션 알아보기

붙여넣기 옵션은 다양한 종류가 있어 필요에 따라 원하는 방식으로 손쉽게 적용할 수 있습니다.

① **[붙여넣기]** : 일반적인 붙여넣기 기능입니다. 값과 서식이 모두 적용됩니다.

[수식] : 데이터에서 수식만 붙여 넣습니다.

[수식 및 숫자 서식] : 데이터에서 수식과 지정된 숫자 서식을 붙여 넣습니다.

[원본 서식 유지] : 원본 서식을 최대한 유지하여 붙여 넣습니다.

② **[테두리 없음]** : 테두리 없이 셀 배경색과 데이터만 붙여 넣습니다.

[원본 열 너비 유지] : 복사한 데이터의 열 너비를 유지하여 붙여 넣습니다.

[행/열 바꿈] : 행과 열을 뒤집어 붙여 넣습니다.

③ **[값]** : 수식으로 된 데이터를 모두 값으로 변환하여 붙여 넣습니다.

[값 및 숫자 서식] : 수식으로 된 데이터를 값으로 변환하되 숫자 서식은 유지하여 붙여 넣습니다.

④ **[그림]** : 복사한 데이터 범위를 그림의 형태로 붙여 넣습니다.

[연결된 그림] : 복사한 데이터 범위를 그림의 형태로 붙여 넣습니다. 단, 원본 데이터가 변경되면 그림의 데이터도 똑같이 변경되도록 붙여 넣습니다.

나만 모르는 엑셀 꿀팁 | **[선택하여 붙여넣기] 대화상자의 [연산] 기능 사용하기**

실습 파일 | CHAPTER01\06_연산.xlsx

입력된 데이터에 일괄적으로 특정한 값을 빼거나 더해야 되는 상황이 있을 수 있습니다. 일일이 데이터를 수정해도 되지만 이때 [선택하여 붙여넣기]의 [연산] 기능을 사용하면 좋습니다.

01 **1** [G5] 셀을 클릭하고 **2** Ctrl + C 를 누릅니다. **3** 숫자 데이터가 들어있는 범위인 [C5:E9] 범위를 드래그해 지정합니다. **4** 마우스 오른쪽 버튼으로 클릭한 후 **5** [선택하여 붙여넣기]를 클릭합니다.

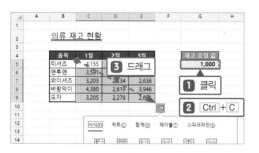 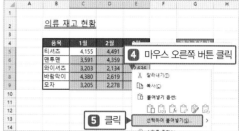

02 [선택하여 붙여넣기] 대화상자가 나타나면 **1** [붙여넣기]-[값]을 클릭하고 **2** [연산]-[빼기]를 클릭한 후 **3** [확인]을 클릭합니다. **4** [C5:E9] 범위의 숫자 데이터가 1,000씩 감소했습니다. 이렇게 [연산] 기능을 이용하면 복사한 셀의 값을 붙여 넣을 범위에 직접 계산하는 방식으로 바뀐 데이터를 적용할 수 있습니다.

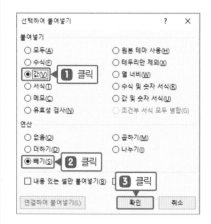 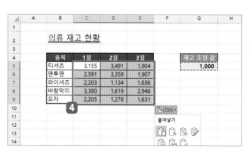

03 만약 [붙여넣기]에서 [값]을 선택하지 않을 경우 복사한 셀의 서식까지 모두 복사되므로 주의합니다. 또한 해당 기능을 사용할 때는 꼭 숫자 데이터가 있는 범위에만 사용합니다.

나만 모르는 엑셀 꿀팁   [서식 복사]로 스타일 복제하기

실습 파일 | CHAPTER01 \ 06_서식복사.xlsx

엑셀에는 데이터를 복사, 붙여 넣는 기능 외에도 서식만 복사해 적용할 수 있는 서식 복사 기능이 있습니다. 이 기능을 활용하면 일일이 서식을 지정할 필요 없이 간단하게 동일한 서식을 적용할 수 있습니다.

01 **1** [B4:E9] 범위를 드래그해 지정하고 **2** [홈] 탭-[클립보드] 그룹의 [서식 복사🖌]를 클릭합니다. **3** 마우스 포인터가 ⊞🖌 모양으로 바뀌면 [G4:J9] 범위를 드래그합니다.

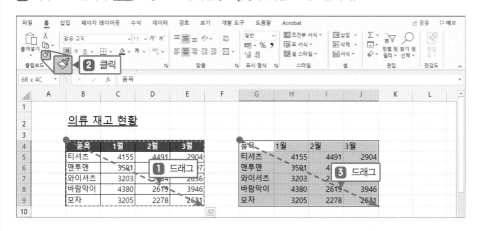

02 다른 범위에 동일한 서식이 적용됩니다. 이때 [서식 복사🖌]를 더블클릭하면 두 개 이상의 범위에 연속해서 서식을 적용할 수 있습니다. 취소하려면 Esc 를 누릅니다.

	A	B	C	D	E	F	G	H	I	J	K
1											
2		의류 재고 현황									
3											
4		품목	1월	2월	3월		품목	1월	2월	3월	
5		티셔츠	4155	4491	2904		티셔츠	4155	4491	2904	
6		맨투맨	3591	4359	2907		맨투맨	3591	4359	2907	
7		와이셔츠	3203	2134	2636		와이셔츠	3203	2134	2636	
8		바람막이	4380	2619	3946		바람막이	4380	2619	3946	
9		모자	3205	2278	2631		모자	3205	2278	2631	

 누나 IT 동영상 강의   **다양한 복사, 붙여넣기**

엑셀에는 다양한 복사, 붙여넣기 기능이 있는 것을 확인하였습니다. 이러한 기능을 잘 활용한다면 동일한 데이터를 자신이 원하는 형식으로 복제할 수 있으며, 서식 복사 기능까지 사용하면 데이터를 더욱 쉽게 작성할 수 있습니다.

▶ **바로 가기 주소** : http://m.site.naver.com/0vmds

Lesson 07

열과 행 삽입, 삭제 하고 너비, 높이 조절 하기

실습 파일 | CHAPTER01 \ 07_행렬조정.xlsx
완성 파일 | CHAPTER01 \ 07_행렬조정_완성.xlsx

엑셀은 열과 행 그리고 셀로 이루어져 있다고 배웠습니다. 엑셀에서는 셀 안의 데이터를 자유롭게 입력 및 수정하고 서식을 지정할 수 있는 것처럼 마찬가지로 열과 행도 너비와 높이를 자유롭게 수정하고 추가, 삭제할 수 있습니다.

열, 행 머리글 너비와 높이 조절하기

01 작업 영역의 가장 윗부분에 A, B, C…라고 입력된 부분을 **열 머리글**이라고 합니다. B열과 C열 사이의 경계선에 마우스 포인터를 올려놓으면 ⊞ 모양으로 바뀝니다. 이 상태에서 좌우로 드래그하면 열 너비를 조절할 수 있습니다. 오른쪽으로 조금 드래그해 너비를 넓혀보겠습니다.

누구나 아는 Tip 행 높이도 동일하게 행 머리글에 있는 행 사이의 경계선을 드래그해 높이를 조절할 수 있습니다. 이때 마우스 포인터는 ⊞ 모양으로 변경됩니다.

누구나 아는 Tip 셀에 입력할 수 있는 데이터보다 긴 데이터가 입력되면 ######### 형태로 나타나는 경우가 있습니다. 이때 열 너비를 조정하여 데이터에 입력된 내용을 모두 확인할 수 있습니다.

02 이번에는 열 머리글의 B열과 C열 사이 경계선을 더블클릭해보겠습니다. B열의 열 너비가 B열에
입력된 글자의 너비에 맞춰 자동으로 변경됩니다.

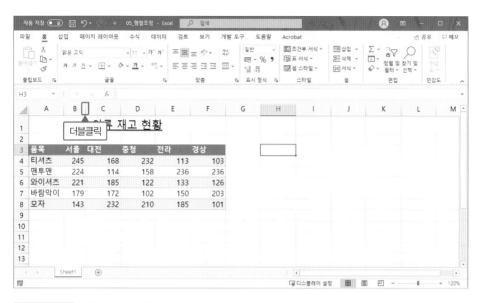

누구나아는 Tip 행 높이도 동일하게 경계선을 더블클릭하면 글자 크기만큼 자동으로 높이가 맞춰집니다.

03 **1** 3행 머리글 위에서 마우스 오른쪽 버튼을 클릭하고 **2** [행 높이]를 클릭합니다. **3** [행 높이]
대화상자가 나타나면 입력란에 **20**을 입력한 후 **4** [확인]을 클릭합니다. 행 높이가 글자 크기 20에
맞춰 변경됩니다.

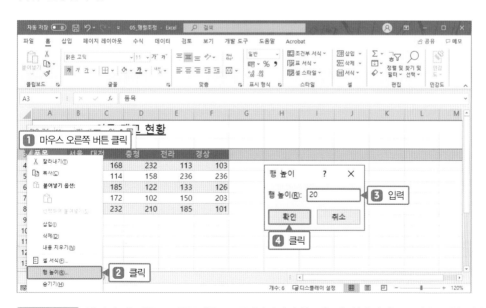

누구나아는 Tip 열 머리글을 마우스 오른쪽 버튼으로 클릭하면 나타나는 메뉴에서 [열 너비]를 클릭하고 행 높이와 동일하게 [열
너비] 대화상자에서 직접 수치를 입력해 열 너비를 조절할 수 있습니다.

여러 열의 너비 동일하게 조정하기

01 **1** B열부터 F열 머리글까지 드래그해 범위를 지정한 후 **2** B열과 C열 머리글 사이의 경계선을 원하는 너비로 마우스로 드래그하면 범위가 설정된 열의 너비를 동일하게 조절할 수 있습니다.

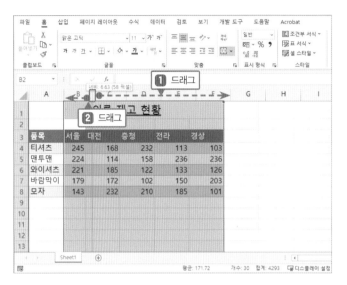

누구나아는 **Tip** 행의 높이를 동일하게 조정하려면 행 머리글을 범위로 지정한 후 경계선을 드래그합니다.

 나만 모르는 엑셀 꿀팁 | **여러 셀 하나로 병합하기**

여러 개의 셀로 이루어진 범위를 하나의 셀로 관리하고 싶다면 병합 기능을 사용합니다. 병합 기능은 원하는 범위를 지정한 후 [홈] 탭–[맞춤] 그룹에서 [병합하고 가운데 맞춤]을 클릭하거나 목록 버튼을 클릭하면 나타나는 다른 기능을 사용해 적용합니다.

1 **[병합하고 가운데 맞춤]** : 지정된 범위를 하나의 셀로 합치고 텍스트를 가운데로 정렬합니다.

2 **[전체 병합]** : 지정된 범위를 행 단위로 합칩니다. 열 범위는 그대로 유지됩니다.

3 **[셀 병합]** : 지정된 범위를 열과 행에 관계 없이 모두 합칩니다.

4 **[셀 분할]** : 병합 셀을 범위로 다시 분할합니다. 텍스트는 가장 왼쪽 상단에 있는 셀에 배치됩니다.

예제에서 [A1:F1] 범위는 여섯 개의 셀을 하나로 병합한 셀입니다. 해당 셀을 클릭하면 가장 왼쪽 상단에 있는 [A1] 셀이 셀 주소로 나타납니다. 병합된 셀은 다른 셀과는 달리 몇 가지 기능이 제한될 수 있으니 제목 행을 제외하고 가급적 데이터를 관리하는 영역에서는 사용하지 않는 것이 좋습니다.

열과 행 삽입하고 삭제하기

01 **1** C열 머리글에서 마우스 오른쪽 버튼을 클릭한 후 **2** [삽입]을 클릭합니다. C열에 빈 열이 추가됩니다.

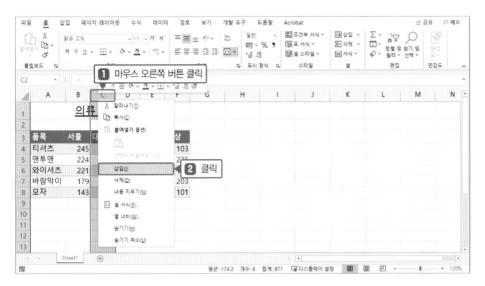

누구나아는 Tip 현재 셀 위치에서 해당 열을 빠르게 지정하는 단축키는 Ctrl + Spacebar 입니다.

02 새 열이 추가될 때는 인접한 왼쪽 열을 참고하여 동일한 서식이 적용됩니다. 서식이 복잡하게 적용된 경우는 다소 달라질 수 있습니다. [C3] 셀에 **경기**를 입력합니다.

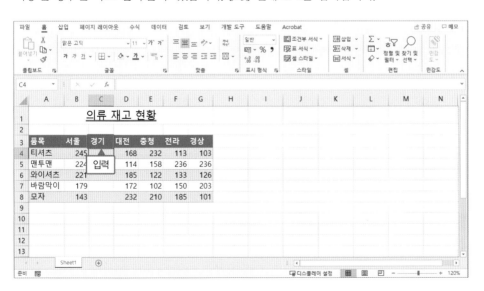

03 **①** 5행 머리글에서 마우스 오른쪽 버튼을 클릭한 후 **②** [삽입]을 클릭합니다. 5행에 빈 행이 추가됩니다.

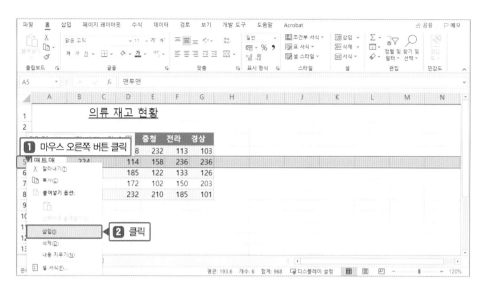

누구나아는 Tip 행과 열을 추가할 때는 행 또는 열 머리글을 클릭해 행, 열 전체가 지정된 상태에서 [Ctrl] + [+]를 누르면 빠르게 행을 삽입할 수 있습니다.

04 앞 단계에서 추가한 **①** 빈 5행 머리글을 다시 마우스 오른쪽 버튼으로 클릭합니다. 5행 전체가 지정됩니다. **②** [삭제]를 클릭합니다. 추가했던 5행이 삭제됩니다.

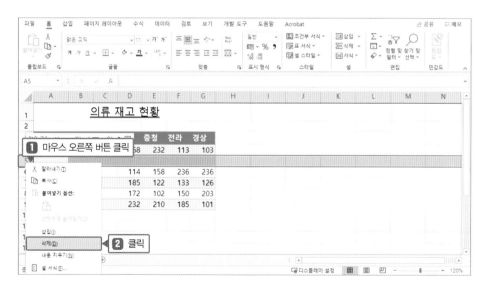

누구나아는 Tip 현재 셀 위치에서 행을 빠르게 지정하는 단축키는 [Shift] + [Spacebar] 입니다.

05 경기를 입력했던 C열 머리글에서 마우스 오른쪽 버튼을 클릭하고 **2** [삭제]를 클릭합니다. C 열이 삭제되고 기존 D열이 C열을 대체합니다.

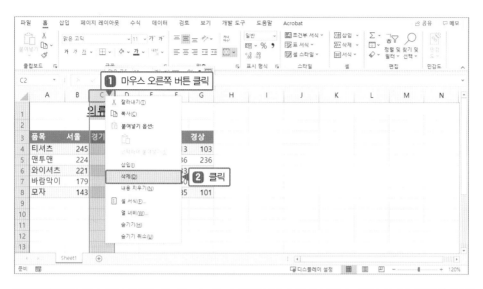

누구나아는 Tip 행과 열을 삭제할 때는 행 또는 열 머리글을 클릭해 행, 열 전체가 지정된 상태에서 Ctrl + − 를 누르면 빠르게 행을 삭제할 수 있습니다.

누나 IT 동영상 강의 ▶ 열과 행 삽입, 삭제하기

행과 열 삽입, 삭제는 데이터를 주로 다루는 엑셀에서 자주 하는 작업입니다. 처음 작업 할 때는 마우스를 이용해 행과 열을 추가하고 삭제하는 것으로 충분하겠지만, 관리하는 데이터가 늘어나 수시로 추가, 삭제가 필요하다면 점점 빠른 방식으로 작업해야 합니다. 나중에는 행, 열을 지정하는 단축키와 추가, 삭제하는 단축키를 연동해 사용하는 것이 좋습니다.

▶ **바로 가기 주소 :** http://m.site.naver.com/0vjhh

08 엑셀 시트 관리 하기

실습 파일 | CHAPTER01 \ 08_시트관리.xlsx, 08_시트관리_2.xlsx
완성 파일 | 없음

엑셀에서는 셀들이 모여서 시트가 되고 시트들이 모여서 통합 문서가 됩니다. 한 개의 엑셀 파일 (통합 문서)에 여러 개의 시트를 만들 수 있는데 이 시트를 추가, 삭제하고 이동하는 관리 방법에 대해 알아보겠습니다.

엑셀 시트 추가, 삭제하고 이름 변경하기

01 빈 통합 문서를 열고 우선 시트를 추가해보겠습니다. 시트 탭 오른쪽의 [새 시트 ⊕]를 두 번 클릭해 새 시트를 두 개 추가합니다. [새 시트 ⊕]를 클릭하면 클릭한 만큼 시트가 추가됩니다.

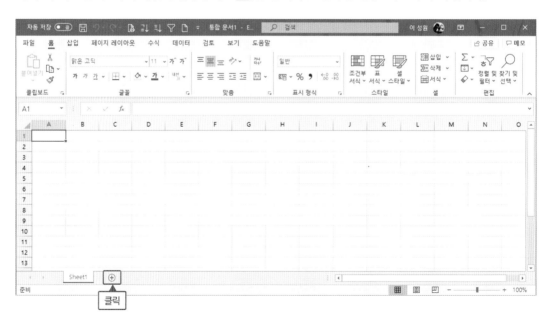

02 이번에는 시트를 삭제해보겠습니다. **1** [Sheet3] 시트 탭을 마우스 오른쪽 버튼으로 클릭하고
2 [삭제]를 클릭합니다. [Sheet3] 시트가 삭제됩니다.

시트 복사하고 이름 변경한 후 이동하기

01 **08_시트관리.xlsx** 예제 파일을 엽니다. 시트를 복사하려면 **1** [강남점] 시트 탭을 마우스 오른쪽
버튼으로 클릭하고 **2** [이동/복사]를 클릭합니다. [이동/복사] 대화상자가 나타나면 **3** [(끝으로 이동)]
을 클릭하고 **4** [복사본 만들기]를 클릭해 체크합니다. **5** [확인]을 클릭합니다. [강남점 (2)] 시트가
생성됩니다.

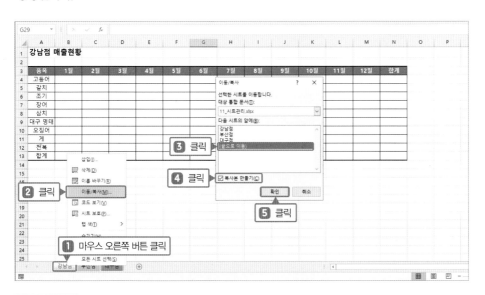

누구나 아는 Tip [복사본 만들기]의 체크를 해제하고 [확인]을 클릭하면 시트가 복사되지 않고 이동합니다.

02 **1** [강남점 (2)] 시트 탭을 더블클릭하고 **2** **강북점**을 입력한 후 **3** Enter 를 눌러 시트 이름을 변경합니다.

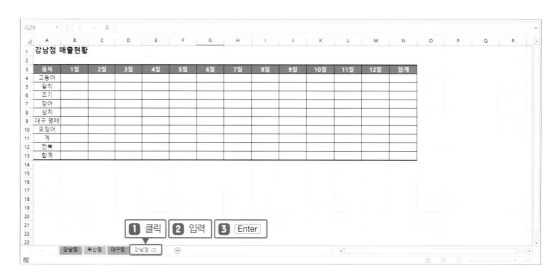

03 **1** [A1] 셀의 '강남점 매출현황'을 **강북점 매출현황**으로 바꿉니다. **2** [강북점] 시트 탭을 마우스 오른쪽 버튼으로 클릭한 후 **3** [탭 색]-[녹색, 강조 6]을 클릭해 탭 색을 바꿉니다.

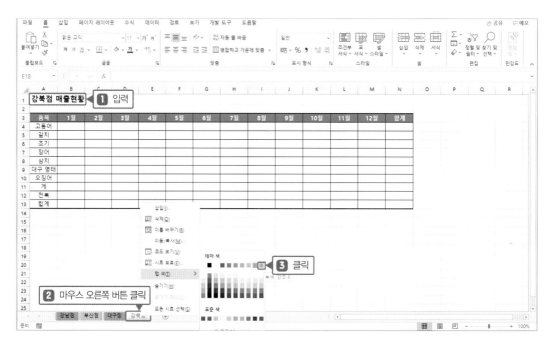

누구나아는 Tip [숨기기]를 클릭하면 시트를 숨길 수 있습니다. 숨겨진 시트는 통합 문서에는 포함되지만 보이지만 않는 것으로 숨겨진 시트가 있을 때 [숨기기 취소]를 클릭해 숨겨진 시트를 다시 표시할 수 있습니다.

04 [강북점] 시트 탭을 드래그해 [강남점] 시트 탭 뒤에 배치합니다. 시트가 이동합니다.

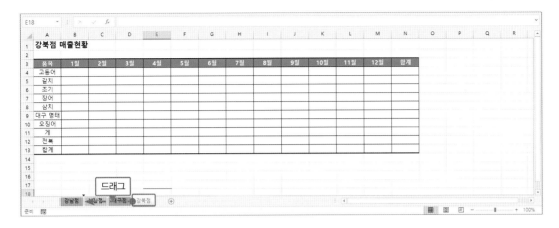

시트를 다른 엑셀 파일로 이동하기

01 1 **08_시트관리_2.xlsx** 예제 파일을 열고 **08_시트관리.xlsx** 예제 파일에서 작업합니다. 2 [강북점] 시트 탭을 마우스 오른쪽 버튼으로 클릭한 후 3 [이동/복사]를 클릭합니다. [이동/복사] 대화상자가 나타나면 4 [대상 통합 문서]에서 [11_시트관리_2.xlsx]를 클릭하고 5 [확인]을 클릭합니다.

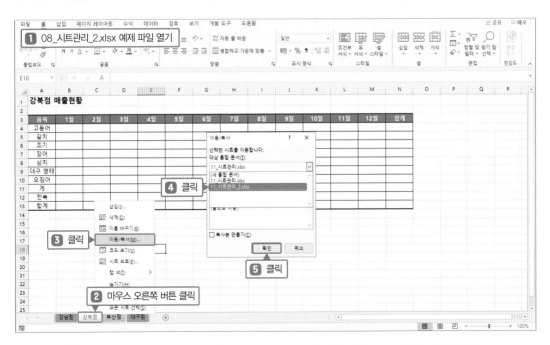

누구나 아는 Tip [복사본 만들기]에 체크한 후 [확인]을 클릭하면 시트가 다른 엑셀 파일로 이동되지 않고 복제됩니다.

02 **08_시트관리_2.xlsx** 엑셀 파일을 확인해보면 [강북점] 시트가 맨 앞으로 이동되었습니다. **08_시트관리.xlsx** 엑셀 파일에 있던 [강북점] 시트가 이동한 것이므로 해당 예제 파일에서는 [강북점] 시트가 사라집니다.

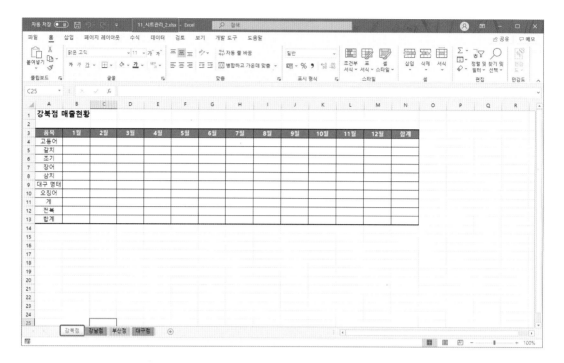

Lesson 09 똑똑한 자동 채우기 기능으로 데이터 완성하기

실습 파일 | CHAPTER01 \ 09_자동채우기.xlsx
완성 파일 | CHAPTER01 \ 09_자동채우기_완성.xlsx

엑셀의 강력한 기능 중 하나가 바로 자동 채우기 기능입니다. 채우기 핸들█을 드래그하거나 더블클릭하는 것만으로도 연속되는 데이터를 자동으로 빠르게 채울 수 있습니다. 엑셀에는 이런 작업을 손쉽게 해결할 수 있는 기능이 많이 있어 데이터를 관리하고 작성할 때 매우 편리합니다.

다양한 데이터 자동 채우기

01 예제 파일을 열면 2행에 다양한 종류의 데이터가 준비되어 있습니다. **1** 먼저 [B2] 셀을 클릭합니다. 채우기 핸들█에 마우스 포인터를 가져가면 ✚ 모양으로 변합니다. 그 상태에서 **2** [B14] 셀까지 드래그합니다. 일반적인 문자 데이터는 채우기 핸들을 드래그하면 동일한 데이터가 복제됩니다.

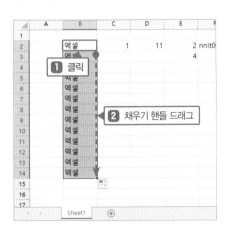

누구나 아는 Tip 셀 안의 데이터는 각자 고유의 데이터 표시 형식을 가지고 있습니다. 보통 데이터를 입력하면 일반 형태로 인식되지만 이 외에도 숫자, 텍스트, 회계, 통화, 시간, 날짜, 백분율 등 다양한 형식이 있습니다. 셀을 지정한 후 [홈] 탭-[표시 형식] 그룹의 [표시 형식]을 확인하면 현재 데이터가 어떤 표시 형식으로 입력되어 있는지 확인할 수 있습니다.

02 다음은 숫자 데이터입니다. **1** [C2] 셀을 클릭한 후 **2** 채우기 핸들⊞을 [C14] 셀까지 드래그합니다. 숫자 데이터도 채우기 핸들⊞을 드래그하면 동일한 데이터가 복제됩니다.

03 이번에는 **1** [D2] 셀을 클릭합니다. **2** Ctrl 을 누른 상태에서 채우기 핸들⊞을 [D14] 셀까지 드래그합니다. 이렇게 Ctrl 을 누른 상태에서 숫자 데이터의 채우기 핸들⊞을 드래그하면 숫자 데이터는 1씩 증가하며 자동으로 채워집니다.

누구나 아는 Tip 채우기 핸들을 이용해 자동 채우기 기능을 활용할 때는 꼭 세로(열) 방향이 아니라 가로(행) 방향으로 드래그해도 됩니다. 또한 행이나 열로만 이루어진 범위를 드래그할 경우에도 동일한 범위에 자동 채우기가 적용됩니다.

04 이번에는 규칙성을 가진 숫자 데이터는 어떻게 자동 채우기가 되는지 알아보겠습니다. ① 우선 [E2:E3] 범위를 드래그해 지정한 후 ② 채우기 핸들 을 [E14] 셀까지 드래그합니다. 이렇게 2, 4처럼 2 단위로 늘어나듯 숫자에 규칙성이 있다면 나머지 데이터도 2씩 증가하며 자동 채우기가 됩니다. 예를 들어 3, 6의 경우 자동 채우기하면 9, 12, 15… 식으로 채우기가 됩니다.

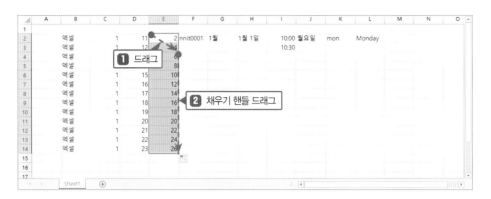

05 ① [F2] 셀을 클릭한 후 ② 채우기 핸들 을 [F14] 셀까지 드래그합니다. 문자+숫자 조합으로 이루어진 데이터는 숫자가 증가하며 자동으로 채워집니다.

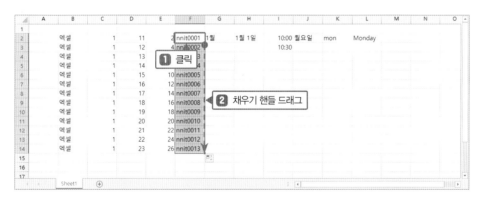

누구나아는 Tip 채우기 핸들은 편리하지만 열이 너무 길 경우에는 직접 드래그하기 힘듭니다. 이때 채우기 핸들을 드래그할 필요 없이 더블클릭하여 자동 채우기를 할 수 있습니다. 더블클릭하면 인접한 좌우 열에 있는 데이터를 기준으로 가장 많은 데이터가 있는 열의 동일한 행까지 채워집니다.

날짜 데이터의 자동 채우기

01 월과 날짜는 어떻게 자동 채우기되는지 알아보겠습니다. [G2] 셀에는 월이 입력되어 있고, [H2] 셀에는 1월 1일이라고 날짜가 입력되어 있습니다. **1** [G2:H2] 범위를 드래그해 지정한 후 **2** 채우기 핸들▪을 [H14] 셀까지 드래그합니다.

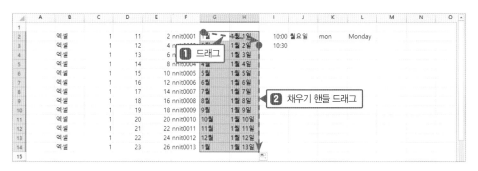

누구나 아는 Tip 1월은 영문자로 Jan 혹은 January라고 입력해도 월로 인식되어 자동 채우기를 사용할 수 있습니다.

 나만 모르는 엑셀 꿀팁 　**날짜 입력 방법과 날짜 형식 선택하기**

날짜를 입력할 때는 셀에 **1월 1일**로 직접 입력해도 되지만, **2020-1-1** 혹은 **1-1, 1/1**과 같은 형태로 입력해도 날짜 형태의 데이터로 인식됩니다. 2020-1-1로 입력하면 **2020-01-01** 형식으로, 1-1 혹은 1/1로 입력하면 **01월 01일** 형식으로 표시됩니다. 이러한 날짜 표시 형식은 [표시 형식] 옵션에서 수정할 수 있습니다.

날짜 데이터를 선택한 상태에서 **1** [표시 형식]을 확인하면 [날짜] 형식으로 입력된 것을 확인할 수 있습니다. 이 상태에서 **2** [표시 형식▫]을 클릭하면 [셀 서식] 대화상자가 나타납니다. **3** 이때 [범주]는 [날짜]로 선택되어 있고 **4** [형식]에서 다양한 날짜 형식을 선택할 수 있습니다. **5** [3월 14일]을 클릭하고 **6** [확인]을 클릭합니다. **7** 날짜 표시 형식이 바뀐 것을 확인할 수 있습니다. [셀 서식] 대화상자의 단축키는 Ctrl + 1 입니다.

02 시간 데이터는 어떻게 자동 채우기되는지 확인해보겠습니다. **1** 10:00, 10:30이 입력된 [I2:I3] 범위를 드래그해 지정한 후 **2** 채우기 핸들⊞을 [I14] 셀까지 드래그합니다. 30분 단위로 시간이 입력되어 있어서 30분씩 증가하며 자동 채우기가 됩니다. 한 시간씩 증가시키려면 10:00, 11:00 식으로 데이터를 입력한 후 자동 채우기를 실행하면 됩니다.

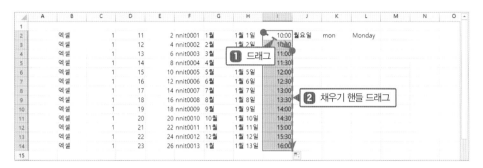

누구나아는 **Tip** 시간도 날짜와 마찬가지로 입력할 때 **10:00** 혹은 **10시 30분**으로 입력하면 시간 데이터 형식으로 인식합니다. 단 12시간제로 표현할 때는 **10:30 AM**과 같이 AM, PM을 붙여서 입력하고 24시간제로 표현할 때는 **23:00**과 같이 입력합니다.

03 요일 데이터는 자동 채우기가 어떻게 되는지 확인해보겠습니다. **1** [J2:L2] 범위를 드래그해 지정하고 **2** 채우기 핸들⊞을 [L9] 셀까지 드래그하면 요일은 순서대로 반복되고, mon은 영문 요일 세 글자로, Monday는 영문 요일 전체가 표시되는 형태로 자동 채우기됩니다.

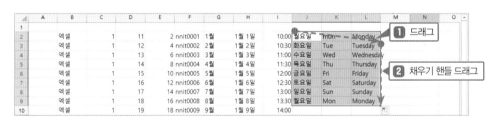

 나만 모르는 엑셀 꿀팁　　**자동 채우기 옵션에서 평일 날짜만 채우기**

날짜 형식의 데이터를 자동 채우기할 때 평일만 혹은 월과 연 단위로 채우는 방법은 간단합니다. 우선 채우기 핸들⊞을 이용해 원하는 데이터를 채우면 나타나는 [자동 채우기 옵션⊞]을 클릭합니다. 목록으로 된 채우기 옵션이 나타납니다. 목록에서 원하는 옵션을 클릭하면 데이터가 선택한 형식으로 바뀝니다.

실습 파일 | CHAPTER01\09_채우기.xlsx

예제 파일을 열면 다양한 형태의 데이터가 준비되어 있습니다. 자동 채우기 기능은 비슷한 데이터를 복제하는 것은 물론 특정한 규칙을 가진 데이터에서 일정 부분만 추출하는 기능도 있습니다. 단, 이때 채우기 핸들을 사용하는 것이 아니라 [채우기] 기능을 실행해야 합니다.

01 **1** [C3] 셀을 클릭한 후 **2** [홈] 탭-[편집] 그룹-[채우기]-[빠른 채우기]를 클릭합니다. 마찬가지로 [D3], [G3], [H3] 셀에도 동일하게 [채우기]-[빠른 채우기] 기능을 적용해봅니다.

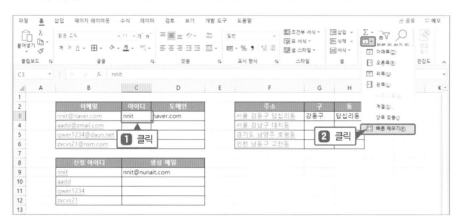

02 각각 [빠른 채우기]를 실행하면 아래 그림과 같이 아이디, 도메인 혹은 구, 동이 분리되어 나타납니다. 한 셀에 입력된 데이터가 특정한 규칙을 가지고 있고, 엑셀이 이를 구분할 수 있다면 데이터를 분리할 수 있습니다. 이메일은 @를 기준으로 아이디와 도메인이 구분되어 있고, 주소는 띄어쓰기를 기준으로 시, 구, 동이 구분되어 있기 때문에 엑셀이 이를 인식하고 데이터를 분리하는 것입니다.

03 [C9] 셀을 클릭하고 동일하게 빠른 채우기를 실행하려고 하면 버튼이 비활성화되어 실행할 수 없습니다. 이는 셀이 병합된 범위에서 나타나는 현상입니다. 우선 병합된 범위를 다시 분할하겠습니다. **1** [C9:C12] 범위를 드래그해 지정합니다. **2** [홈] 탭-[맞춤] 그룹-[병합하고 가운데 맞춤🔳]의 목록 버튼🔽을 클릭하고 **3** [셀 분할]을 클릭합니다. 병합된 셀이 분리됩니다.

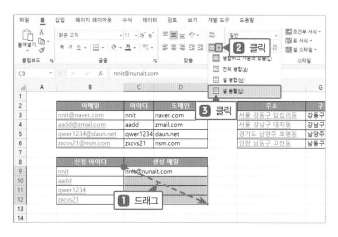

04 다시 **1** [C9] 셀을 클릭하고 **2** 활성화된 [홈] 탭-[편집] 그룹-[채우기🔽]를 클릭한 후 **3** [빠른 채우기]를 클릭합니다. 결과를 확인해보면 @nunait.com 도메인에 신청 아이디 목록에 있는 텍스트가 합쳐집니다.

 누나 IT 동영상 강의 ▶ **강력한 자동 채우기 기능**

자동 채우기 기능을 활용하면 비슷한 형식의 많은 데이터를 손쉽게 입력할 수 있어 매우 편리합니다. 또 빠른 채우기 기능까지 사용하면 데이터를 분리하거나 합치는 등 다양하게 활용할 수 있습니다.

▶ **바로 가기 주소 :** http://m.site.naver.com/0vplb

Lesson

10 틀 고정과 화면 보기 설정 활용하기

실습 파일 | CHAPTER01 \ 10_틀고정.xlsx
완성 파일 | 없음

데이터가 많은 경우 스크롤을 내리면 제목 행이 보이지 않아 어떤 항목을 보는 것인지 헷갈릴 수 있습니다. 이때 제목 행이나 제목 열을 고정하면 데이터가 많아도 어디서나 항목 이름을 확인할 수 있습니다. 틀 고정 기능을 사용합니다.

틀 고정으로 어디서나 제목 행 보기

01 예제 파일의 데이터는 1행에 제목, 2행에는 번호, 주문일, 주문번호 등 데이터 항목이 입력되어 있습니다. 하지만 스크롤을 내리면 데이터 내용만 나오기 때문에 정확히 어떤 데이터인지 확인하기 어렵습니다. 스크롤을 내려도 1~2행 머리글이 보이도록 설정해보겠습니다. 2행까지 고정하려면 3행에서 [틀 고정]을 실행합니다. **1** 우선 3행 머리글을 클릭합니다. **2** [보기] 탭-[창] 그룹-[틀 고정]-[틀 고정]을 클릭합니다.

02 틀이 고정되면 스크롤을 내려도 1~2행이 항상 같은 위치에 표시됩니다. 화면 오른쪽의 스크롤을 직접 아래로 드래그해 확인해보면 1~2행이 항상 표시되는 것을 확인할 수 있습니다.

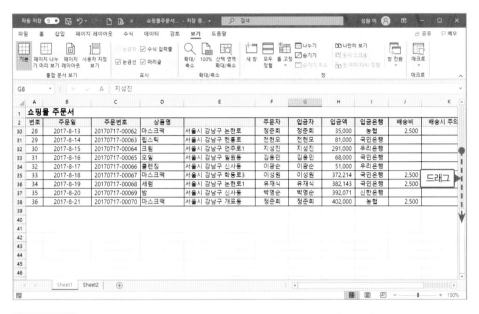

누구나아는 Tip 열 고정은 항상 고정할 열의 바로 오른쪽 열 머리글을 지정한 후 [틀 고정]을 클릭합니다.

03 틀 고정은 언제든 취소할 수 있습니다. [보기] 탭-[창] 그룹-[틀 고정]-[틀 고정 취소]를 클릭합니다.

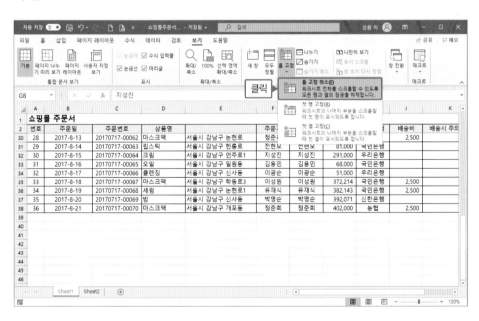

04 열과 행의 틀을 동시에 고정해보겠습니다. A~C열과 1~2행을 고정하기 위해 **1** [D3] 셀을 클릭합니다. [D3] 셀의 바로 왼쪽 열인 C열까지, 윗행인 2행까지 고정됩니다. **2** [보기] 탭-[창] 그룹-[틀 고정]-[틀 고정]을 클릭합니다. 상하좌우로 스크롤하면 C열과 2행이 고정된 것을 확인할 수 있습니다.

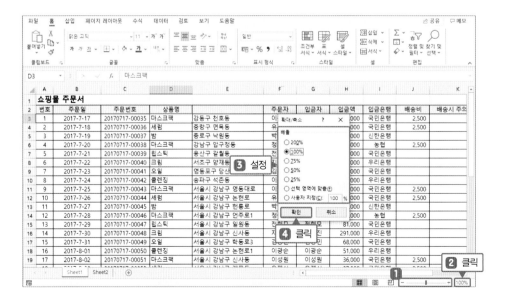

문서 확대, 축소해 보기

01 엑셀 화면 오른쪽 하단에서 **1** [축소 −]를 클릭하면 화면이 축소되고, [확대 +]를 클릭하면 확대됩니다. **2** [100%]를 클릭하면 [확대/축소] 대화상자가 나타납니다. **3** [배율]에서 원하는 비율을 선택하거나 [사용자 지정]에 원하는 비율을 입력하고 **4** [확인]을 클릭해 확대, 축소 비율을 임의로 설정할 수 있습니다.

02 엑셀에서는 원하는 범위만 확대해서 볼 수도 있습니다. **❶** [A1:E8] 범위를 드래그해 지정한 후 **❷** [보기] 탭-[확대/축소] 그룹-[선택 영역 확대/축소]를 클릭합니다.

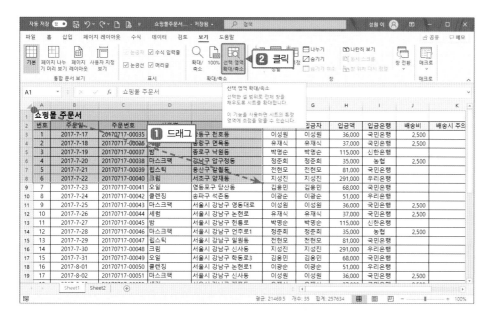

03 드래그해 선택한 범위만 확대된 것을 확인할 수 있습니다. 다시 원래 크기로 되돌아가려면 [보기] 탭-[확대/축소] 그룹-[100%]를 클릭합니다.

눈금선, 머리글, 수식 입력줄 감추기

01 [보기] 탭-[표시] 그룹에서 [눈금선], [수식 입력줄], [머리글]을 각각 클릭해 체크를 해제하면 셀 경계를 나타내는 눈금선, 행과 열의 머리글, 수식 입력줄 등이 보이지 않습니다. 각각 다시 클릭하여 체크해 나타낼 수 있습니다.

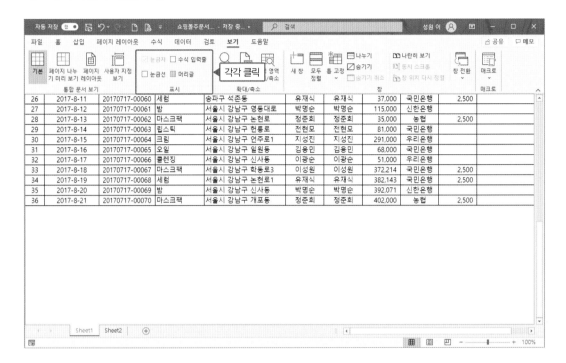

Lesson
11
내 맘대로 엑셀 문서 인쇄 해보기

실습 파일 | CHAPTER01\11_근로계약서.xlsx, 11_쇼핑몰주문서.xlsx
완성 파일 | CHAPTER01\11_쇼핑몰주문서_완성.xlsx

엑셀로 제작한 문서를 인쇄하기 위해서는 인쇄 용지의 크기를 기준으로 사전에 작업하는 것이 가장 좋습니다. 하지만 데이터를 입력하거나 양식을 만드는 과정에서 인쇄 용지의 크기와 맞지 않거나 넘치는 경우가 발생할 수 있습니다. 이때 엑셀의 다양한 인쇄 기능을 활용하면 더욱 편리하게 인쇄할 수 있습니다.

데이터를 용지에 딱 맞게 출력하기

01 **11_근로계약서.xlsx** 예제 파일을 엽니다. Ctrl + P 를 눌러 예제 파일이 인쇄하기 적절한 양식인지 확인해보겠습니다. [인쇄] 화면이 나타납니다.

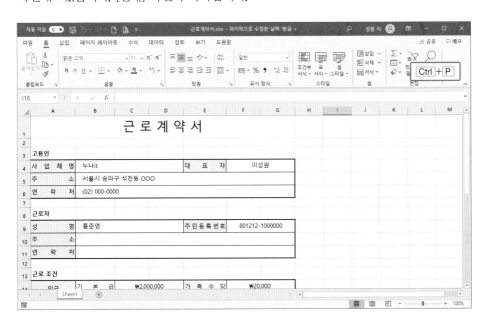

02 ❶ 문서의 내용이 많아 오른쪽은 인쇄 범위가 잘려 있어 두 장으로 인쇄되는 상태입니다. 이때 용지 여백을 줄여 인쇄 범위를 조정할 수 있습니다. ❷ [보통 여백]을 클릭하고 ❸ [좁게]를 클릭하면 용지 여백이 줄어듭니다.

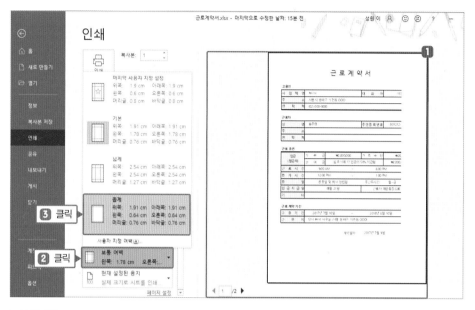

누구나아는Tip 미리 보기 화면 하단의 [1/2] 표시는 '현재 페이지/전체 페이지'라는 의미입니다.

03 A4 용지 가운데에 문서 내용이 위치하도록 설정하겠습니다. ❶ [인쇄] 화면의 왼쪽 아래에 있는 [페이지 설정]을 클릭합니다. ❷ [페이지 설정] 대화상자가 나타나면 [여백] 탭을 클릭합니다. ❸ [페이지 가운데 맞춤]에서 [가로]에 체크한 후 ❹ [확인]을 클릭합니다.

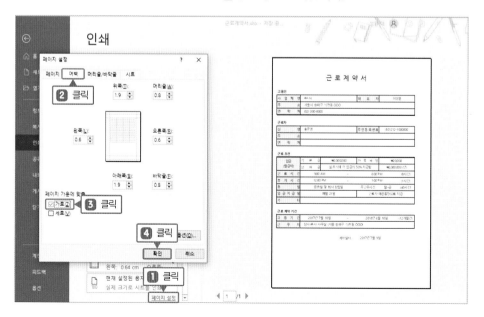

04 ① 미리 보기 화면에서 문서 내용이 A4 용지 좌우 가운데 정렬된 것을 확인할 수 있습니다. 만약 상하 기준으로도 가운데에 위치시켜 인쇄하고 싶다면 [페이지 설정] 대화상자의 [페이지 가운데 맞춤]에서 [세로]도 체크하면 됩니다. ② [인쇄]를 클릭하면 설정한 문서를 출력할 수 있습니다.

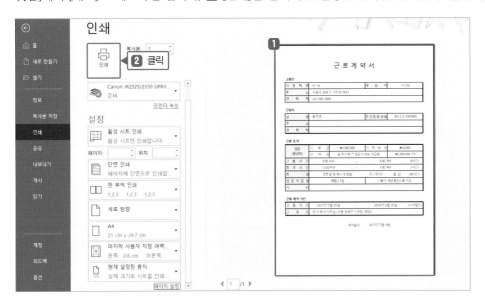

방대한 데이터 입맛에 맞게 인쇄하기

01 **11_쇼핑몰주문서.xlsx** 예제 파일을 엽니다. Ctrl + P 를 눌러 예제 파일이 인쇄하기 적절한 양식인지 확인해보겠습니다. [인쇄] 화면의 미리 보기 화면을 확인하면 [용지 방향]이 가로로 설정되었고 [좁은 여백]으로 설정되어도 오른쪽 열이 인쇄 범위에 나타나지 않습니다.

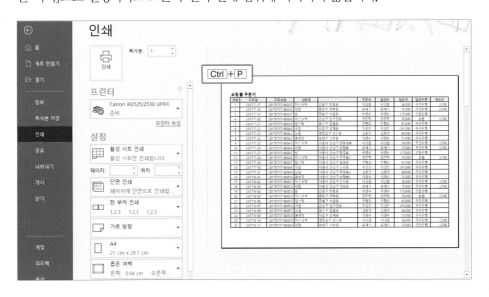

02 **1** [현재 설정된 용지]를 클릭한 후 **2** [한 페이지에 모든 열 맞추기]를 클릭합니다. 미리 보기에서 열이 잘리지 않고 문서의 내용이 한 페이지에 전부 들어오는 것을 확인할 수 있습니다.

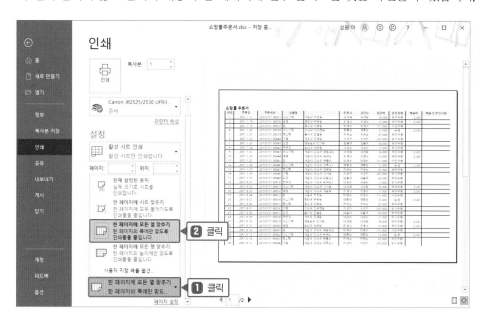

03 많은 양의 데이터라고 해도 한 장에 출력하려면 **1** [현재 설정된 용지]를 클릭한 후 **2** [한 페이지에 시트 맞추기]를 클릭하면 됩니다.

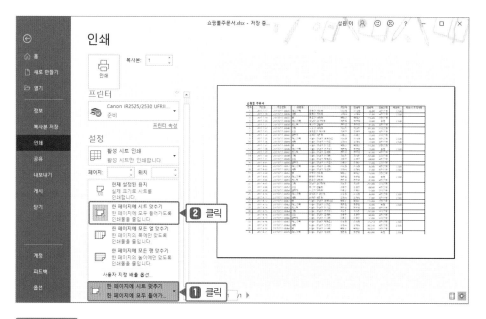

누구나 아는 Tip 단, 이 방법은 데이터가 많을수록 글자가 작게 출력되므로 열이 많은 데이터를 인쇄하기에 적합한 방법은 아닙니다.

04 인쇄 비율을 마음대로 수정할 수도 있습니다. **1** [페이지 설정]을 클릭한 후 **2** [페이지] 탭을 클릭합니다. **3** [확대/축소 배율]을 클릭하고 **4** 원하는 숫자(%)를 입력합니다. 예제에서는 **40**을 입력했습니다. **5** [확인]을 클릭합니다. 미리 보기 화면에 축소된 결과가 나타납니다. 이 상태에서 [인쇄]를 클릭하면 축소된 문서를 출력할 수 있습니다.

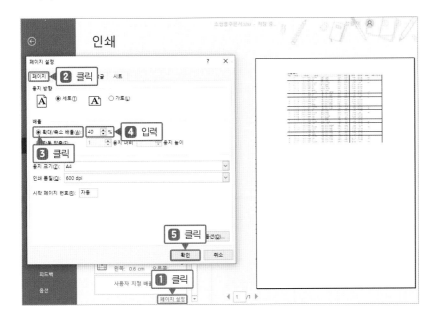

누구나 아는 Tip 다시 기본 값으로 변경하려면 [확대/축소 배율]에 **100**을 입력한 후 [확인]을 클릭합니다.

원하는 부분만 편리하게 인쇄하기

01 인쇄하길 원하는 범위를 드래그해 지정합니다. 예제에서는 **1** [A1:E10] 범위를 드래그해 지정했습니다. **2** [페이지 레이아웃] 탭−[페이지 레이아웃] 그룹−[인쇄 영역]−[인쇄 영역 설정]을 클릭합니다. **3** 지정한 범위에 회색 실선이 표시되며 인쇄 영역이 설정됩니다.

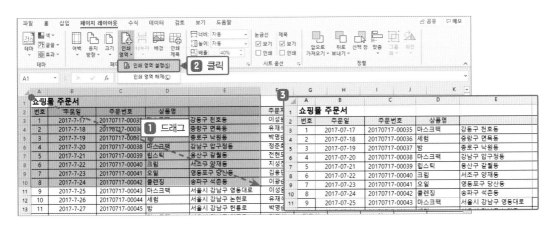

02 Ctrl + P를 눌러 미리 보기를 확인하면 앞서 지정한 범위만 미리 보기에 나타나는 것을 확인할 수 있습니다.

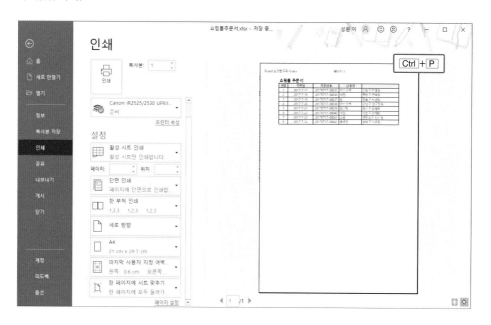

03 인쇄 영역을 해제하고 싶다면 [페이지 레이아웃] 탭-[페이지 레이아웃] 그룹-[인쇄 영역]-[인쇄 영역 해제]를 클릭합니다.

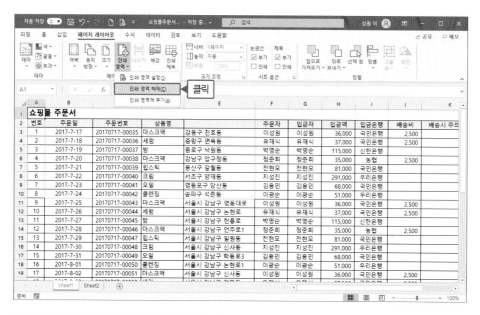

누구나아는Tip 현재 인쇄 범위에서 인쇄 영역을 추가하고 싶다면 원하는 범위를 드래그해 지정한 후 [인쇄 영역 추가]를 클릭합니다.

제목 행 반복해 인쇄하기

01 모든 페이지마다 제목 행을 반복해 인쇄해보겠습니다. **1** Ctrl + P 를 눌러 [인쇄] 화면의 미리
보기 화면을 확인해보겠습니다. **2** [다음 페이지 ▶]를 클릭해 2페이지로 이동하면 아래 그림처럼 번
호, 주문일, 주문번호 등이 적혀 있는 제목 행이 보이지 않습니다. **3** [뒤로 ←]를 클릭해 워크시트 화
면으로 돌아갑니다.

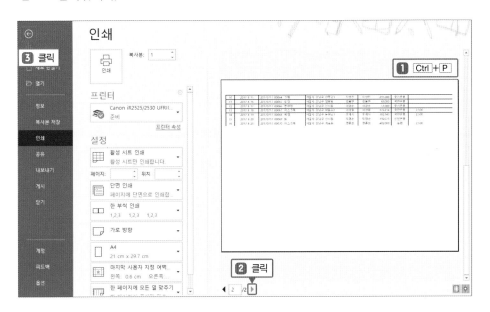

02 **1** [페이지 레이아웃] 탭–[페이지 설정] 그룹–[인쇄 제목]을 클릭합니다. **2** [페이지 설정] 대화
상자에서 [인쇄 제목]–[반복할 행]의 입력란을 클릭하고 **3** 워크시트의 [1:2] 행 머리글 범위를 드래그
해 지정합니다. [페이지 설정] 대화상자의 [인쇄 제목]–[반복할 행]에 **$1:$2**가 자동으로 입력됩니다.
4 [인쇄 미리 보기]를 클릭합니다.

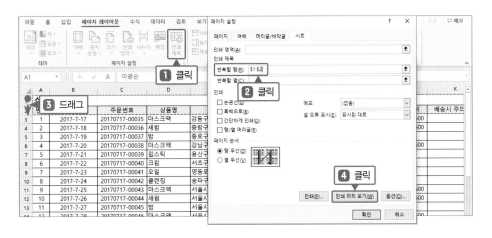

03 ❶ 미리 보기 화면의 [다음 페이지 ▶]를 클릭해 2페이지로 이동하면 [1:2] 행이 반복 인쇄되는 것을 확인할 수 있습니다. ❷ [뒤로 ⊜]를 클릭해 워크시트 화면으로 돌아갑니다.

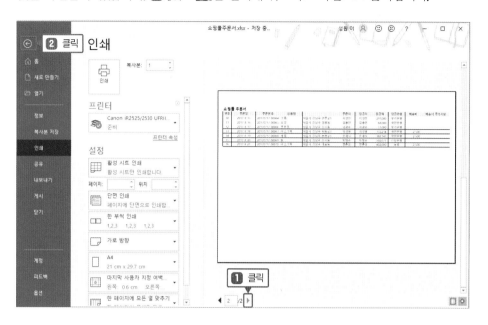

04 반복 행을 해제하겠습니다. ❶ [페이지 레이아웃] 탭-[페이지 설정] 그룹-[인쇄 제목]을 클릭합니다. ❷ [페이지 설정] 대화상자에서 [인쇄 제목]-[반복할 행]의 입력란의 **$1:$2**를 삭제합니다. ❸ [확인]을 클릭합니다. 반복 인쇄되는 행이 해제됩니다.

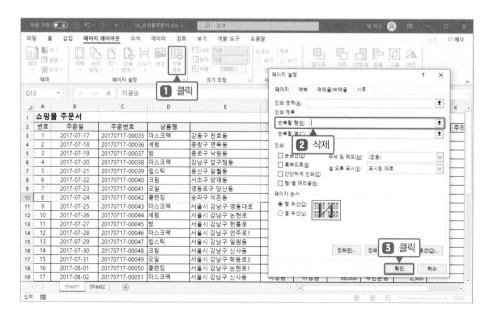

머리글과 바닥글 추가해 인쇄하기

01 워크시트를 인쇄 페이지 양식으로 보려면 엑셀 화면 오른쪽 하단에 있는 [페이지 레이아웃圖]을 클릭합니다. [페이지 레이아웃]에서 인쇄 페이지에 머리글과 바닥글을 추가해 인쇄물에 페이지 번호, 날짜, 파일 이름, 회사 로고 등을 다양하게 삽입할 수 있습니다. 문서 상단에는 머리글 영역이 추가된 것을 확인할 수 있습니다.

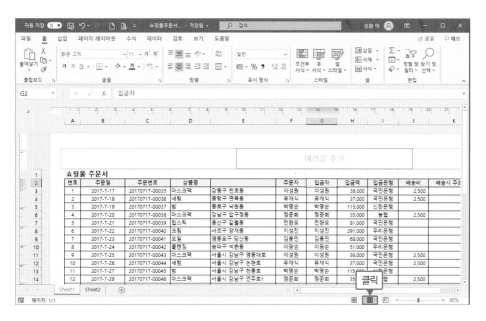

02 스크롤을 아래로 내려 확인하면 바닥글 영역이 추가된 것을 확인할 수 있습니다. 각각 머리글과 바닥글 영역에 원하는 내용을 추가할 수 있습니다.

누구나아는 Tip [삽입] 탭-[텍스트] 그룹-[머리글/바닥글]을 클릭해도 머리글과 바닥글을 삽입할 수 있습니다.

03 바닥글에 페이지 번호를 삽입해보겠습니다. 페이지 레이아웃 하단의 **1** [바닥글 추가]를 클릭합니다. **2** [머리글 및 바닥글] 탭이 활성화됩니다. **3** [머리글 및 바닥글] 탭-[머리글/바닥글 요소] 그룹-[페이지 번호]를 클릭합니다. **4** /를 입력하고 **5** [페이지 수]를 클릭합니다. 바닥글 영역에 **&[페이지 번호]/&[전체 페이지 수]**로 페이지 번호 양식이 입력됩니다.

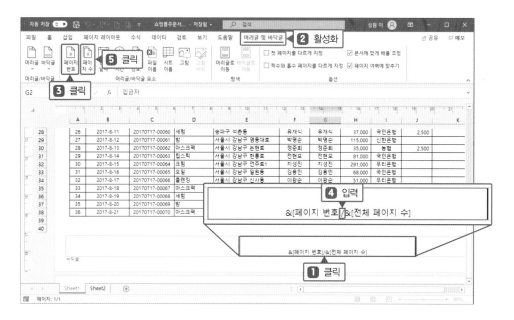

04 워크시트의 아무 셀이나 클릭해 머리글/바닥글 수정 모드를 빠져나오면 문서 맨 아래에 '현재 페이지/전체 페이지' 형식으로 페이지 번호가 입력된 것을 확인할 수 있습니다.

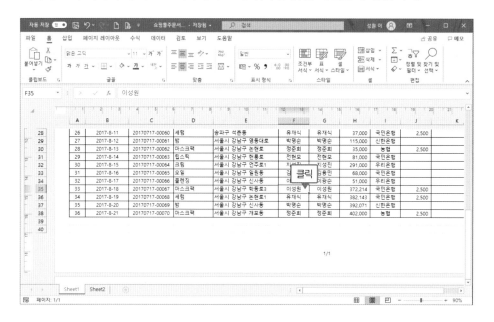

머리글에 회사 로고 삽입하기

01 **1** 머리글의 왼쪽 영역을 클릭합니다. **2** [머리글 및 바닥글] 탭-[머리글/바닥글 요소] 그룹-[그림]을 클릭합니다. [그림 삽입] 대화상자가 나타나면 **3** [파일에서]-[찾아보기]를 클릭합니다.

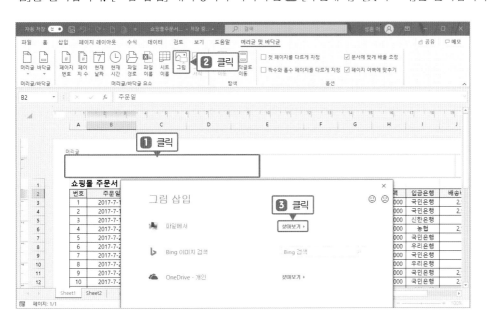

02 [그림 삽입] 대화상자가 나타나면 **1** 예제 파일 폴더에서 **회사로고.jpg** 그림 파일을 찾아 클릭한 후 **2** [삽입]을 클릭합니다.

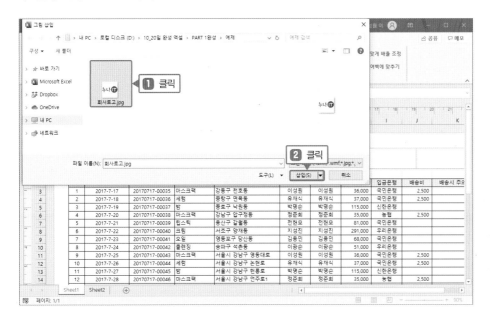

03 처음에는 &[그림]이라고 표시되지만 **1** 워크시트에서 아무 셀을 클릭하면 문서 왼쪽 상단에 로고가 삽입된 것을 확인할 수 있습니다. **2** 엑셀 화면 오른쪽 하단의 [기본▦]을 클릭합니다. 기본 워크시트 화면으로 돌아옵니다.

04 Ctrl + P를 눌러 인쇄 미리 보기 화면으로 들어갑니다. A4 용지 왼쪽 상단에는 회사 로고가, 중앙 하단에는 페이지 번호가 삽입된 것을 확인할 수 있습니다. [인쇄]를 클릭하면 해당 문서를 출력할 수 있습니다.

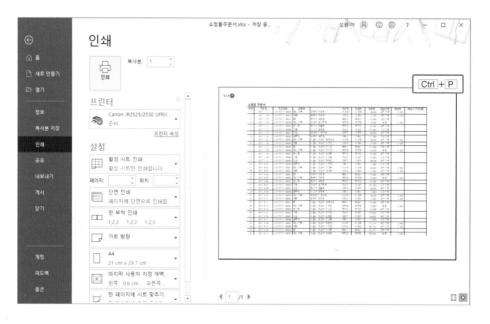

엑셀은 워크시트 내에 사진과 도형, 아이콘을 삽입할 수 있는 기능이 있습니다. [삽입] 탭-[일러스트레이션] 그룹에서 각각 삽입하고 싶은 개체 종류를 선택하면 됩니다.

1 [그림]을 클릭하면 [그림 삽입] 대화상자가 나타나고 원하는 사진을 클릭한 후 [삽입]을 클릭합니다. 사진을 워크시트에 드래그하여 삽입할 수 있습니다. **2** [도형]을 클릭하면 엑셀에서 제공하는 다양한 종류의 도형 목록이 나타납니다. 원하는 도형을 클릭한 후 워크시트에 드래그하여 삽입할 수 있습니다. **3** [아이콘]을 클릭하면 [아이콘 삽입] 대화상자가 나타납니다. 원하는 아이콘을 클릭한 후 [삽입]을 클릭하면 됩니다. 예제 파일 폴더에 **삽입이미지_1~5**에 해당하는 실습용 이미지가 있습니다. 워크시트에 직접 이미지를 삽입해보면서 기능을 확인해보세요.

12 인쇄 규격에 맞춰 간단한 시간표 만들기

실습 파일 | 새 통합 문서 직접 만들기
완성 파일 | CHAPTER01\12_시간표_완성.xlsx

Lesson 02와 09에서 배웠던 서식 설정과 자동 채우기 기능을 이용하면 표 서식을 빠르게 만들 수 있습니다. 이번에는 가장 간단한 시간표 서식을 만들어보겠습니다. 시간표 서식은 타임테이블 형식으로 응용할 수도 있습니다. 인쇄를 목적으로 서식을 만들 때는 A4 용지를 기준으로 작업하면 좋습니다.

A4 용지 기준 설정하기

01 엑셀은 규격 인쇄 용지를 기준으로 작업하는 워드와 달리 셀을 기준으로 작업한다고 배웠습니다. A4 용지를 기준으로 작업하려면 우선 인쇄 범위를 확인합니다. [페이지 레이아웃] 탭-[페이지 설정] 그룹-[용지 방향]-[가로]를 클릭합니다.

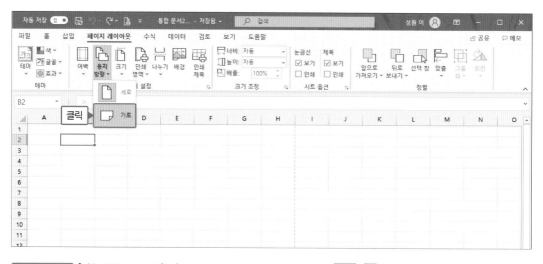

누구나아는 Tip [빠른 실행 도구 모음]에 [인쇄 미리 보기 및 인쇄]를 추가하거나 Ctrl + P 를 눌러 인쇄 미리 보기를 실행하고 다시 워크시트로 돌아와도 인쇄 범위가 나타납니다.

기본 데이터 채우기

01 M, N열 사이를 확인하면 A4 용지 가로 방향 크기에 맞는 위치에 점선이 나타난 것을 확인할 수 있습니다. **1** [B2] 셀에 **월**을 입력한 후 **2** 채우기 핸들을 [F2] 셀까지 드래그합니다. 요일이 순차적으로 입력됩니다.

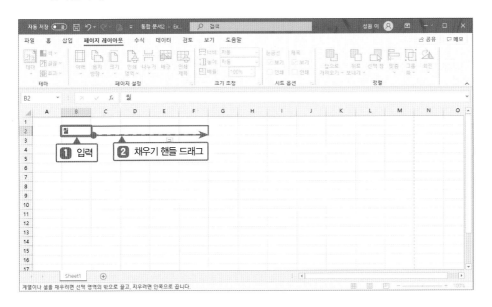

02 **1** [A3] 셀에 **1교시**를 입력한 후 **2** 채우기 핸들을 [A10] 셀까지 드래그합니다. '8교시'까지 데이터가 순차적으로 입력됩니다.

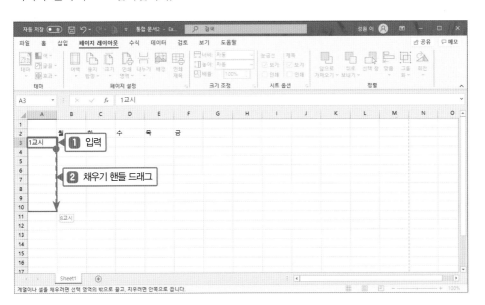

03 A열 머리글 왼쪽의 ▨을 클릭하여 워크시트의 셀 전체를 지정합니다.

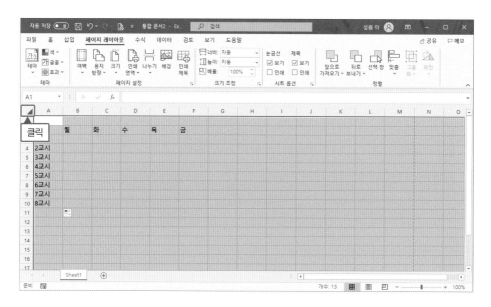

04 열 너비를 동일하게 조절하기 위해 A열과 B열 사이의 경계선을 오른쪽으로 드래그하여 너비를 넓게 조절합니다. 예제에서는 **19**로 조절하였습니다. 열 너비가 넓게 조정됩니다.

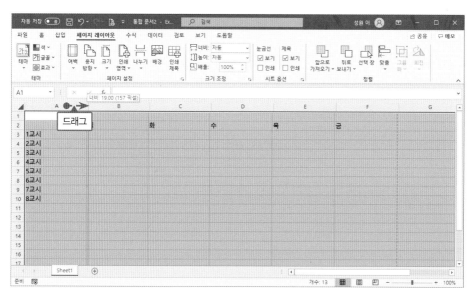

누구나아는Tip 임의의 열 머리글을 마우스 오른쪽 버튼으로 클릭한 후 [열 너비]를 클릭하면 나타나는 [열 너비] 대화상자에 직접 값을 입력해 조절할 수도 있습니다.

05 행 높이를 동일하게 조절하기 위해 1행과 2행 사이의 경계선을 아래로 드래그하여 높이를 조절합니다. 예제에서는 **46.5**로 조절하였습니다. 행 높이가 넓게 조정됩니다.

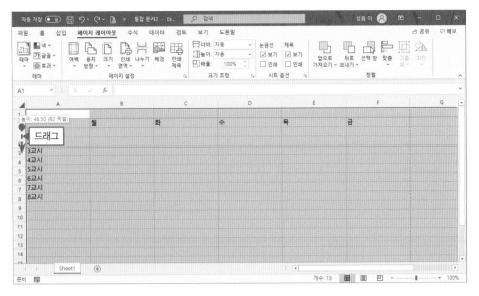

누구나 아는 Tip 임의의 행 머리글을 마우스 오른쪽 버튼으로 클릭한 후 [행 높이]를 클릭하면 나타나는 [행 높이] 대화상자에 직접 값을 입력해 조절할 수도 있습니다.

06 제목을 입력할 제목 행을 만들겠습니다. **1** [A1:F1] 범위를 드래그하여 지정합니다. **2** [홈] 탭-[맞춤] 그룹-[병합하고 가운데 맞춤 🖺]을 클릭합니다. 지정한 셀 범위가 하나로 병합됩니다.

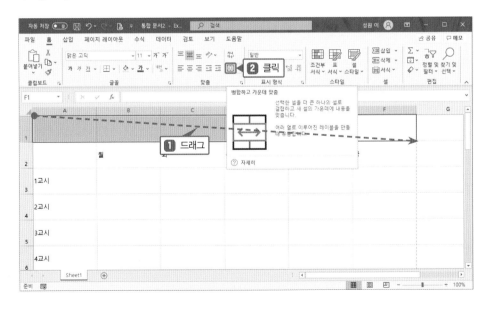

07 ❶ [A1] 셀에 제목으로 **1학기 시간표**를 입력한 후 ❷ [홈] 탭–[글꼴] 그룹–[굵게 가]를 클릭합니다. ❸ [글꼴 크기]를 20으로 설정하여 서식을 설정합니다. 아래 그림처럼 제목 텍스트의 서식이 바뀝니다.

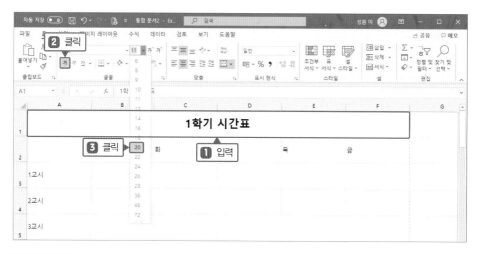

누구나아는 Tip [A1:F1] 범위를 드래그해 병합하면 가장 왼쪽에 해당하는 [A1] 셀 주소를 기준으로 주소가 지정됩니다.
누구나아는 Tip [굵게]의 단축키는 Ctrl + B 입니다.

표 범위 서식 지정하기

01 ❶ [A2:F10] 범위를 드래그해 지정합니다. ❷ [홈] 탭–[글꼴] 그룹–[테두리]의 목록 버튼을 클릭한 후 ❸ [모든 테두리]를 클릭합니다. 시간표 범위에 테두리가 나타납니다.

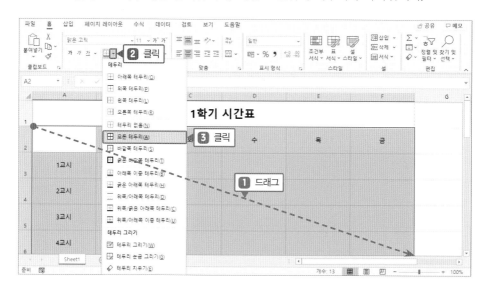

02 외곽선 테두리를 진하게 설정하겠습니다. [A2:F10] 범위가 지정된 상태에서 다시 **1** [홈] 탭–[글꼴] 그룹–[테두리 ▦]의 목록 버튼 ⌄을 클릭합니다. **2** [굵은 바깥쪽 테두리]를 클릭합니다. 바깥쪽 테두리가 굵게 바뀝니다.

03 **1** [A2:F2] 범위를 드래그해 지정합니다. **2** [홈] 탭–[글꼴] 그룹–[채우기 색 🖌]의 목록 버튼 ⌄을 클릭한 후 원하는 색을 선택합니다. **3** 예제에서는 [파랑, 강조 1, 60% 더 밝게]를 선택했습니다. 요일 행에 셀 채우기 색이 지정됩니다.

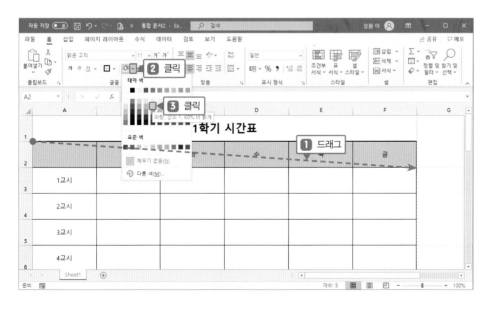

04 ❶ [A2] 셀을 클릭하고 ❷ [홈] 탭–[글꼴] 그룹–[테두리 ⊞]의 목록 버튼⌄을 클릭한 후 ❸ [다른 테두리]를 클릭합니다.

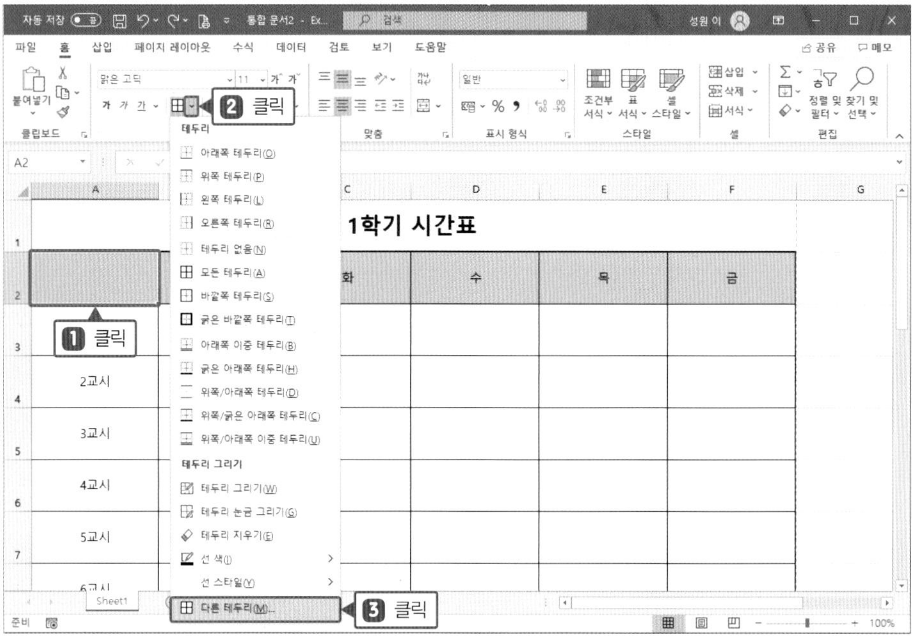

05 [셀 서식] 대화상자가 나타납니다. ❶ [테두리] 탭의 [선]–[스타일]에서 [실선]을 클릭한 후 ❷ [오른쪽 대각선 테두리 ⧅]를 클릭합니다. ❸ [확인]을 클릭합니다. [A2] 셀에 대각선으로 테두리가 나타납니다.

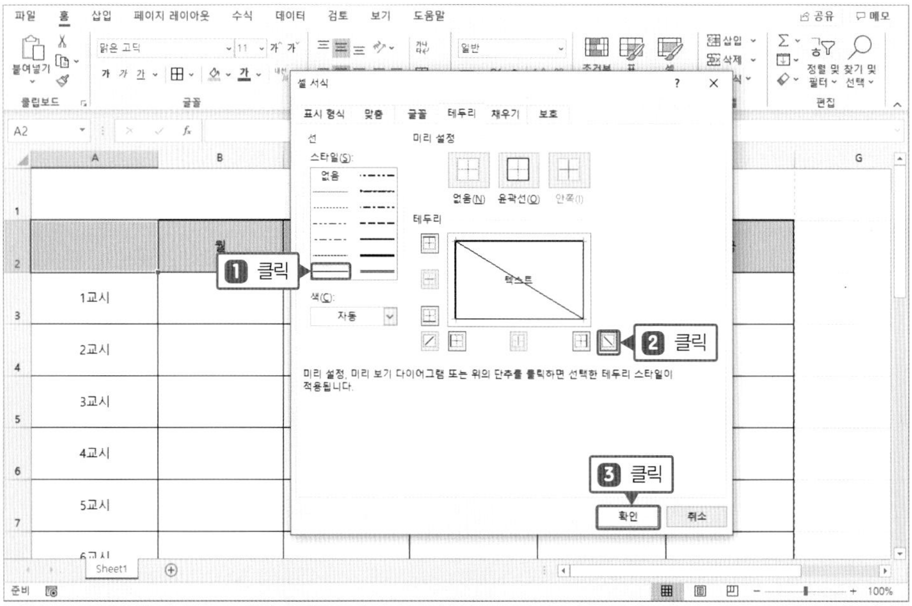

06 [A2] 셀이 지정된 상태에서 **1** [홈] 탭–[맞춤] 그룹–[왼쪽 맞춤 ≡]을 클릭합니다. **2** Spacebar 를 여러 번 눌러 대각선 오른쪽에 커서가 위치하면 **3** 요일을 입력하고 **4** Alt + Enter 를 누릅니다. **5** 교시를 입력합니다.

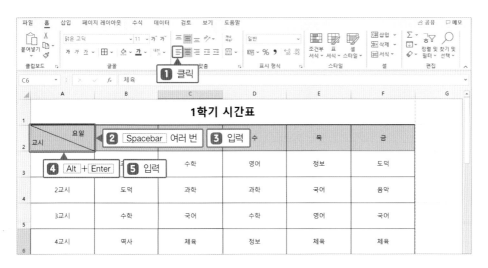

> **누구나아는Tip** 한 셀에서 줄을 바꿔 입력할 때 Alt + Enter 를 누릅니다.

07 Ctrl + P 를 누른 후 미리 보기에서 A4 용지에 시간표가 어떻게 인쇄될지 확인합니다.

> **누구나아는Tip** PC에 프린터가 연결되어 있다면 [인쇄]를 클릭해 출력할 수 있습니다.

 누나 IT 동영상 강의 | **30초 안에 간단한 시간표 만들기**

앞에서 배운 기능들을 응용해 빠르게 시간표를 만들어보았습니다. 만약 여기서 진행한 실습이 어렵게 느껴졌다면 해당 부분을 반복해서 연습하길 바랍니다. 이런 기능을 다루는 데 익숙해지면 타임테이블 작성과 같은 실제 업무에도 쉽게 응용할 수 있습니다.

▶ **바로 가기 주소 :** http://m.site.naver.com/0vGj4

자동 채우기에 어떤 채우기 양식이 있는지 확인하고 자동 채우기 목록을 마음대로 추가할 수 있습니다.

01 [파일] 탭을 클릭하면 나타나는 백스테이지 화면에서 **1** [옵션]을 클릭합니다. [Excel 옵션] 대화상자가 나타나면 **2** [고급]을 클릭하고 아래로 스크롤을 내려 **3** [일반]–[사용자 지정 목록 편집]을 클릭합니다.

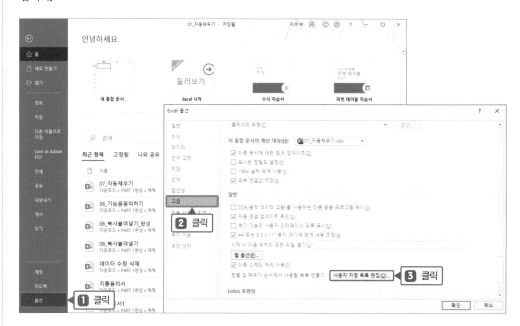

02 [사용자 지정 목록] 대화상자가 나타나면 **1** [사용자 지정 목록]에서 [새 목록]을 클릭하고 **2** [목록 항목]에 원하는 목록을 추가합니다. 이때 각 목록은 Enter 를 눌러 구분하면 됩니다. **3** [추가]를 클릭하고 **4** [확인]을 클릭합니다. [Excel 옵션] 대화상자도 [확인]을 클릭합니다. 워크시트에서 추가한 목록 중 하나를 입력하고 자동 채우기를 실행하면 목록이 완성됩니다.

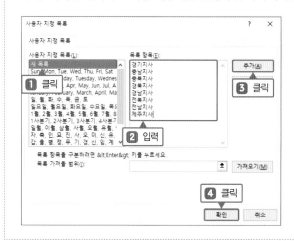

Lesson 13

엑셀 편집 기능 조합해
지출 품의서 서식 만들기

실습 파일 | 새 통합 문서 직접 만들기
완성 파일 | CHAPTER01\13_지출품의서_완성.xlsx

엑셀을 활용해 문서 양식을 만들려면 먼저 인쇄 범위를 확인하고 열 너비를 결정한 다음 [병합하고 가운데 맞춤]을 적절하게 활용하면 훨씬 쉽습니다. 엑셀에는 MS 워드나 한글 워드처럼 표를 삽입하고 칸을 자유자재로 나눌 수 있는 기능은 없습니다. 그러나 셀 너비를 충분히 조절하고 병합해 원하는 양식으로 문서를 만들 수 있습니다.

지출 품의서 서식 준비하기

01 지출 품의서 서식을 아래 그림과 같이 만들 계획입니다. 기본적으로 A4 용지에 작업해 쉽게 인쇄할 수 있도록 만들고 결재란은 [그림으로 붙여넣기] 기능을 사용할 예정입니다. 실습을 시작하기 전 완성 파일을 참조합니다. 실습은 새 통합 문서를 만들어 진행하겠습니다.

지출품의서

	담당	부서장	사장

사용목적	신제품 간담회			
지불금액	₩ 550,000	작성일	2019-8-09	
지 불 처	마케팅운	작성자		
참석인원	20명	장 소	누나IT 회의실	

품번	내 역	금액	비고
1	스터디룸 임대료	120,000	
2	프로젝터 대여료	50,000	
3	음료 및 다과	200,000	
4	홍보리플렛제작비	180,000	

위 지출 품의에 대한 사항을 허가해 주시기 바랍니다

㈜ 누나IT

02 새 통합 문서를 만듭니다. **1** Ctrl + P 를 누르면 인쇄 미리 보기가 나타납니다. 현재 문서에는 아무 내용도 없으므로 인쇄 미리 보기 내용이 나타나지 않습니다. **2** [뒤로◉]를 클릭합니다. 워크 시트를 확인하면 **3** H열과 I열 사이에 점선이 나타납니다. 여기가 A4 용지의 세로 방향 인쇄 범위입니다.

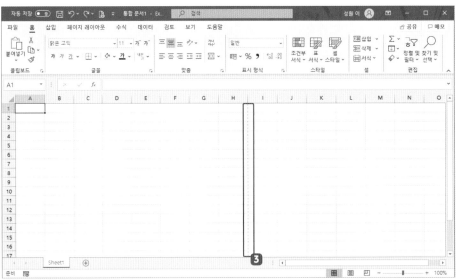

누구나 아는 Tip A4 용지의 인쇄 범위를 나타내는 점선은 고정되지 않고 열 너비가 바뀜에 따라 용지 크기에 맞게 위치가 변합니다. 꼭 H열까지 인쇄되는 것은 아닙니다.

03 완성 파일의 서식을 참고하여 열 너비를 조절합니다. 열 사이의 경계선을 드래그하거나 [열 너비] 대화상자에서 직접 값을 입력해 작업합니다. 예제에서 A열은 **5.75**, B열은 **12.75**, C열은 **23.6**, D열은 **20.1**, E열은 **14.6**로 각각 설정했습니다. E열 오른쪽이 A4 용지 가로 경계선이 됩니다.

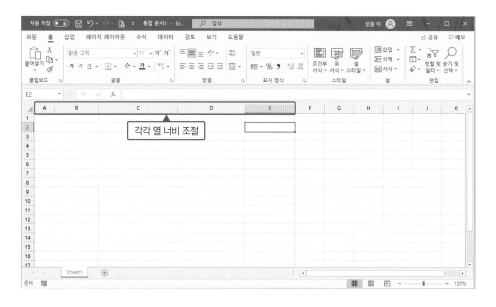

04 **1** [A3:B3] 범위를 드래그해 지정합니다. **2** [홈] 탭-[맞춤] 그룹-[병합하고 가운데 맞춤 🖽]을 클릭합니다. **3** 채우기 핸들 🖽을 [B6] 셀까지 드래그합니다. 병합된 범위가 복제됩니다.

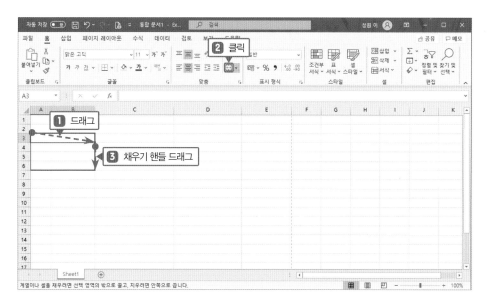

01 **❶** 아래 그림과 같이 각 셀에 텍스트를 입력합니다. 지불처, 작성일, 작성자, 장소 등은 Spacebar 를 이용해 띄어서 쓴 것입니다. **❷** [B7:C7] 범위를 드래그해 지정합니다. **❸** [홈] 탭-[맞춤] 그룹-[병합하고 가운데 맞춤📧]을 클릭합니다. **❹** 채우기 핸들🔳을 [C16] 셀까지 드래그합니다. 나머지 범위에도 병합된 셀 범위가 그대로 복사됩니다.

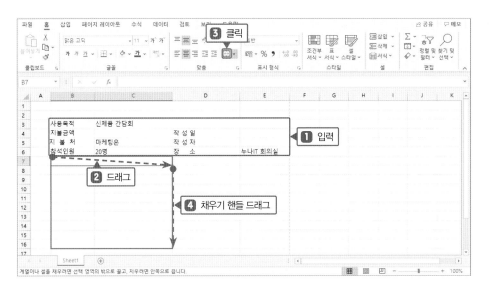

02 **❶** [A7:E11] 범위에 아래 그림과 같이 해당 텍스트 입력합니다. **❷** [D8:D16] 범위를 드래그해 지정한 후 **❸** [홈] 탭-[표시 형식] 그룹-[쉼표 스타일🟡]을 클릭하면 숫자에 1000 단위 구분 기호가 표시됩니다.

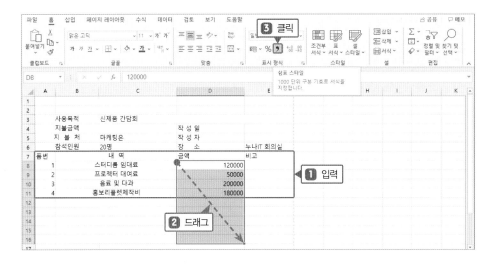

03 **1** [E4] 셀에 **=TODAY( )**를 입력한 후 **2** Enter 를 누릅니다. 이렇게 입력하면 [E4] 셀에는 항상 오늘 날짜가 표시됩니다. '=TODAY( )'는 함수를 입력한 것입니다.

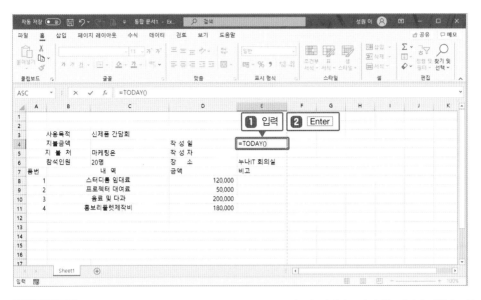

누구나아는 Tip　TODAY 함수는 현재 날짜를 표시하는 함수입니다. 지금은 데이터를 입력하는 방법만 진행하고 본격적인 함수 입력과 원리에 대해서는 Chapter 02에서 알아보겠습니다.

04 **1** [E4] 셀을 클릭합니다. **2** Ctrl + 1 을 눌러 [셀 서식] 대화상자를 엽니다. **3** [표시 형식] 탭에서 [범주]-[날짜]를 클릭한 후 **4** [형식]에서 [3월 14일]을 클릭합니다. **5** [확인]을 클릭하면 날짜가 '0000-00-00' 형식에서 '00월 00일' 형식으로 변경됩니다.

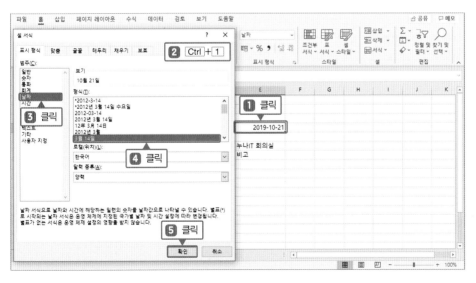

누구나아는 Tip　TODAY 함수는 현재 날짜를 표시하는 함수로 실습을 진행하는 날짜가 나타납니다. 실습을 진행하는 해당 날짜가 나타나는 것이 정상입니다.

05 ❶ [A3:E16] 범위를 드래그해 지정합니다. ❷ [홈] 탭-[글꼴] 그룹-[테두리 ▦]의 목록 버튼⌄을 클릭한 후 ❸ [모든 테두리]를 클릭합니다. 지정한 범위 전체에 테두리가 표시됩니다.

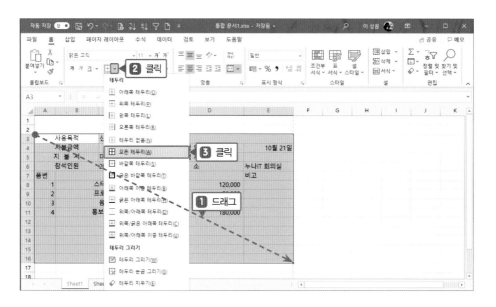

06 ❶ [A3:A6] 범위를 드래그해 지정합니다. ❷ Ctrl 을 누른 상태에서 [D4:D6] 범위를 드래그해 지정합니다. ❸ Ctrl 을 누른 상태에서 [A7:E7] 범위를 드래그해 지정합니다. ❹ [홈] 탭-[글꼴] 그룹-[채우기 색 🖌]의 목록 버튼⌄을 클릭한 후 ❺ [밝은 회색, 배경 2, 10% 더 어둡게]를 클릭해 채우기 색을 적용합니다. 지정한 개별 범위에 채우기 색이 적용됩니다.

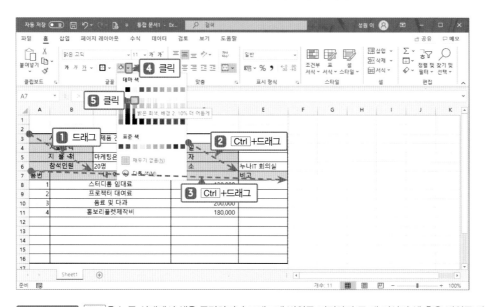

누구나아는Tip Ctrl 을 누른 상태에서 셀을 클릭하거나 드래그해 범위를 지정하면 두 개 이상의 셀 혹은 범위를 같이 지정할 수 있습니다.

07 **1** A열 머리글 왼쪽에 있는 ▱을 클릭하여 셀 전체를 지정합니다. **2** 1행과 2행 머리글 사이 경계선을 아래로 드래그하여 전체 행 높이를 조절합니다. 예제에서는 **32.25**로 설정했습니다.

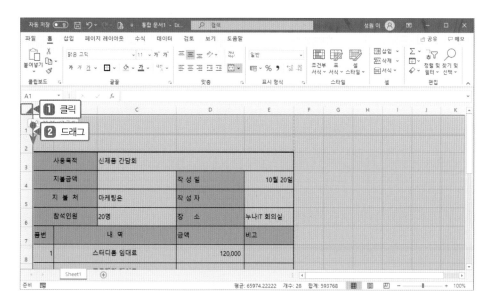

08 **1** 제목을 입력하기 위해 1행의 높이를 충분히 조절합니다. **2** [A1:C1] 범위를 드래그해 지정하고 **3** [홈] 탭−[맞춤] 그룹−[병합하고 가운데 맞춤▥]을 클릭합니다. **4** [A1] 셀에 **지출품의서**를 입력합니다. **5** [홈] 탭−[글꼴] 그룹−[굵게♔]를 클릭한 후 **6** [글꼴 크기]를 **20**으로 설정합니다. 제목 텍스트의 크기가 늘어나고 병합된 셀 범위의 가운데에 위치합니다.

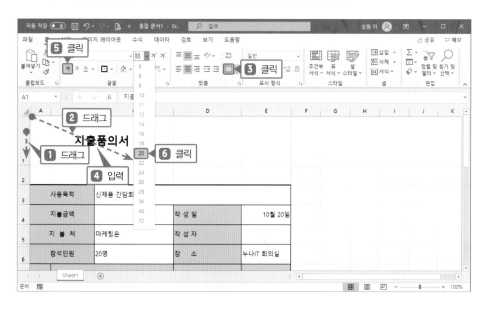

결재란 이미지로 붙여넣기

01 엑셀 화면 아래에 있는 [Sheet1] 시트 탭 오른쪽의 **1** [새 시트 ⊞]를 클릭해 새 시트를 추가합니다. **2** [Sheet2] 시트 탭을 클릭한 후 [A1:C2] 범위에 아래 그림과 같은 표를 만듭니다. **3** 각각 [A1] 셀에 **담당**, [B1] 셀에 **부사장**, [C1] 셀에 **사장**을 입력하고 2행의 높이를 높게 조절한 후 **4** [A1:C2] 범위에 테두리를 적용합니다. [A1:C2] 범위가 지정된 상태에서 **5** [홈] 탭-[클립보드] 그룹-[복사 🗐]의 목록 버튼 ⌄을 클릭한 후 **6** [그림으로 복사]를 클릭합니다.

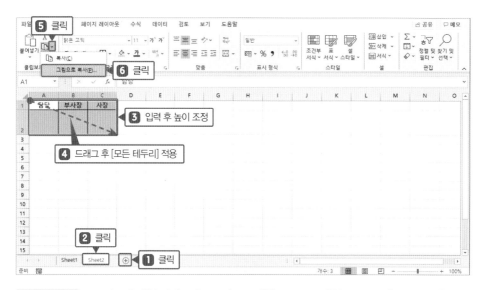

누구나아는 Tip 모든 테두리는 [홈] 탭-[글꼴] 그룹-[테두리 ⊞]의 목록 버튼 ⌄을 클릭한 후 [모든 테두리]를 클릭해 적용합니다.

02 [그림 복사] 대화상자가 나타나면 **1** [화면에 표시된 대로]가 선택되어 있는지 확인한 후 **2** [확인]을 클릭합니다.

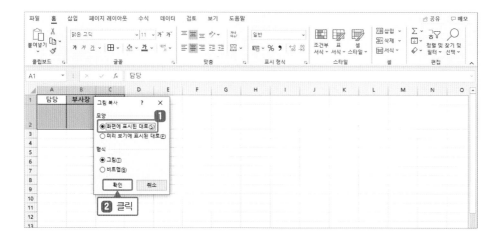

지출 품의서 서식 완성하기

01 ① [Sheet1] 시트 탭을 클릭합니다. ② [D1] 셀에서 마우스 오른쪽 버튼을 클릭합니다. ③ [붙여넣기 옵션]–[붙여넣기 ⬜]를 클릭합니다. 앞서 만든 표가 그림 형태로 붙여 넣어집니다.

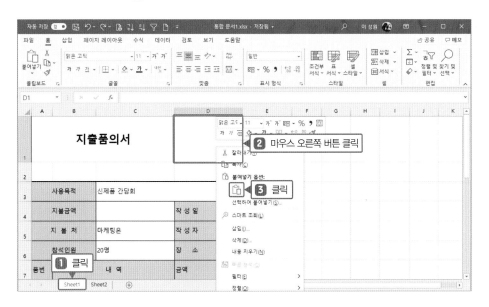

02 각 항목의 글자 너비를 적절하게 맞추겠습니다. ① [A3:A6] 범위를 드래그해 지정한 후 ② Ctrl 을 누른 상태에서 [D4:D6] 범위를 드래그해 지정합니다. ③ 지정한 범위를 마우스 오른쪽 버튼으로 클릭한 후 ④ [셀 서식]을 클릭합니다.

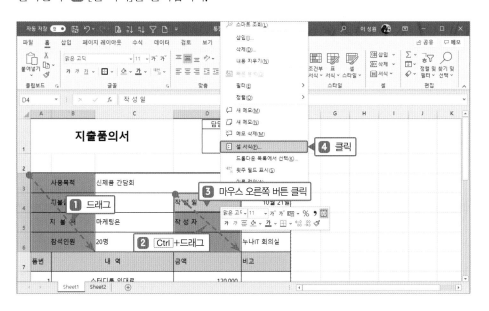

03 [셀 서식] 대화상자에서 **1** [맞춤] 탭을 클릭합니다. **2** [가로]–[균등 분할(들여쓰기)]를 선택합니다. 하지만 이렇게 할 경우 텍스트가 셀 좌우 경계 끝까지 균등 분할되어 보기 좋지 않습니다. 좌우에 여백을 주어 보기 좋게 만들어보겠습니다. **3** [들여쓰기]에 2를 입력합니다. **4** [확인]을 클릭합니다.

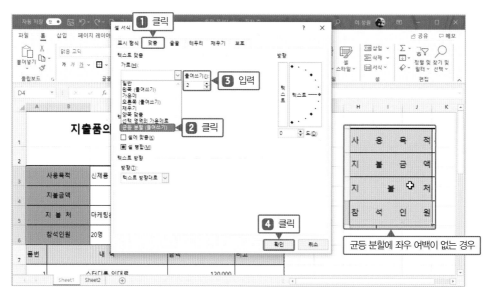

누구나아는 Tip 들여쓰기에 입력한 숫자만큼 글자수에 해당하는 여백이 생깁니다.

04 균등 분할에 들여쓰기를 적용하면 아래 그림과 같이 텍스트 좌우에 들여쓰기가 적용된 것을 확인할 수 있습니다.

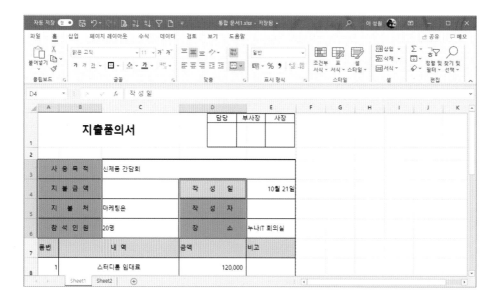

05 **1** [A18:E18] 범위를 드래그해 지정합니다. **2** [홈] 탭-[맞춤] 그룹-[병합하고 가운데 맞춤 🔳]을 클릭합니다. **3** 채우기 핸들 🔳 을 [E19] 셀까지 드래그합니다. **4** [A18] 셀에 **위 지출 품의에 대한 사항을 허락해 주시기 바랍니다.**를 입력하고 **5** 병합된 [A19] 셀에 **(주)누나IT**를 입력합니다.

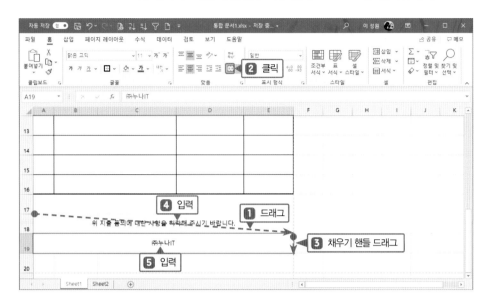

06 Ctrl + P 를 눌러 [인쇄] 화면의 미리 보기에서 지출 품의서가 완성된 것을 확인합니다. [인쇄]를 눌러 만든 서식을 출력할 수도 있고 저장하여 필요에 따라 서식으로 활용할 수 있습니다.

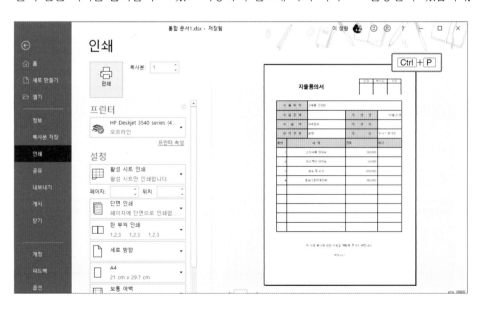

Lesson 14

엑셀에 자유롭게 메모 삽입, 삭제 하기

실습 파일 | CHAPTER01 \ 14_메모.xlsx
완성 파일 | CHAPTER01 \ 14_메모_완성.xlsx

엑셀은 데이터를 입력하는 것 외에도 다른 사람이 내용을 알아보기 쉽도록 메모를 삽입할 수 있습니다. 메모도 데이터와 동일하게 얼마든지 삽입, 수정, 삭제할 수 있습니다. 데이터가 복잡할 때는 메모를 삽입해 다른 사람도 알아보기 편리하게 배려하는 작업이 필요합니다.

셀에 메모 삽입하기

01 ❶ [C5] 셀에서 마우스 오른쪽 버튼을 클릭합니다. ❷ [새 메모🗅]를 클릭합니다. ❸ 메모가 나타나면 셀과 관련된 원하는 내용을 입력한 후 ❹ 임의의 다른 셀을 클릭합니다. ❺ 메모를 삽입한 셀모서리에 빨간색 표시가 나타납니다. 셀에 마우스 포인터를 올리면 메모를 확인할 수 있습니다.

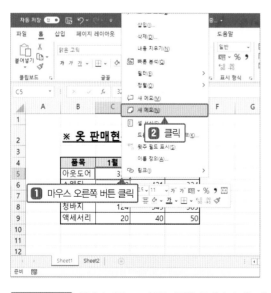
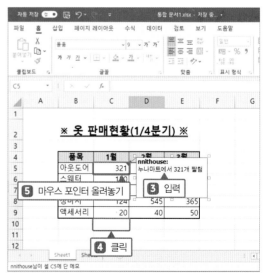

누구나아는 Tip 셀에서 마우스 오른쪽 버튼을 클릭하면 메뉴에 두 가지 메모 기능이 있습니다. 예제에서는 쪽지 모양의 [새 메모🗅]와 말풍선 모양의 [새 메모🗨] 중 [새 메모🗅]를 클릭했습니다.

02 **1** [C5] 셀에서 마우스 오른쪽 버튼을 클릭합니다. **2** [메모 편집]을 클릭하면 메모 내용을 수정할 수 있습니다. **3** 메모를 삭제하려면 [메모 삭제]를 클릭합니다.

 나만 모르는 엑셀 꿀팁 **대화형 메모 기능과 일반 메모 기능**

엑셀 Microsoft 365 버전에서 새로운 대화형 메모 기능이 업데이트되었습니다. 업데이트된 대화형 메모는 일반 메모 기능과 달리 메모를 작성한 후 파일을 공유하거나, 클라우드를 이용해 공동 작업할 때 메모에 답글을 입력할 수 있습니다. 기존에 있던 일반 메모 기능을 대체할 수 있으나 현재 사용 중인 엑셀 버전보다 하위 버전의 엑셀을 사용하는 작업자와 파일을 공유할 때 메모 기능을 사용해야 한다면 일반 메모 기능을 사용해야 합니다. 새로운 메모는 빨간색 표시 대신 보라색 표시가 나타납니다.

새로운 대화형 메모 기능은 [검토] 탭-[메모] 그룹의 5개의 항목으로 되어 있습니다. [이전 메모], [다음 메모]를 클릭해 메모를 이동할 수 있고, [메모 표시]를 클릭하면 모든 대화형 메모가 나타납니다. 새로운 대화형 메모 기능은 아래 오른쪽 그림처럼 메모 아래에 [회신] 입력란이 있어 답글을 달 수 있습니다.

03 삽입된 메모를 일일이 열어보지 않고 모두 확인하고 싶다면 [검토] 탭–[메모] 그룹–[모든 메모 표시]를 클릭합니다. 다시 [모든 메모 표시]를 클릭하면 메모가 숨겨집니다.

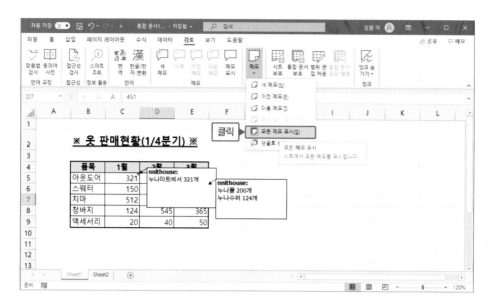

 누나 IT 동영상 강의 | **메모 삽입하기**

메모는 엑셀로 문서를 작성할 때 반드시 입력해야 하는 것은 아닙니다. 하지만 데이터가 복잡하여 처음 보는 사람이 쉽게 이해하도록 설명하거나, 특정 데이터에 추가적인 설명이 필요할 때 삽입하면 좋습니다. 간단한 문자나 숫자로만 된 데이터에 추가 설명이 있다면 작업자로 하여금 훨씬 이해하기 쉬워 더욱 빨리 작업할 수 있도록 도와주는 역할을 합니다.

▶ **바로 가기 주소:** http://m.site.naver.com/0vjep

Lesson 15 엑셀 파일에 암호 설정 하고 풀기

실습 파일 | 새 통합 문서 직접 만들기
완성 파일 | 없음

엑셀 파일에는 거래 내역이나 주요 금액 자료, 개인 정보가 포함된 데이터를 저장하는 경우가 종종 있습니다. 이러한 데이터는 반드시 암호화하여 본인과 업무에 관련된 사람들만 볼 수 있도록 설정 해야 합니다. 엑셀 파일에 암호를 설정해 안전하게 파일을 관리하는 방법에 대해 알아보겠습니다.

암호 설정하기

01 ❶ [파일] 탭-[다른 이름으로 저장]을 클릭합니다. [다른 이름으로 저장] 화면에서 ❷ [기타 위치]-[찾아보기]를 클릭합니다.

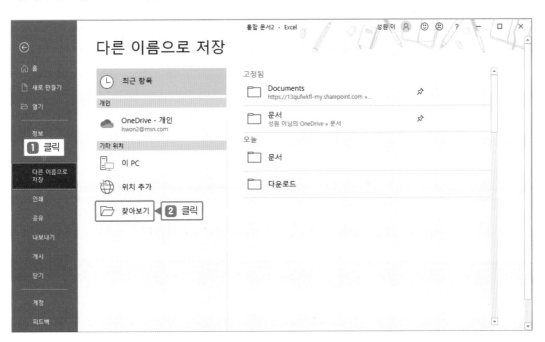

02 [다른 이름으로 저장] 대화상자가 나타나면 **1** [도구]를 클릭하고 **2** [일반 옵션]을 클릭합니다. [일반 옵션] 대화상자가 나타나면 **3** [열기 암호]에 임시로 사용할 비밀번호 **1234**를 입력하고 **4** [확인]을 클릭합니다. [암호 확인] 대화상자가 나타납니다. **5** 입력란에 **1234**를 다시 입력하고 **6** [확인]을 클릭합니다. **7** [다른 이름으로 저장] 대화상자에서 [저장]을 클릭합니다.

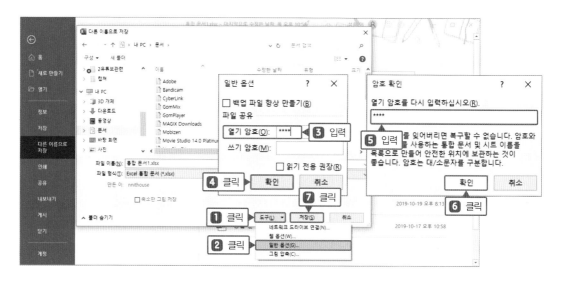

03 저장한 엑셀 파일을 닫고 다시 열면 [암호] 대화상자가 나타납니다. **1** 앞서 설정한 비밀번호 **1234**를 입력한 후 **2** [확인]을 클릭하면 파일이 열립니다.

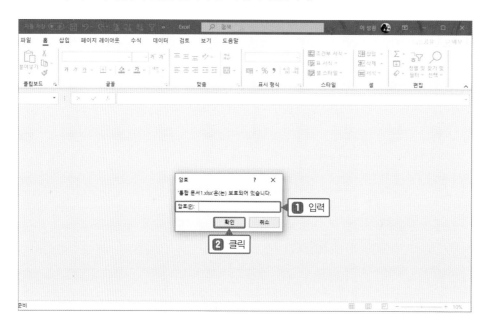

암호 해제하기

01 암호를 해제하는 방법은 설정하는 방법과 동일하되 [열기 암호]에 아무 것도 입력하지 않는 것만 다릅니다. **1** [파일] 탭-[다른 이름으로 저장]을 클릭한 후 **2** [기타 위치]-[찾아보기]를 클릭합니다.

02 [다른 이름으로 저장] 대화상자에서 **1** [도구]를 클릭하고 **2** [일반 옵션]을 클릭합니다. [일반 옵션] 대화상자의 **3** [열기 암호]에 입력되어 있는 비밀번호를 삭제한 후 **4** [확인]을 클릭합니다. **5** [다른 이름으로 저장] 대화상자에서 [저장]을 클릭합니다. 이렇게 저장한 문서는 다음에 열 때 암호를 입력하지 않고 열 수 있습니다.

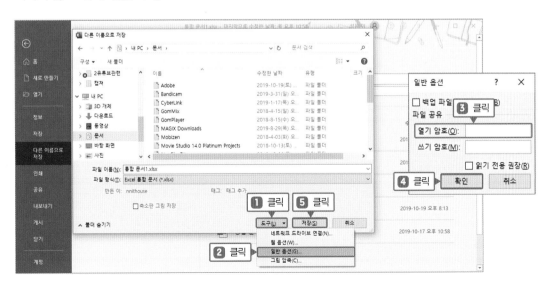

Chapter ─────────────

02

엑셀의 함수와 계산을
도와주는 기능

Lesson

01 자동 합계로 빠르게 데이터 합계 구하기

실습 파일 | CHAPTER02 \ 01_자동합계.xlsx
완성 파일 | CHAPTER02 \ 01_자동합계_완성.xlsx

사칙연산을 직접 입력하거나 함수를 사용하지 않아도 엑셀의 자동 합계 기능만 사용해 원하는 데이터의 합계를 빠르게 구할 수 있습니다. 엑셀의 함수를 본격적으로 배우기 전 유용하게 활용할 수 있는 엑셀의 자동 합계 기능을 알아보겠습니다.

자동 합계로 간단히 합계 구하기

01 4행에 위치한 이성원 항목의 1~6월 판매현황 합계를 구해보겠습니다. **1** 우선 합계가 입력될 [H4] 셀을 클릭합니다. **2** [홈] 탭-[편집] 그룹-[자동 합계 Σ]를 클릭합니다. **3** [수식 입력줄]에 자동으로 **=SUM(B4:G4)** 수식이 입력됩니다. [B4:G4] 범위의 합계(SUM)를 구한다는 의미입니다. Enter 를 누릅니다. 함수를 직접 입력해 계산하는 방법은 Lesson 04에서 배울 예정이므로 지금은 **SUM**이라는 함수가 있다는 것만 알고 넘어가도 좋습니다.

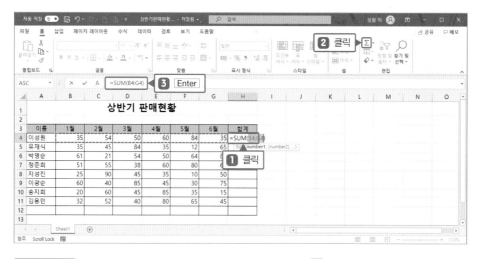

누구나 아는 Tip 수식을 확인하지 않고 빠르게 합계를 구하려면 [자동 합계 Σ]를 더블클릭합니다.

02 [H4] 셀에 이성원 항목의 1~6월 판매현황 합계가 표시됩니다. 나머지 항목의 합계는 빠르게 구해보겠습니다. **1** [H4] 셀의 채우기 핸들 █을 [H11] 셀까지 드래그합니다. 수식이 복사되어 전체 항목의 판매현황 합계를 구할 수 있습니다. 이렇게 계산하는 방법을 빠른 채우기라고 합니다. **2** 다르게 합계를 구해보겠습니다. 일단 Delete 를 눌러 합계 결과를 삭제합니다.

03 한번에 개인별, 월별 합계를 구해보겠습니다. 합계를 구할 범위와 합계가 입력될 범위까지 포함된 **1** [B4:H12] 범위를 드래그해 지정합니다. **2** [홈] 탭-[편집] 그룹-[자동 합계∑]를 더블클릭합니다. 한번에 개인별, 월별 판매현황 합계가 표시됩니다. 자동 합계 기능은 지정한 범위와 빈 셀의 위치를 엑셀이 자동으로 행, 열 방향을 판단하여 합계를 구해줍니다.

01 꼭 인접한 셀이 아니어도 합계를 구할 때 자동 합계를 사용할 수 있습니다. 예제 파일의 **1** 표에서 떨어진 [J1] 셀을 클릭하고 **2** [홈] 탭-[편집] 그룹-[자동 합계∑]를 클릭합니다. **3** 자동으로 =SUM( )이 입력됩니다. **4** 합계를 구할 임의의 [B4:G4] 범위를 드래그해 지정하면 수식에 범위가 자동으로 추가됩니다. **5** Enter 를 누릅니다.

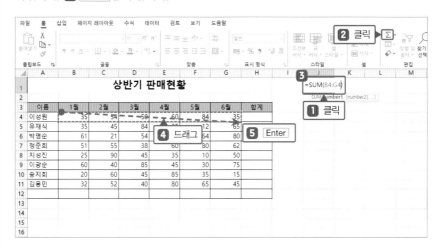

02 연속된 범위가 아닌 떨어져 있는 셀의 합계도 구할 수 있습니다. 예제에서 이성원 항목의 1월, 3월, 5월의 합계만 구하는 방법에 대해 알아보겠습니다. **1** 우선 합계를 구할 [H4] 셀을 클릭합니다. **2** [홈] 탭-[편집] 그룹-[자동 합계∑]를 클릭하면 자동으로 =SUM( )이 입력됩니다. **3** 우선 1월에 해당하는 [B4] 셀을 클릭한 후 **4** Ctrl 을 누른 상태로 3월의 [D4] 셀, **5** Ctrl 을 누른 상태로 5월의 [F4] 셀을 각각 클릭합니다. **6** Enter 를 누르면 합계가 표시됩니다. 함수 안에 입력된 각각의 셀은 색으로 구분되어 어떤 셀을 계산하는지 쉽게 확인할 수 있습니다.

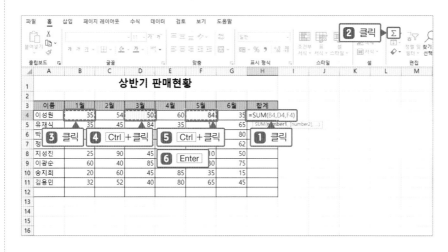

나만 모르는 엑셀 꿀팁 다른 시트의 셀 참조해 계산하기

실습 파일 | CHAPTER02 \ 01_다른시트참조.xlsx
완성 파일 | CHAPTER02 \ 01_다른시트참조_완성.xlsx

셀을 함수나 수식 계산에 활용하는 것을 셀을 참조한다고 표현합니다. 이때 같은 시트가 아니라 다른 시트에 있는 셀도 참조할 수 있습니다. 셀 주소는 '시트이름!셀 주소'의 형태가 됩니다. 예제 파일을 열면 [상반기 판매현황], [종합시트] 두 개의 시트가 있습니다. 우선 [상반기 판매현황] 시트를 확인하면 상반기 판매 현황이 종합되어 있는 시트가 있고 [종합시트]에는 합계를 입력할 수 있는 빈칸이 준비되어 있습니다. 예제 파일의 [종합시트] 시트에 [상반기 판매현황] 시트의 합계 데이터를 입력해보겠습니다.

01 ❶ [종합시트] 시트 탭을 클릭합니다. ❷ [B4] 셀을 클릭하고 ❸ [홈] 탭-[편집] 그룹-[자동 합계 Σ]를 클릭합니다. =SUM()이 [수식 입력줄]에 입력됩니다. ❹ [상반기 판매현황] 시트 탭을 클릭합니다.

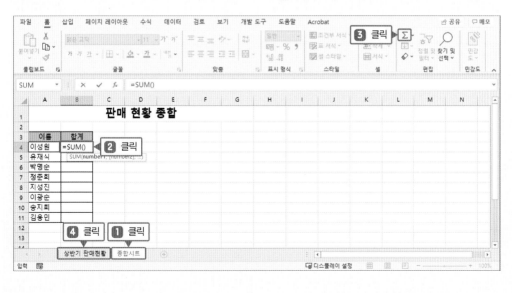

02 [상반기 판매현황] 시트의 **1** [B4:G4] 범위를 드래그해 지정한 후 **2** Enter 를 누릅니다. [종합시트]의 [B4] 셀에 합계 결과가 표시됩니다. **3** [수식 입력줄]을 확인하면 **=SUM('상반기 판매현황'!B4:G4)** 의 형태로 수식이 입력됩니다. [상반기 판매현황] 시트의 [B4:G4] 범위를 더하라는 의미입니다. **4** [B4] 셀의 채우기 핸들 을 더블클릭합니다. 나머지 셀에도 데이터가 자동으로 채워집니다.

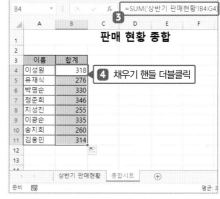

 누나 IT 동영상 강의 > 엑셀에서 0.1초만에 합계 구하기

자동 합계 기능은 SUM 함수를 보다 빠르게 계산할 때 매우 편리합니다. 꼭 셀과 범위를 클릭하거나 드래그해 지정하지 않더라도 자동 합계 기능을 사용한 상태에서 직접 수식에 셀 주소를 입력해 계산할 수도 있습니다. 활용도가 높은 기능인 만큼 Chapter 01의 Lesson 03에서 배운 빠른 실행 도구 모음에 [자동 합계]를 추가하면 Alt 와 숫자키 조합으로 더욱 빠르게 계산할 수 있습니다.

▶ **바로 가기 주소 :** http://m.site.naver.com/0w5yS

Lesson 02 평균값, 최댓값, 최솟값 빠르게 구하기

실습 파일 | CHAPTER02 \ 02_평균최대최소.xlsx
완성 파일 | CHAPTER02 \ 02_평균최대최소_완성.xlsx

엑셀에는 자동 합계는 물론 자동 평균, 최댓값, 최솟값을 빠르게 구하는 기능도 있습니다. [자동 합계 Σ] 옆에 있는 목록 버튼을 클릭해 원하는 기능을 선택하고 계산할 셀과 범위를 지정하는 것입니다. 간단한 조작만으로 쉽게 계산식을 완성할 수 있습니다.

평균 빠르게 구하기

01 평균이 입력될 **1** [I4] 셀을 클릭합니다. **2** [홈] 탭-[편집] 그룹-[자동 합계 Σ]의 목록 버튼을 클릭한 후 **3** [평균]을 클릭합니다. **4** [수식 입력줄]에 **=AVERAGE(B4:H4)**가 입력되면 **5** [B4:G4] 범위를 드래그해 지정한 후 **6** Enter 를 누릅니다. 이성원 항목의 1~6월 데이터의 평균이 표시됩니다.

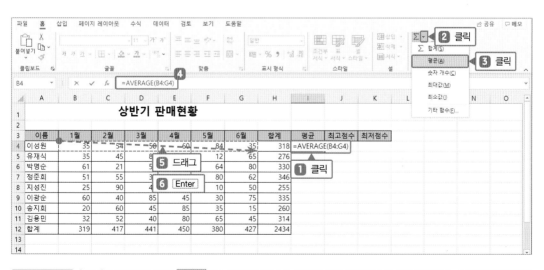

누구나아는 Tip [평균]을 클릭하고 바로 Enter 를 누르면 안 됩니다. 우리가 구할 평균값은 이성원 항목의 1~6월까지 데이터인 [B4:G4] 범위입니다. [평균]을 클릭하면 엑셀에서는 인접한 합계의 데이터까지 계산할 범위로 인식합니다.

최댓값, 최솟값 빠르게 구하기

01 최고점수(최댓값)가 입력될 **1** [J4] 셀을 클릭합니다. **2** [홈] 탭–[편집] 그룹–[자동 합계 Σ]의 목록 버튼 ⌄을 클릭한 후 **3** [최대값]을 클릭합니다. **4** [수식 입력줄]에 **=MAX(B4:I4)**가 입력되면 **5** [B4:G4] 범위를 드래그해 지정한 후 **6** Enter 를 누릅니다. 이성원 항목의 1~6월 데이터 중 최댓값이 표시됩니다.

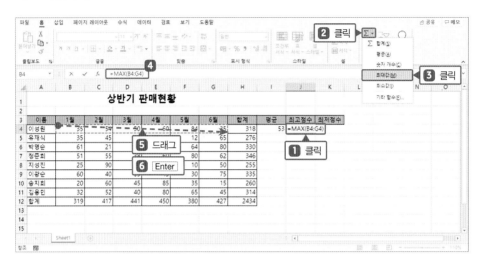

누구나아는 Tip 합계, 평균, 최댓값, 최솟값 등을 구할 때 잘못 클릭했다면 Esc 를 눌러 취소하거나 Enter 를 눌러 입력된 수식을 삭제한 후 다시 작업합니다.

02 최저점수(최솟값)가 입력될 **1** [K4] 셀을 클릭합니다. **2** [홈] 탭–[편집] 그룹–[자동 합계 Σ]의 목록 버튼 ⌄을 클릭한 후 **3** [최소값]을 클릭합니다. **4** [수식 입력줄]에 **=MIN(B4:J4)**가 입력되면 **5** [B4:G4] 범위를 드래그해 지정한 후 **6** Enter 를 누릅니다. 이성원 항목의 1~6월 데이터 중 최솟값이 표시됩니다.

03 ❶ [I4:K4] 범위를 드래그해 지정하고 ❷ 채우기 핸들⬛을 더블클릭합니다. 11행까지 데이터가 자동으로 입력됩니다.

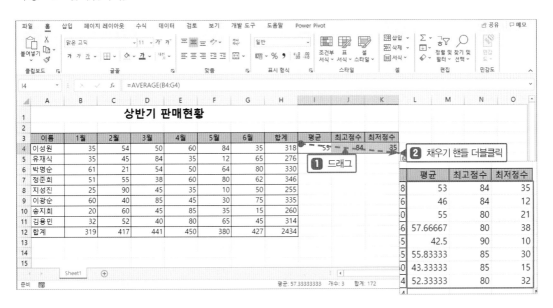

04 평균을 구할 때 데이터가 딱 맞아 떨어지지 않아 소수점이 반복되거나 소수점의 자릿수가 통일되지 않는 경우가 있습니다. 이때 소수점 자릿수를 맞추는 방법을 알아보겠습니다. ❶ [I4:I11] 범위를 드래그한 후 ❷ [홈] 탭-[표시 형식] 그룹-[자릿수 줄임⬛]을 네 번 클릭하면 전체 데이터가 소수점 첫째 자리에 맞춰집니다.

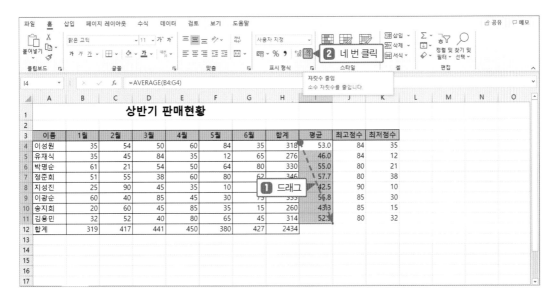

Lesson

03 엑셀 기초 함수 와
함수 작성법 알아보기

실습 파일 | CHAPTER02 \ 03_엑셀기초함수.xlsx
완성 파일 | CHAPTER02 \ 03_엑셀기초함수_완성.xlsx

엑셀 함수라고 하면 어렵게 생각하는 사람들이 있습니다. 하지만 엑셀에는 복잡한 수식을 간단하게 입력할 수 있도록 도와주는 [함수 인수] 대화상자가 있어 누구나 쉽게 함수를 입력할 수 있습니다. 이번 Lesson에서는 함수를 입력하는 다양한 방법과 기본적으로 알아야 하는 SUM, AVERAGE, MAX, MIN 네 가지 함수에 대해서 알아보겠습니다.

함수 마법사로 합계를 구하는 SUM 함수 입력하기

01 **1** [H4] 셀을 클릭합니다. [수식 입력줄] 바로 왼쪽의 **2** [함수 삽입 *fx*]을 클릭합니다. [함수 마법사] 대화상자가 나타나면 **3** [함수 검색]에 합계를 구하는 **SUM**을 입력하고 **4** [검색]을 클릭합니다. **5** [함수 선택]에서 [SUM]을 클릭한 후 **6** [확인]을 클릭합니다.

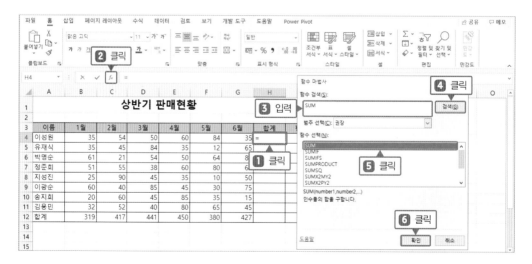

누구나아는 Tip 이번 Lesson에서 익힐 함수를 입력하는 다양한 방법은 해당 함수를 입력할 때 반드시 사용해야 하는 방법은 아닙니다. 따라서 함수를 입력하는 다양한 방법을 학습하고 사용하기 가장 편한 방법을 적용하면 됩니다.

02 SUM 함수의 [함수 인수] 대화상자가 표시됩니다. **1** [Number1] 입력란에 합계로 구할 범위인 **B4:G4**를 입력하고 **2** [확인]을 클릭합니다.

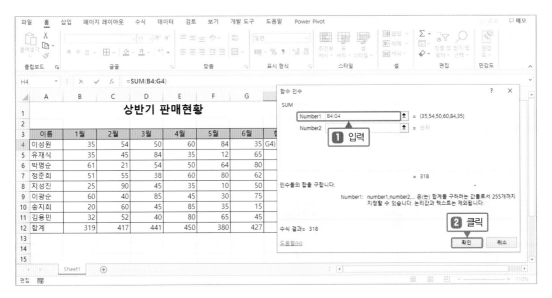

누구나아는Tip 인수는 함수가 계산을 하기 위해 필요로 하는 값 혹은 값이 들어 있는 셀 또는 범위로 생각하면 이해하기 쉽습니다.

03 [H4] 셀에 합계가 표시됩니다. 이렇게 엑셀에서는 특정 함수를 입력할 때 [함수 마법사]와 [함수 인수] 대화상자를 사용하면 꼭 필수 인수를 외우지 않더라도 편리하게 수식을 작성할 수 있습니다.

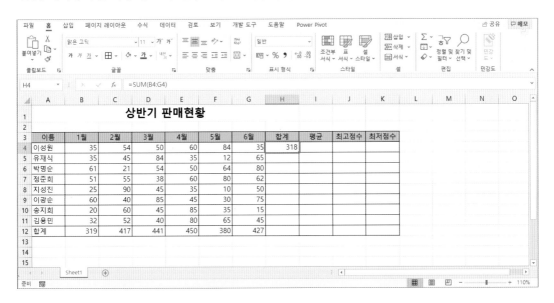

엑셀 수식은 기본적으로 =(등호)로 시작하고 값(데이터)과 사칙연산 기호(+, −, ÷, ×) 혹은 함수를 조합해 사용합니다. 사칙연산 기호와 다른 점은 ÷(나누기) 대신 /(슬래시)를 사용하고, ×(곱하기) 대신 *(별표)를 사용한다는 점입니다. 함수는 일부를 제외하면 괄호 안에 인수를 입력합니다. 인수는 값 혹은 값이 있는 셀, 범위, 옵션값으로 각각의 인수는 ,(콤마)로 구분합니다. 가장 쉬운 SUM 함수를 예로 아래 그림과 같은 데이터에서 각각의 함수식을 입력하면 어떤 결과가 출력되는지 확인해보겠습니다.

⊿	A	B	C	D	E	F
1	1	2	3	4	5	
2						
3						
4						
5						

1 =SUM(A1:E1) → [A1:E1] 범위의 값을 모두 합하라 → 15

2 =SUM(A1, E1) → [A1], [E1] 셀의 값을 합하라 → 6

3 =SUM(A1:B1, D1:E1) → [A1:B1] 범위와 [D1:E1] 범위의 값을 모두 합하라 → 12

4 =SUM(A1:B1, 3) → [A1:B1] 범위의 값 합계와 3을 합하라 → 6

5 =SUM(A1:B1)+3 → [A1:B1] 범위의 값을 합하고 3을 더하라 → 6

이처럼 SUM 함수는 각 셀, 값, 범위를 조합하여 인수로 활용하고 인수 구성은 다음과 같습니다.

=SUM([Number1], [Number2], ···) → **=SUM(숫자 또는 셀 혹은 범위 1,** 숫자 또는 셀 혹은 범위 2, ···)

함수를 처음 배울 때 꼭 인수 작성 방법을 어렵게 외울 필요는 없습니다. SUM 함수를 [함수 인수] 대화상자에서 확인해보면

[Number](숫자) 인수가 필요한 것을 알 수 있습니다. [Number] 인수는 하나 혹은 여러 개를 입력할 수 있으며 최대 255개까지 입력할 수 있습니다. 각각의 인수에는 숫자 데이터, 셀, 범위를 입력하거나 각 입력란을 클릭하고 워크시트에서 직접 선택할 수 있습니다.

처음 다루는 함수는 꼭 [함수 인수] 대화상자를 활용하여 어떤 인수가 필요한지, 결과는 어떻게 나타나는지 확인하는 것이 좋습니다. 이렇게 시행착오를 줄이고 각각의 함수를 자유자재로 다룰 수 있도록 실제 업무에 조금씩 적용해보세요.

함수 인수   ?   ×

SUM

Number1   B4:E4   ↑ = {35,54,50,60}

Number2   B5:E5   ↑ = {35,45,84,35}

Number3   5   ↑ = 5

Number4   ↑ = 숫자

= 403

인수들의 합을 구합니다.

Number3: number1,number2,... 은(는) 합계를 구하려는 값들로서 255개까지
지정할 수 있습니다. 논리값과 텍스트는 제외됩니다.

수식 결과= 403

도움말(H)   확인   취소

함수 라이브러리로 평균을 구하는 AVERAGE 함수 입력하기

01 우선 평균 값을 입력할 [I4] 셀을 클릭합니다.

	A	B	C	D	E	F	G	H	I	J	K	L	M	N	O
1				상반기 판매현황											
2															
3	이름	1월	2월	3월	4월	5월	6월	합계	평균	최고점수	최저점수				
4	이성원	35	54	50	60	84	35	318							
5	유재식	35	45	84	35	12	65								
6	박명순	61	21	54	50	64	80		클릭						
7	정준회	51	55	38	60	80	62								
8	지성진	25	90	45	35	10	50								
9	이광순	60	40	85	45	30	75								
10	송지회	20	60	45	85	35	15								
11	김용민	32	52	40	80	65	45								
12	합계	319	417	441	450	380	427								
13															
14															
15															

02 ❶ [수식] 탭을 클릭합니다. [함수 라이브러리] 그룹에 있는 함수 범주에서 자신이 원하는 함수를 선택할 수 있습니다. ❷ [수식] 탭–[함수 라이브러리] 그룹–[함수 더 보기]–[통계]–[AVERAGE]를 클릭합니다. [함수 인수] 대화상자가 나타나면 ❸ [Number1]에 B4:G4를 입력한 후 ❹ [확인]을 클릭합니다.

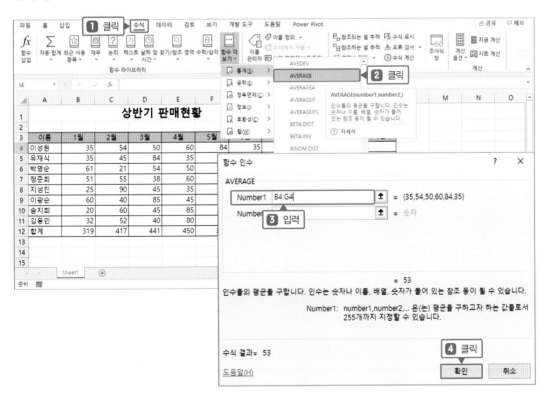

03 [I4] 셀에 [B4:G4] 범위의 값 평균이 표시됩니다.

이름	1월	2월	3월	4월	5월	6월	합계	평균	최고점수	최저점수
이성원	35	54	50	60	84	35	318	53		
유재석	35	45	84	35	12	65				
박명순	61	21	54	50	64	80				
정준희	51	55	38	60	80	62				
지성진	25	90	45	35	10	50				
이광순	60	40	85	45	30	75				
송지희	20	60	45	85	35	15				
김용민	32	52	40	80	65	45				
합계	319	417	441	450	380	427				

상반기 판매현황

 나만 모르는 엑셀 꿀팁 **평균을 구하는 AVERAGE 함수 알아보기**

AVERAGE 함수는 SUM 함수와 인수 구조가 동일합니다. AVERAGE 함수도 [Number]라는 인수를 가지고 있으며 인수는 한 개 혹은 여러 개가 될 수 있습니다. 각 인수는 값, 셀, 범위를 조합하여 활용하고 인수 구성은 다음과 같습니다.

=AVERAGE([Number1], [Number2], ⋯**) ➡ =AVERAGE(숫자 또는 셀 혹은 범위 1**, 숫자 또는 셀 혹은 범위 2, ⋯**)**

AVERAGE 함수도 SUM 함수와 동일하게 Number 인수를 가지고 있으며 최소 한 개부터 최대 255개까지 입력할 수 있는 것도 동일합니다.

[함수 인수] 대화상자에서 SUM 함수와 동일하게 인수를 입력하거나 입력란을 클릭한 후 셀 혹은 범위를 선택하면 수식 결과를 미리 확인할 수 있습니다.

수식 입력줄에 직접 최댓값을 구하는 MAX 함수 입력하기

01 **1** [J4] 셀을 클릭합니다. **2** [수식 입력줄]에 **=MAX(B4:G4)**를 입력한 후 **3** Enter 를 누릅니다. **4** [B4:G4] 범위 중 최댓값이 표시됩니다.

누구나아는Tip 수식을 입력할 때 **=MAX(**까지 입력하면 셀 혹은 범위를 마우스로 드래그해 직접 지정할 수 있습니다. [B4:G4] 셀 범위를 드래그한 후 Enter 를 눌러도 결과는 동일합니다.

함수 인수 대화상자로 최솟값을 구하는 MIN 함수 입력하기

01 함수 이름 전체를 입력하지 않아도 몇 글자만 입력한 후 함수 목록에서 선택하고 [함수 인수] 대화상자에서 입력하는 방법도 있습니다. 우선 **1** [K4] 셀을 클릭하고 **2** **=M**을 입력합니다. **3** ↓ 를 여러 번 눌러 [MIN]을 선택합니다. 간단한 설명이 오른쪽에 표시됩니다. **4** Tab 을 누릅니다. [수식 입력줄]에 **=MIN(**이 입력됩니다.

02 함수 이름을 입력한 후 인수를 입력해야 하는 상태에서 **1** Ctrl + A 를 누르면 [함수 인수] 대화 상자가 표시됩니다. **2** [Number1]의 입력란을 클릭하고 **3** 워크시트에서 [B4:G4] 범위를 드래그해 지정합니다. **4** [확인]을 클릭하면 **5** [K4] 셀에 최솟값 결과가 표시됩니다.

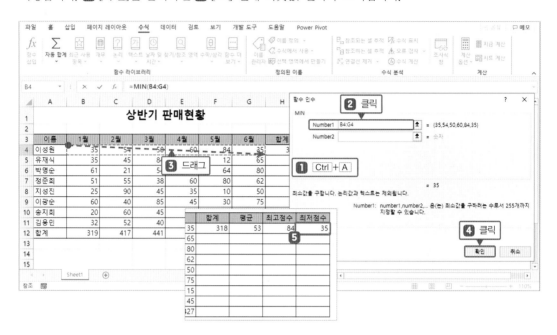

나만 모르는 엑셀 꿀팁 | 최댓값, 최솟값을 구하는 MAX, MIN 함수 알아보기

MAX 함수와 MIN 함수는 각각 지정한 범위나 입력된 숫자 인수들 중에서 각각 제일 높은 값(최댓값)과 제일 낮은 값(최솟값)을 나타냅니다. 두 함수는 [Number] 인수를 가지고 있으며, 인수는 한 개 혹은 여러 개가 될 수 있습니다. 각 인수는 셀, 값, 범위를 조합하여 활용하고 인수 구성은 다음과 같습니다.

=MAX([Number1], [Number2], …) ➡ =MAX(숫자 또는 셀 혹은 범위 1, 숫자 또는 셀 혹은 범위 2, …)

=MIN([Number1], [Number2], …) ➡ =MIN(숫자 또는 셀 혹은 범위 1, 숫자 또는 셀 혹은 범위 2, …)

[수식 입력줄]에 =MAX(5, 6, 7, 8, 9, 10)라고 입력한다면 최댓값인 '10'이 표시되고, =MIN(10, 9, 8, 7, 6, 5)를 입력한다면 최솟값인 '5'가 표시됩니다.

워크시트에 사용된 함수 확인하기

01 **1** [H4:K4] 범위를 드래그해 지정한 후 **2** 채우기 핸들을 더블클릭합니다.

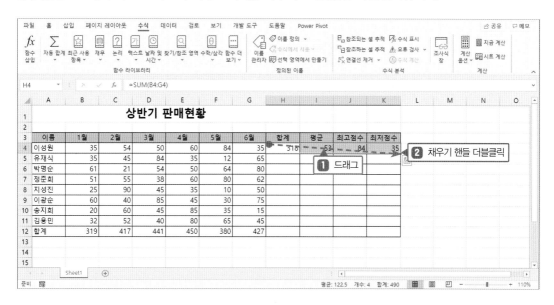

02 [H4:K11] 범위에 수식이 자동으로 채워집니다.

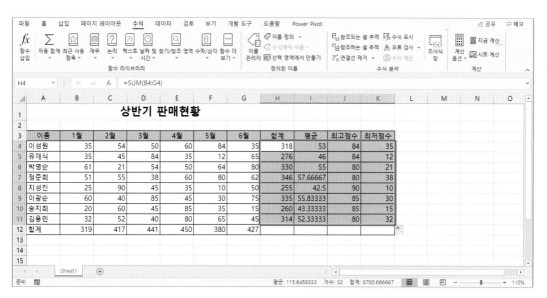

03 워크시트에 입력된 수식을 한번에 확인하려면 Ctrl + ~ 를 누릅니다. 아래 그림처럼 셀에 입력된 데이터 중 수식 형태로 입력된 것은 셀 너비가 자동으로 확대되며 수식이 전부 표시됩니다. 워크시트에서 함수식을 사용한 것과 일반 데이터가 입력된 것을 구분할 때 활용하면 좋으며 또한 참조된 셀을 확인할 때도 사용하면 좋습니다.

누구나아는 Tip 다시 원래 상태로 돌아가려면 Ctrl + ~ 를 누르면 됩니다. ~ 는 키보드의 Tab 위에 있는 키입니다.

 누나 IT 동영상 강의 엑셀 기초 함수 SUM, AVERAGE, MAX, MIN 배우기

엑셀의 SUM, AVERAGE, MAX, MIN 함수는 엑셀 작업에서 자주 사용되는 함수들이며 가장 기초적인 함수입니다. 또 인수를 사용하는 함수 중 구조가 간단하여 엑셀 함수를 처음 배울 때 가장 적합한 함수이기도 합니다. 앞서 함수 입력 방법으로 네 가지를 배웠지만 이외에도 다양한 함수 입력 방법이 있습니다. 함수 이름과 인수 구조를 완전히 익힐 때까지는 자신이 편한 방법을 사용해 활용하는 것이 좋습니다.

▶ **바로 가기 주소 :** http://m.site.naver.com/0w5Sp

04 시간, 날짜와 관련된 다양한 함수 와 기능 알아보기

실습 파일 | CHAPTER02 \ 04_시간날짜함수.xlsx
완성 파일 | CHAPTER02 \ 04_시간날짜함수_완성.xlsx

엑셀의 데이터 종류에는 날짜 데이터가 있습니다. 이 날짜 데이터에서 자신이 원하는 연, 월, 일 데이터만 추출하는 함수가 있습니다. 또 엑셀에서 현재 날짜와 현재 시간을 매번 기입해야 하는 경우 자동으로 업데이트해주는 함수가 있습니다. 이번 Lesson에서는 이러한 함수와 오늘 날짜와 시간을 간단하게 입력하는 기능에 대해서도 알아보겠습니다.

현재 날짜, 시간을 입력하는 TODAY, NOW 함수와 기능 알아보기

01 현재 날짜를 구해보겠습니다. ❶ [I3] 셀을 클릭합니다. ❷ **=TO**를 입력하면 TODAY 함수 목록이 표시됩니다. ❸ Tab 을 누릅니다. **=TODAY( )**가 입력되고 ❹ Enter 를 누르면 오늘 날짜가 입력됩니다.

누구나아는 Tip =TODAY( )를 전부 입력한 후 Enter 를 눌러도 됩니다. 이때 ( )를 반드시 입력해야 합니다. TODAY 함수는 인수를 사용하지 않지만 함수라는 것을 구분하기 위해 ( )를 같이 입력하는 것입니다.

02 현재 날짜와 시간을 같이 구해보겠습니다. **1** [I4] 셀을 클릭합니다. **2** =NOW( )를 입력한 후 **3** Enter 를 누르면 오늘 날짜와 현재 시간이 같이 표시됩니다.

누구나아는Tip TODAY, NOW 함수로 입력한 데이터는 기본 형태의 날짜, 날짜+시간 표시 형식으로 표시됩니다. 리본 메뉴의 [홈] 탭 – [표시 형식] 그룹 혹은 [셀 서식] 대화상자의 [표시 형식] 탭에서 원하는 형태로 수정할 수 있습니다. [셀 서식] 대화상자 단축키는 Ctrl + 1 입니다.

03 TODAY, NOW 함수는 현재 날짜와 시간을 나타내는 함수입니다. 따라서 워크시트에서 다른 작업을 하면 같이 업데이트되어 현재 날짜와 시간으로 데이터가 변합니다. 필요에 따라 작업하는 시점의 오늘 날짜, 지금 시간이 바뀌지 않아야 하는 경우가 있으므로 이러한 날짜와 시간을 입력하는 방법에 대해 알아보겠습니다. **1** [I5] 셀을 클릭한 후 **2** Ctrl + ; 를 누릅니다. 자동으로 오늘 날짜가 입력됩니다. 해당 데이터는 자동으로 업데이트되지 않습니다.

⚊	A	B	C	D	E	F	G	H	I	J	K	L	M
1		nn 통신사 고객 가입 현황											
2													
3	고객명	가입일	년	월	일	요일		오늘날짜	2019-12-27				
4	이성원	2017-07-01						현재 날짜 시간	2019-12-27 22:14				
5	유재석	2018-01-18						오늘 날짜	2019-12-27				
6	박명순	2018-08-30						현재 시간					
7	정준희	2019-05-02											
8	지성진	2019-11-04											
9	이광순	2018-12-15											
10	송지회	2019-08-16											
11	김용민	2018-09-06											

1 클릭   **2** Ctrl + ;

04 지금 시간을 입력하는 방법도 알아보겠습니다. **1** [I6] 셀을 클릭합니다. **2** Ctrl + Shift + ;
를 누르면 자동으로 지금 시간이 입력됩니다. 이렇게 입력하면 다른 데이터가 바뀔 때 시간이 자동으로 업데이트되지 않습니다.

연, 월, 일를 구할 때 쓰는 YEAR, MONTH, DAY 함수

01 YEAR, MONTH, DAY 함수를 사용하면 날짜 데이터에서 연, 월, 일을 각각 추출할 수 있습니다. **1** [C4] 셀을 클릭한 후 **2** =YEAR(를 입력합니다. **3** [B4] 셀을 클릭한 후 **4** Enter 를 누릅니다. 2017-07-01에서 연도에 해당하는 '2017'만 추출됩니다.

누구나아는Tip [C4] 셀에 **=YEAR(B4)**를 직접 입력하고 Enter 를 눌러도 됩니다.

02 **1** [D4] 셀을 클릭한 후 **2** =MON을 입력합니다. 함수 목록이 나타나면 **3** Tab 을 누릅니다. **4** [B4] 셀을 클릭한 후 **5** Enter 를 누릅니다. 2017-07-01에서 월에 해당하는 '7'만 추출됩니다.

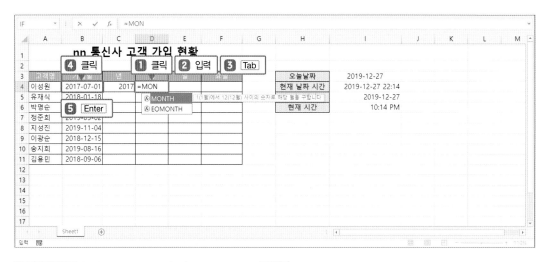

누구나아는 **Tip** [D4] 셀에 **=MONTH(B4)**를 직접 입력하고 Enter 를 눌러도 됩니다.

03 **1** [E4] 셀을 클릭한 후 **2** =DAY(를 입력합니다. **3** [B4] 셀을 클릭한 후 **4** Enter 를 누릅니다. 2017-07-01에서 일에 해당하는 '1'만 추출됩니다.

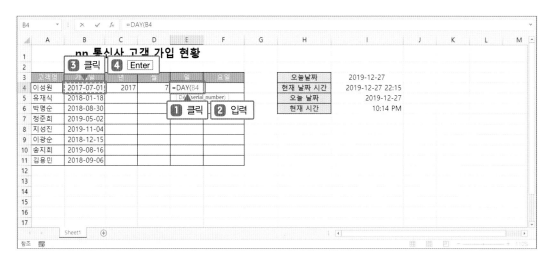

누구나아는 **Tip** [E4] 셀에 **=DAY(B4)**를 직접 입력하고 Enter 를 눌러도 됩니다.

04 **1** [C4:E4] 범위를 드래그해 지정한 후 **2** [E4] 셀의 채우기 핸들 을 [E11] 셀까지 드래그합니다. 나머지 날짜 데이터에 대한 연, 월, 일도 모두 추출됩니다.

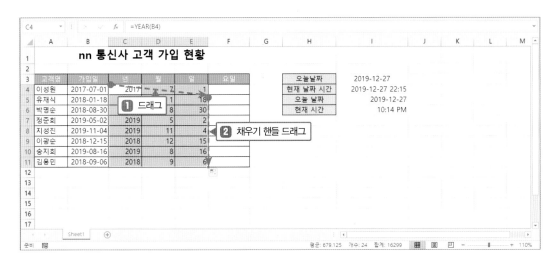

표시 형식을 수정해 요일 구하기

01 엑셀에서 특정 날짜의 요일을 구하는 함수는 별도로 존재하지 않습니다. 이때 표시 형식을 수정해 간단히 요일을 구하는 방법에 대해 알아보겠습니다. **1** [F4] 셀을 클릭한 후 **2** =를 입력하고 **3** [B4] 셀을 클릭합니다. **4** Enter 를 누릅니다. **5** [F4] 셀의 채우기 핸들 을 더블클릭합니다.

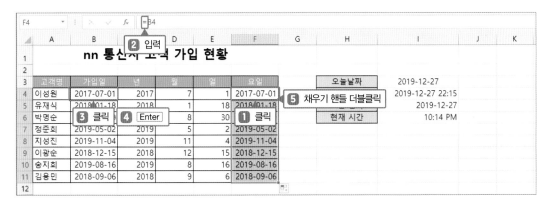

누구나아는 Tip =(등호)를 입력하고 [B4] 셀을 클릭한 후 Enter 를 누르면 =B4 수식이 입력됩니다. 이는 [F4] 셀에 [B4] 셀의 데이터를 그대로 가져오라는 의미입니다. 따라서 [B4] 셀의 내용이 바뀌면 [F4] 셀도 자동으로 바뀝니다. 복사, 붙여넣기 기능을 사용하지 않고 데이터를 연동해서 사용할 때 편리합니다.

02 [F4:F11] 범위가 지정된 상태에서 **1** [홈] 탭–[표시 형식] 그룹의 [표시 형식 ↘]을 클릭합니다. [셀 서식] 대화상자의 [표시 형식] 탭에서 **2** [범주]의 [사용자 지정]을 클릭합니다. **3** [형식] 입력란에 **aaa** 혹은 **AAA**를 입력한 후 **4** [확인]을 클릭합니다. **5** 날짜가 요일 형태로 바뀝니다.

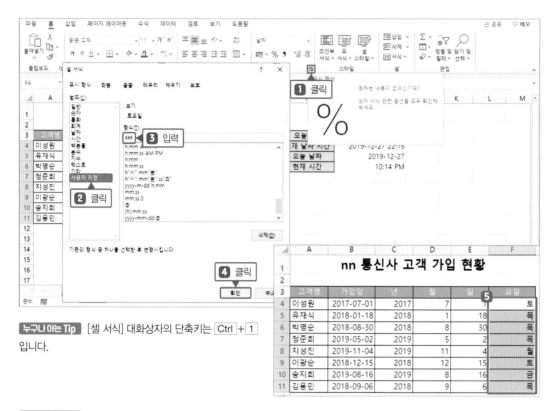

누구나아는Tip [셀 서식] 대화상자의 단축키는 Ctrl + 1 입니다.

누구나아는Tip [사용자 지정]에는 요일을 표시하는 다양한 형식이 있습니다. **AAA**는 '월, 화, 수' 형태로, **AAAA**는 '월요일, 화요일, 수요일' 형태로 표시합니다. 영문 요일로 표시할 때 **DDD**는 'Mon, Tue, Wed' 형태로, **DDDD**는 'Monday, Tuesday, Wednesday' 형태로 표시합니다.

AAA	AAAA	DDD	DDDD
월	월요일	Mon	Monday
화	화요일	Tue	Tuesday
수	수요일	Wed	Wednesday
목	목요일	Thu	Thursday
금	금요일	Fri	Friday
토	토요일	Sat	Saturday
일	일요일	Sun	Sunday

05 ROUND 계열 함수로 올림과 반올림, 내림 계산하기

실습 파일 | CHAPTER02 \ 05_ROUND함수.xlsx
완성 파일 | CHAPTER02 \ 05_ROUND함수_완성.xlsx

엑셀에서 계산한 값의 소수점 자릿수를 정리하고 반올림하거나 회계에서 1원, 10원 단위를 반올림할 때 ROUND 함수를 사용합니다. 이 외에도 올림을 해주는 ROUNDUP, 내림(버림)을 해주는 ROUNDDOWN 함수가 있습니다.

반올림 ROUND 함수로 소수점 첫째 자리까지 남기고 반올림하기

01 F열에 있는 '평균' 항목을 반올림해보겠습니다. ❶ [G5] 셀을 클릭합니다. ❷ [수식 입력줄]에 **=ROUND(** 를 입력하고 ❸ Ctrl + A 를 누릅니다. [함수 인수] 대화상자가 나타나면 ❹ [Number] 입력란을 클릭하고 ❺ [F5] 셀을 클릭합니다. ❻ [Num_digits] 입력란에 **1**을 입력한 후 ❼ [확인]을 클릭합니다. ❽ [G5] 셀의 채우기 핸들 █을 더블클릭합니다. G열에 반올림된 소수점 첫째 자리의 데이터가 입력됩니다.

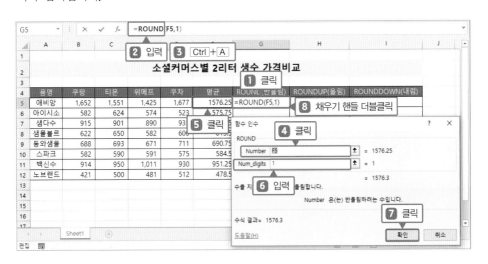

누구나 아는 Tip [Num_digits]의 인수로 **1**을 입력한 것은 소수점 첫째 자리까지 남기고 둘째 자리에서 반올림하라는 의미입니다. 이때 소수점 둘째 자리의 숫자가 5 미만이면 버리고, 5 이상이면 올립니다.

올림 ROUNDUP 함수로 10원 단위 절상하기

01 올림을 해주는 ROUNDUP 함수를 사용해보겠습니다. **1** [H5] 셀을 클릭합니다. **2** [수식 입력줄]에 **=ROUNDUP(**를 입력한 후 **3** Ctrl + A 를 누릅니다. [함수 인수] 대화상자가 나타나면 **4** [Number] 입력란을 클릭하고 **5** [F5] 셀을 클릭합니다. **6** [Num_digits] 입력란에 **-2**를 입력합니다. **7** [확인]을 클릭합니다. **8** [H5] 셀의 채우기 핸들을 더블클릭합니다. H열에 10원 단위에서 올림된 100원 단위의 데이터가 입력됩니다.

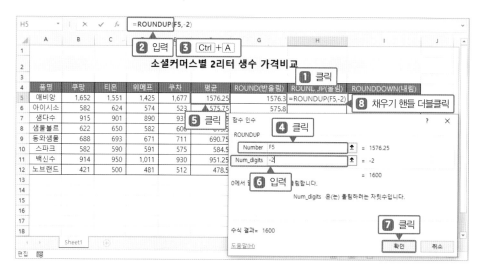

누구나 아는 Tip [Num_digits]의 인수로 **-2**를 입력한 것은 10단위에서 올리고 100단위까지 표시하는 것을 의미합니다. 0은 1의 자리를 의미합니다.

내림 ROUNDDOWN 함수로 1원 단위 절사하기

01 내림을 해주는 ROUNDDOWN 함수를 사용해보겠습니다. **1** [I5] 셀을 클릭하고 **2** [수식 입력줄]에 **=ROUDDOWN(**를 입력한 후 **3** Ctrl + A 를 누릅니다. [함수 인수] 대화상자가 표시됩니다.

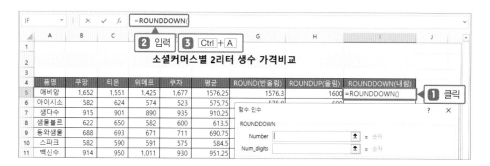

02 ❶ [Number] 입력란을 클릭하고 ❷ [F5] 셀을 클릭합니다. ❸ [Num_digits] 입력란에 **-1**을 입력합니다. ❹ [확인]을 클릭합니다.

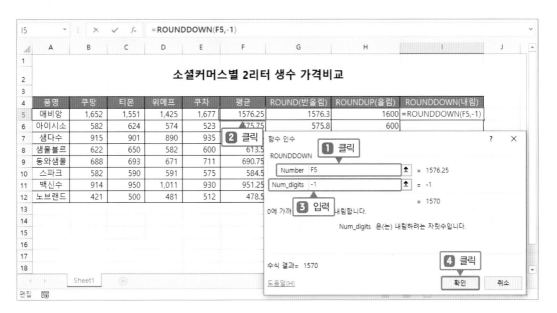

누구나아는 Tip [Num_digits]의 인수로 **-1**을 입력한 것은 10의 자리까지 표시한다는 뜻이고 1의 자리에서 내림합니다.

03 [I5] 셀에 '1570'이 표시됩니다. [I5] 셀의 채우기 핸들 🔲을 더블클릭합니다. I열에 1원 단위에서 내림되어 10원 단위까지 표시된 평균가 데이터가 입력됩니다.

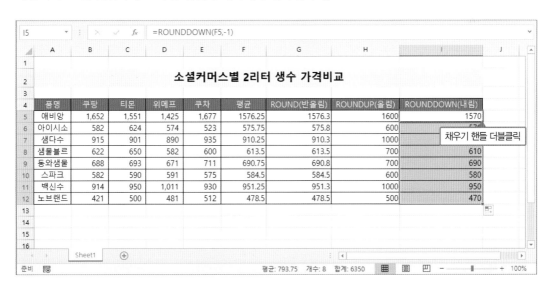

ROUND, ROUNDUP, ROUNDDOWN 함수는 [함수 인수] 대화상자에서 확인해보면 반올림, 올림, 내림이라는 기능만 제외하고 함수의 인수 구조와 사용 방법이 모두 동일합니다.

엑셀 업무에서 많이 사용하는 ROUND 함수를 기준으로 알아보겠습니다. ROUND 계열 함수의 인수 구성은 다음과 같습니다.

=ROUND([Number], [Num_digits]**)** ➔ **=ROUND(반올림할 셀 혹은 숫자,** 반올림하여 보여줄 자릿수**)**

[Number] 인수에는 숫자 데이터 혹은 숫자 데이터가 입력된 셀을 입력하면 됩니다. [Num_digits] 인수는 반올림될 자릿수를 지정합니다. 1의 자리는 0이고, 10의 자리는 −1, 100의 자리는 −2입니다. 소수점은 소수점 첫째 자리가 1, 소수점 둘째 자리가 2입니다. 단 여기서 유의할 점은 자릿수를 지정해주면 그 자릿수까지만 보여주고 그 밑의 자릿수는 모두 반올림하겠다는 의미입니다.

Lesson

06 수식에서 절대로 알아야 하는
상대 참조, 절대 참조

실습 파일 | CHAPTER02 \ 06_절대참조.xlsx
완성 파일 | CHAPTER02 \ 06_절대참조_완성.xlsx

엑셀 수식을 잘 다루려면 상대, 절대 참조의 차이를 꼭 알아야 합니다. 기본적으로 채우기 핸들⬛을 드래그하면 수식에 사용된 셀 혹은 범위 주소가 동적으로 바뀌어 매우 편리하지만 일부 수식은 셀 주소가 바뀌지 않아야 하는 경우도 있습니다. 상대 참조는 상대적으로 셀 주소가 변하고, 절대 참조는 셀 주소를 고정하는 개념입니다.

상대 참조와 절대 참조 개념 이해하기

01 ❶ [D6] 셀을 클릭합니다. 환율을 구하는 공식인 **=달러×환율**의 수식을 입력하면 원 단위로 바뀔 것입니다. ❷ **=C6*D3**을 입력한 후 ❸ Enter 를 누르면 환율이 계산된 값이 표시됩니다. 그러나 ❹ [D6] 셀의 채우기 핸들⬛을 더블클릭하면 ❺ [D6] 셀의 값만 정확하게 나오고 나머지 셀에는 오류나 제대로 계산되지 않은 값이 표시됩니다.

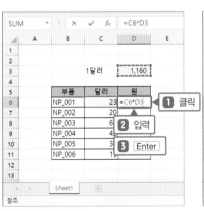

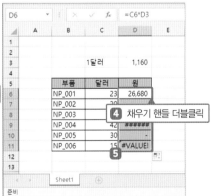

누구나아는Tip #VALUE!, #####는 모두 에러이며, −로 표시된 것은 데이터 형식이 통화일 때 계산된 값이 '0'이면 표시됩니다. #VALUE!는 수식에 잘못된 데이터 형식이 사용되었을 때, 예를 들어 계산식에 텍스트 형태의 데이터가 포함된 경우, #####는 셀 너비보다 결과가 클 때 표시됩니다.

02 아래 그림은 D열에 채워진 수식을 E열에 옮긴 것입니다. 수식을 보면 알 수 있듯 수식을 직접 입력했던 [D6] 셀을 제외하고 채우기 핸들을 사용해 채운 셀은 기준 환율인 [D3] 셀을 참조하지 않고 각각 다른 셀을 참조한 것을 알 수 있습니다. 이는 셀 주소가 **상대 참조** 형식이어서 계산되는 셀 위치에 따라 상대적으로 변했기 때문입니다. 채우기 핸들을 사용할 때 계산할 셀 위치가 상대적으로 변해야 할 때는 상대 참조를 사용합니다.

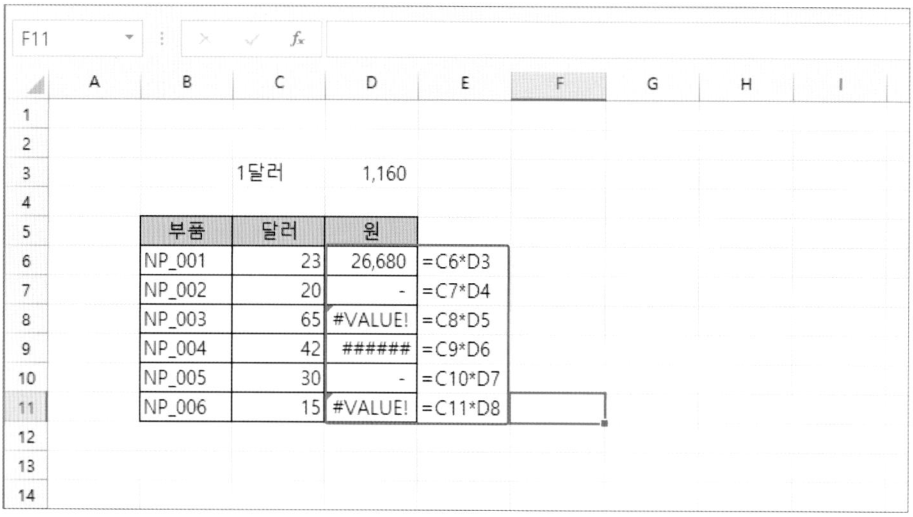

03 이런 데이터에서 결과를 정확하게 계산하기 위해 [D3] 셀 주소는 채우기 핸들을 사용해 복사해도 항상 고정되어야 합니다. 이때 사용하는 것이 절대 참조입니다. ❶ [D6:D11] 범위를 드래그해 지정하고 ❷ Delete 를 눌러 앞서 입력한 수식을 삭제합니다. **절대 참조** 기능을 활용해 다시 계산해보겠습니다. 절대 참조는 셀 주소를 클릭하고 F4 를 눌러 쉽게 적용할 수 있습니다.

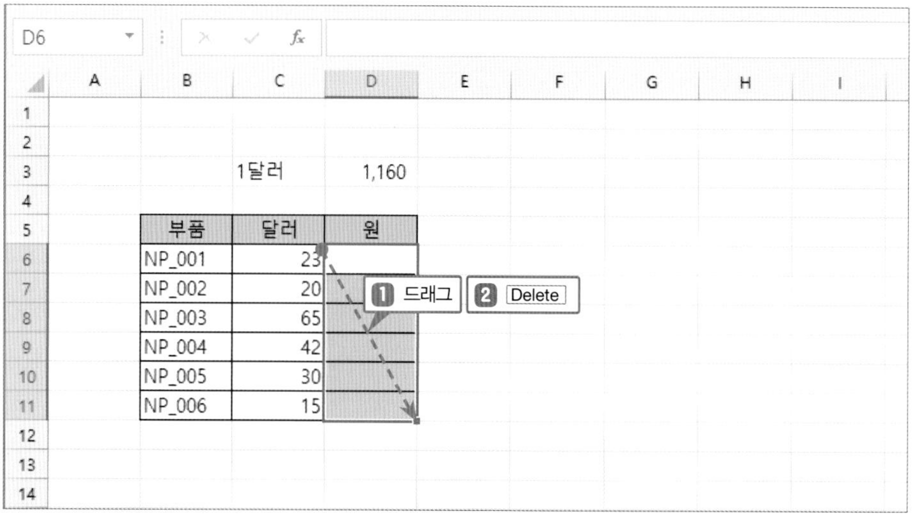

절대 참조를 활용해 환율 구하기

01 절대 참조를 사용해보겠습니다. **①** [D6] 셀을 클릭합니다. **②** **=C6*D3**을 입력한 후 **③** [수식 입력
줄]에서 **D3** 부분을 클릭합니다. **④** F4 를 누릅니다. 셀 주소 D3이 **$D$3**의 형태로 바뀌면 **⑤** Enter
를 누릅니다. **⑥** [D6] 셀의 채우기 핸들🔲을 더블클릭하면 나머지 셀도 정상적으로 계산됩니다.

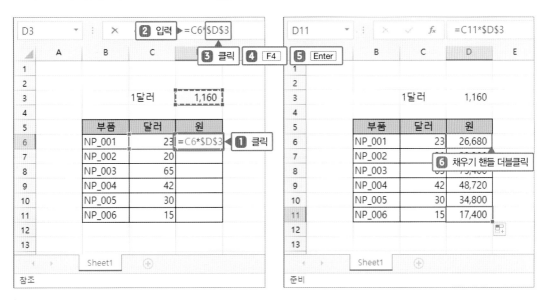

절대 참조는 셀 주소의 행과 열에 $ 기호가 붙는 형태의 셀 주소입니다. 처음부터 **$D$3**을 입력해도 됩니다.

02 **①** [D11] 셀을 더블클릭합니다. **②** [수식 입력줄]을 확인하면 C열은 상대적으로 행 번호가 증가
되었고 [D3] 셀은 고정되어서 계산된 것을 확인할 수 있습니다. 워크시트에 표시된 참조 셀 표시도 확
인합니다.

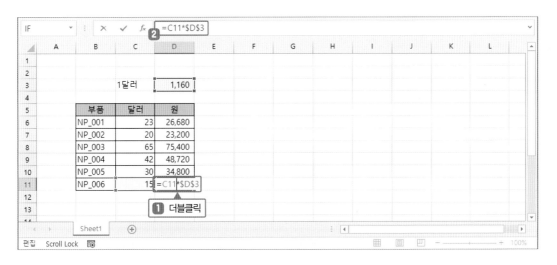

Lesson

07 값에 따라 범위에서 순위를 매기는 RANK.EQ 함수

실습 파일 | CHAPTER02 \ 07_RANK함수.xlsx
완성 파일 | CHAPTER02 \ 07_RANK함수_완성.xlsx

특정 셀의 값에 순위를 매기는 함수가 바로 RANK 함수입니다. RANK 함수는 엑셀 2007까지 사용했던 함수로 엑셀 2010 버전 이상에서는 가급적 RANK.EQ 함수를 사용합니다. 가장 기본적인 RANK.EQ 함수의 사용법을 알아보겠습니다.

순위를 구하는 RANK.EQ 함수로 자동차 판매량 높은 순서 구하기

01 판매량이 높은 순으로 순위를 구해보겠습니다. **1** [E4] 셀을 클릭합니다. **2** =RANK.EQ(를 입력한 후 **3** Ctrl + A 를 누릅니다. [함수 인수] 대화상자가 나타나면 **4** [Number] 입력란을 클릭하고 **5** [C4] 셀을 클릭합니다. **6** [Ref] 입력란을 클릭하고 **7** [C4:C11] 범위를 드래그해 지정합니다. **8** F4 를 누릅니다. [C4:C11] 범위가 **$C$4:$C$11**과 같이 절대 참조 범위로 변경됩니다. **9** [확인]을 클릭합니다.

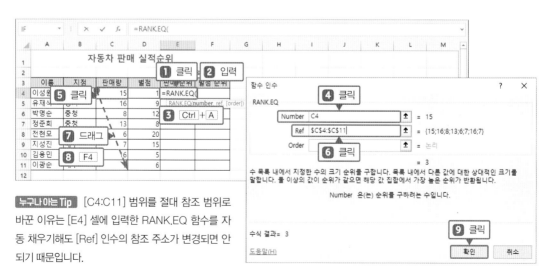

누구나아는Tip [C4:C11] 범위를 절대 참조 범위로 바꾼 이유는 [E4] 셀에 입력한 RANK.EQ 함수를 자동 채우기해도 [Ref] 인수의 참조 주소가 변경되면 안되기 때문입니다.

02 [E4] 셀에 '3'이 출력됩니다. 전체 범위에서 판매량이 세 번째로 높다는 의미입니다. [E4] 셀의 채우기 핸들 ⊞ 을 더블클릭합니다. 판매 순위 항목의 나머지 셀에도 순위가 표시됩니다.

	A	B	C	D	E	F
1			자동차 판매 실적순위			
2					벌점은 낮은 순서	
3	이름	지점	판매량	벌점	판매 순위	벌점 순위
4	이성원	서울	15	1	3	
5	유재식	경기	16	9		
6	박명순	중청	8	12		
7	정준회	중청	13	8	4	
8	전현모	서울	6	20	8	
9	지성진	대구	7	15	6	
10	김용민	부산	16	5	1	
11	이광순	대구	7	6	6	
12						

수식 입력줄: `=RANK.EQ(C4,$C$4:$C$11)`

채우기 핸들 더블클릭

누구나아는 Tip 높은 순으로 순위를 정할 때는 [Order] 인수를 생략하거나 0을 입력합니다.

RANK.EQ 함수의 순위를 반대로 적용해 벌점 낮은 순서 구하기

01 이번에는 반대로 벌점이 낮은 순으로 순위를 구해보겠습니다. [Order]의 인수가 1이면 값이 낮은 순으로 순위를 정합니다. **1** [F4] 셀을 클릭합니다. **2** =**RANK.EQ(**를 입력한 후 **3** Ctrl + A 를 누릅니다. [함수 인수] 대화상자가 나타나면 **4** [Number] 입력란을 클릭하고 **5** [D4] 셀을 클릭합니다. **6** [Ref] 입력란을 클릭하고 **7** [D4:D11] 범위를 드래그해 지정합니다. **8** F4 를 누릅니다. [D4:D11] 범위가 **$D$4:$D$11**과 같이 절대 참조 범위로 변경됩니다. **9** [Order] 인수로 **1**을 입력한 후 **10** [확인]을 클릭합니다.

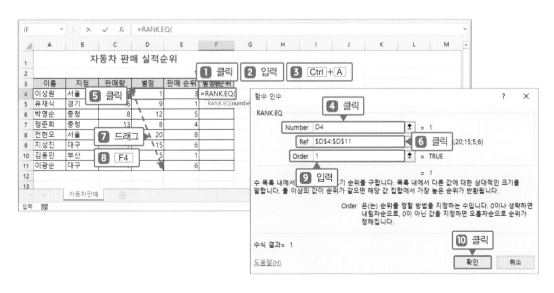

02 [F4] 셀에 '1'이 출력됩니다. 벌점이 낮은 순서로 1등이라는 의미입니다. [F4] 셀의 채우기 핸들
을 더블클릭합니다. 벌점 순위 항목의 나머지 셀도 낮은 순으로 순위가 표시됩니다.

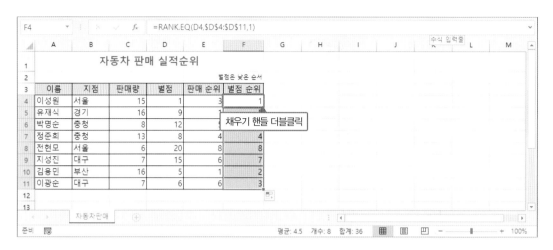

 나만 모르는 엑셀 꿀팁 **RANK, RANK.EQ 함수 알아보기**

RANK.EQ는 엑셀 2010 버전에서 추가되어 RANK 함수를 대체하는 함수입니다. 하지만 작업 일선에 선 RANK 함수를 아직도 많이 사용하고 있습니다. 두 함수는 기능과 인수 구성이 똑같기 때문에 같이 알아보겠습니다.

=RANK([Number], [Ref], [Order]) ➜ =RANK(순위를 구할 셀 혹은 숫자, 순위를 매길 범위, **정렬 순서**)

=RANK.EQ([Number], [Ref], [Order]) ➜ =RANK.EQ(순위를 구할 셀 혹은 숫자, 순위를 매길 범위, **정렬 순서**)

❶ **[Number]** : 순위를 구할 셀이나 숫자입니다. 셀 주소 형태로 입력해도 되고 숫자 데이터를 적어도 됩니다.

❷ **[Ref]** : [Number] 인수에서 지정한 셀이나 숫자의 순위를 매길 범위입니다.

❸ **[Order]** : 정렬 순서 생략하거나 0을 입력하면 값이 높은 순서대로, 1을 입력하면 반대로 낮은 순서로 순위를 구합니다.

08 이름 정의로 셀 또는 범위를 편리하게 참조하기

실습 파일 | CHAPTER02 \ 08_이름정의.xlsx
완성 파일 | CHAPTER02 \ 08_이름정의_완성.xlsx

이름 정의는 셀 또는 범위에 내가 원하는 이름을 붙이는 것입니다. 이렇게 이름 정의를 활용한 셀 또는 범위는 함수와 수식을 입력할 때 범위나 셀 주소를 복잡하게 사용할 필요 없이 이름으로 간단하게 참조할 수 있어 수식을 확인하기도 편리합니다. 범위를 지정해 이름으로 정의하여 활용하고 수식에 직접 활용하는 방법에 대해 알아보겠습니다.

범위를 이름으로 정의하고 함수에 활용하기

01 우선 함수에 직접 활용하기 위해 범위를 이름으로 정의해보겠습니다. ❶ 이름으로 정의할 [C4:C11] 범위를 드래그해 지정합니다. ❷ [이름 상자]에 **판매량**을 입력하고 ❸ Enter 를 누릅니다.

	이름	지점	판매량	별점	판매 순위	별점 순위
				별점은 낮은 순서		
3	이름	지점	판매량	별점	판매 순위	별점 순위
4	이성원	서울	15	1		
5	유재식	경기	16	9		
6	박명순	충청	12			
7	정준희	충청	8			
8	전현모	서울	6	20		
9	지성진	대구	7	15		
10	김용민	부산	16	5		
11	이광순	대구	6			

자동차 판매 실적순위

판매량 ← 🄰 입력
Enter ← ❸
🄰 드래그

평균: 11　개수: 8　합계: 88　100%

누구나이는 Tip 이름을 정의할 때 첫 글자는 항상 문자(한글, 영문)로 시작해야 합니다. 이름으로 문자와 숫자를 사용할 수 있으나 _(언더바)를 제외한 특수 문자와 띄어쓰기는 사용할 수 없습니다.

02 [이름 상자]의 목록 버튼 ▾을 클릭하면 이름으로 정의된 목록이 표시됩니다. 예제에선 앞서 정의한 [판매량]이 표시됩니다.

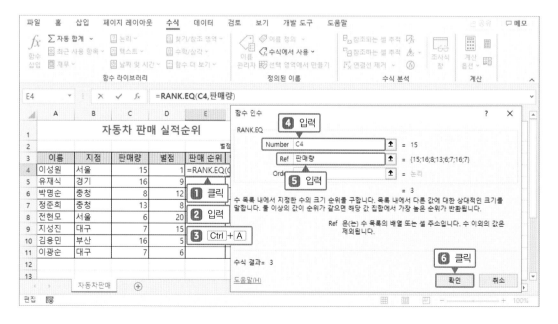

누구나아는 Tip [판매량]을 클릭하면 앞서 이름으로 정의한 [C4:C11] 범위가 자동으로 지정되어 편리하게 범위를 확인할 수 있습니다.

03 정의한 이름을 수식에 적용해 판매량이 높은 순위를 구해보겠습니다. **1** [E4] 셀을 클릭하고 **2** **=RANK.EQ(**를 입력합니다. **3** Ctrl + A 를 누르면 [함수 인수] 대화상자가 표시됩니다. **4** [Number] 인수에는 **C4**를 입력합니다. **5** [Ref] 인수에는 앞서 이름으로 정의한 **판매량**을 입력한 후 **6** [확인]을 클릭합니다.

04 1 결과로 '3'이 표시됩니다. 2 수식 **=RANK.EQ(C4, $C$4:$C$11)**와 **=RANK.EQ(C4, 판매량)** 를 비교해보면 후자가 알아보기 훨씬 간결합니다. 이처럼 셀 주소가 절대 참조로 고정되어야 하는 수 식에서 이름을 정의해 활용하면 편리합니다.

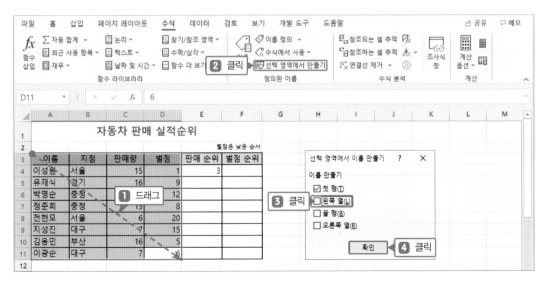

표 범위를 한번에 이름 정의하고 확인하기

01 표 범위에서 각 열 혹은 행을 일괄적으로 이름 정의하는 방법도 있습니다. 1 [A3:D11] 범위를 드 래그해 지정합니다. 2 [수식] 탭-[정의된 이름] 그룹-[선택 영역에서 만들기]를 클릭합니다. [선택 영 역에서 이름 만들기] 대화상자가 나타나면 3 [왼쪽 열]의 체크를 해제하고 [첫 행]에만 체크한 후 4 [확인]을 클릭합니다. 표에서 첫 행(3행)에 해당하는 각각의 이름이 범위의 열 이름으로 정의됩니다.

누구나아는 Tip [선택 영역에서 이름 만들기] 대화상자의 [왼쪽 열]에 체크되어 있다면 체크를 해제합니다. 표 범위에는 첫 행에 항 목 이름이 있으므로 [첫 행]에만 체크합니다.

02 [이름 상자]의 목록 버튼 ▼을 클릭하면 정의된 이름들을 목록으로 확인할 수 있다. 각각 정의된 이름을 클릭하면 워크시트에 해당 범위가 자동으로 지정됩니다.

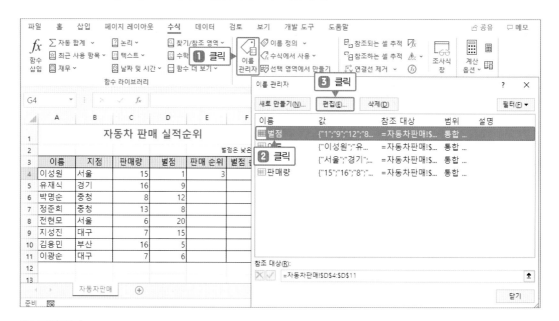

정의된 이름을 수정 또는 삭제하기

01 ① [수식] 탭-[정의된 이름] 그룹-[이름 관리자]를 클릭합니다. [이름 관리자] 대화상자에서 정의된 이름과 범위를 확인할 수 있습니다. 정의된 이름을 수정하려면 해당 이름을 클릭한 후 [편집]을 클릭합니다. 예제에선 ② [벌점]을 클릭하고 ③ [편집]을 클릭합니다.

누구나 아는 Tip [참조 대상]의 **=자동차판매!** 부분은 [자동차판매] 시트에서라는 의미입니다. 다른 시트의 셀을 참조할 때 사용하는 셀 주소 형태입니다.

02 [이름 편집] 대화상자가 표시됩니다. **1** [이름]에서 기존 내용을 삭제하고 **경고**를 입력합니다. **2** [확인]을 클릭합니다.

누구나아는 Tip 만약 정의한 범위가 잘못되었다면 [참조 대상]에서 전체 내용을 삭제하고 워크시트에서 다시 범위를 지정해도 됩니다.

03 [이름 관리자] 대화상자로 돌아옵니다. [벌점]이 [경고]로 변경되었습니다.

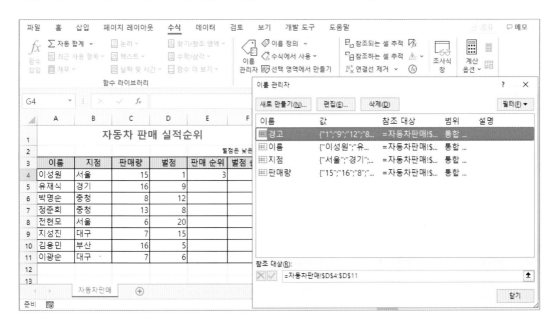

04 이번에는 정의한 이름을 삭제해보겠습니다. [이름 관리자] 대화상자에서 **1** [경고]를 클릭하고 **2** [삭제]를 클릭합니다. 이름을 삭제할 것인지 확인하는 메시지가 표시됩니다. **3** [확인]을 클릭합니다.

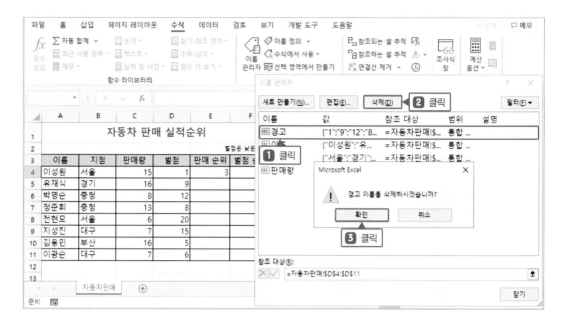

05 **1** [이름 관리자] 대화상자를 확인하면 [경고] 이름 범위가 삭제된 것을 확인할 수 있습니다. **2** [닫기]를 눌러 [이름 관리자] 대화상자에서 나갑니다.

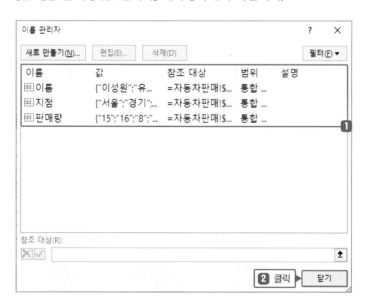

Lesson

09 IF, IFS 함수를 사용해 평가하고 등급 나누기

실습 파일 | CHAPTER02 \ 09_IF함수.xlsx
완성 파일 | CHAPTER02 \ 09_IF함수_완성.xlsx

엑셀의 논리 함수는 값을 조건과 비교해 참(TRUE)과 거짓(FALSE)을 판단할 때 사용합니다. 쉽게 말해 값에 어떤 조건이 주어질 때 맞으면 참을, 다르다면 거짓을 출력합니다. IF 함수를 활용하여 다양한 조건에 따라 각각 다른 결과를 나타낼 수 있어 매우 유용합니다. IF 함수는 단독으로 사용할 수 있지만 다른 함수와 중첩해 사용하면 더욱 다양하게 활용할 수 있습니다.

IF 함수를 이용하여 목표달성 여부 평가하기

01 상반기 판매현황이 있는 데이터에서 매출이 300점 이상이면 목표달성, 300점 미만이면 분발이라고 표시해보겠습니다. 평가에 해당하는 **1** [I4] 셀을 클릭하고 **2** =IF를 입력합니다. **3** 함수 목록에서 [IF]가 선택되면 Tab 을 누르고 **4** Ctrl + A 를 누릅니다.

	A	B	C	D	E	F	G	H	I	J	K	L	M	N	O
1				상반기 판매현황											
2															
3	이름	1월	2월	3월	4월	5월	6월	매출	평가	등급					
4	이성원	35	54	50	60	84	35	318	=IF						
5	유재석	35	45	84	35	12	65	276							
6	박명순	61	21	54	50	64	80	330							
7	정준회	51	55	38	60	80	62	346							
8	지성진	25	90	45	35	10	50	255							
9	이광순	60	40	85	45	30	75	335							
10	송지ика	20	60	45	85	35	15	260							
11	김용민	32	52	40	80	65	45	314							
12	합계	319	417	441	450	380	427	2434							

1 클릭 **2** 입력 **3** Tab **4** Ctrl + A

누구나아는 Tip Tab 을 누르고 Ctrl + A 를 누르면 선택한 함수의 [함수 인수] 대화상자가 나타납니다.

02 IF 함수의 [함수 인수] 대화상자가 표시됩니다. **1** [Logical_test] 입력란에 조건값인 **H4>=300**을 입력한 후 Tab 을 누릅니다. **2** [Value_if_true] 입력란에 **목표달성**을 입력 후 Tab 을 누릅니다. **3** [Value_if_false] 입력란에 **분발**을 입력 후 Enter 를 누릅니다.

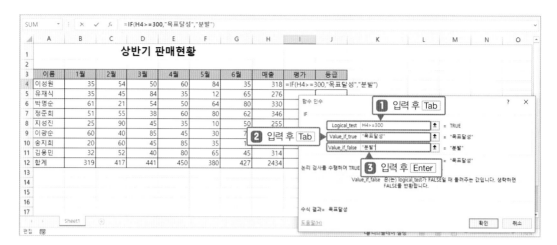

> **누구나 아는 Tip** 수학 공식에서 이상(크거나 같다)은 ≥, 이하(작거나 같다)는 ≤로 표기하지만 엑셀에서 이상(크거나 같다)은 **>=**, 이하는 **<=**로 표기합니다. 따라서 매출이 300 이상인 조건에서 **H4>=300**으로 입력한 것입니다. 초과, 미만은 동일하게 >, <를 사용합니다.

03 [I4] 셀에 '목표달성'이 표시됩니다. [I4] 셀의 채우기 핸들 █을 더블클릭합니다. [I11] 셀까지 '평가' 항목에 전체 평가 결과가 표시됩니다.

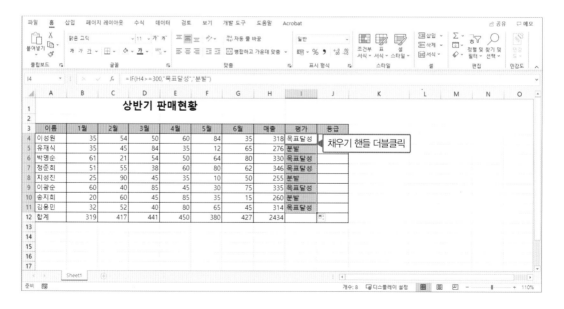

IF 함수는 조건에 따라 참(TRUE), 거짓(FALSE)을 판단해 원하는 텍스트를 나타내는 함수입니다. 인수 구성은 다음과 같습니다.

=IF[Logical_test], [Value_if_true], [Value_if_false])

함수 인수		?	×
IF			
1 Logical_test	[ ] ↑ = 논리		
2 Value_if_true	[ ] ↑ = 모든 값		
3 Value_if_false	[ ] ↑ = 모든 값		
	=		
논리 검사를 수행하여 TRUE나 FALSE에 해당하는 값을 반환합니다.			
	Logical_test 은(는) TRUE나 FALSE로 판정될 값이나 식입니다.		
수식 결과=			
도움말(H)		확인	취소

IF 함수의 [함수 인수] 대화상자를 살펴보면 세 개의 인수를 사용하는 것을 확인할 수 있습니다.

1 **[Logical_test]** : 논리 테스트를 진행할 조건을 입력합니다. 보통 셀에 대한 조건을 판단하는 수식의 형태로 입력합니다. 앞에서 진행한 실습처럼 매출에 해당하는 [H4] 셀이 300 이상일 때를 판단하는 수식인 **H4>=300**과 같은 형태입니다.

2 **[Value_if_true]** : 논리 테스트를 진행한 결과가 참(TRUE)일 때 출력할 값 혹은 텍스트입니다. [Logical_test] 인수에 입력한 조건이 참이면 [Value_if_true] 인수에 입력한 값이 표시됩니다.

3 **[Value_if_false]** : 논리 테스트를 진행한 결과가 거짓(FALSE)일 때 출력할 값 혹은 텍스트입니다. [Logical_test] 인수에 입력한 조건이 거짓이면 [Value_if_false] 인수에 입력한 값이 표시됩니다.

IF 함수는 [함수 인수] 대화상자에서 [Value_if_true]와 [Value_if_false] 입력란에 텍스트를 입력하면 자동으로 ""(큰따옴표)가 붙습니다. 단, 직접 [수식 입력줄]에 입력할 때는 ""(큰따옴표)를 꼭 입력해야 합니다. 이 규칙은 텍스트 데이터를 다루는 모든 함수에 동일하게 적용됩니다. 셀 주소인 H4나 이름으로 정의한 범위를 일반 텍스트 데이터와 분리해 구분하기 위한 것입니다.

IF 함수를 중첩해 등급 나누기

IF 함수로는 참, 거짓에 해당하는 두 가지 조건밖에 판단할 수 없습니다. 이때 [Value_if_false] 인수에 IF 함수를 한 번 더 적용하면 두 개 이상의 조건도 판단할 수 있습니다. 매출이 330점 이상이면 1등급, 매출이 330점 미만, 300점 이상이면 2등급, 300점 미만은 3등급이 나오도록 IF 함수를 중첩해보겠습니다.

01 ❶ [J4] 셀을 클릭한 후 ❷ =IF를 입력합니다. ❸ Tab 을 누르고 ❹ Ctrl + A 를 누릅니다. [함수 인수] 대화상자가 표시됩니다. ❺ [Logical_test] 입력란에 조건값인 H4>=330을 입력한 후 Tab 을 누릅니다. ❻ [Value_if_true] 입력란에 1등급을 입력한 후 Tab 을 누릅니다. [Value_if_false] 입력란이 입력 상태가 되면 ❼ [이름 상자]의 목록 버튼 🔽을 클릭하고 ❽ [IF]를 클릭합니다.

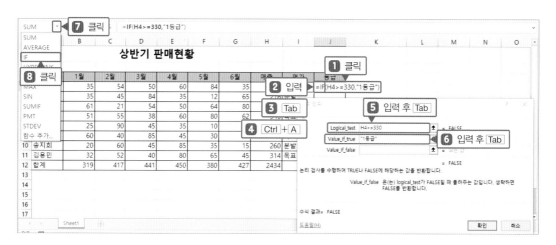

02 새 [함수 인수] 대화상자가 표시됩니다. ❶ [Logical_test] 입력란에 두 번째 조건값인 H4>=300 을 입력한 후 Tab 을 누릅니다. ❷ [Value_if_true] 입력란에 2등급을 입력한 후 Tab 을 누릅니다. ❸ [Value_if_false] 입력란에서 3등급을 입력한 후 Enter 를 누릅니다.

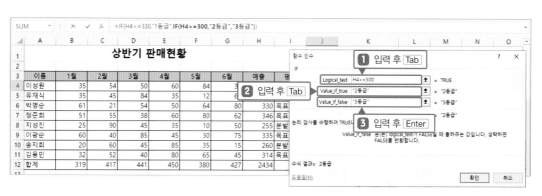

03 매출이 330점 미만 300점 이상이기 때문에 [J4] 셀에 '2등급'이 표시됩니다. [J4] 셀의 채우기 핸들 을 더블클릭하면 [J11] 셀까지 등급이 표시됩니다.

J4				fx	=IF(H4>=330,"1등급",IF(H4>=300,"2등급","3등급"))									
	A	B	C	D	E	F	G	H	I	J	K	L	M	N	O
1				**상반기 판매현황**											
2															
3	이름	1월	2월	3월	4월	5월	6월	매출	평가	등급					
4	이성원	35	54	50	60	84	35	318	목표달성	2등급					
5	유재석	35	45	84	35	12	65	276	분발	3등급					
6	박명순	61	21	54	50	64	80	330	목표달성	1등급					
7	정준회	51	55	38	60	80	62	346	목표달성	1등급					
8	지성진	25	90	45	35	10	50	255	분발	3등급					
9	이광순	60	40	85	45	30	75	335	목표달성	1등급					
10	송지회	20	60	45	85	35	15	260	분발	3등급					
11	김용민	32	52	40	80	65	45	314	목표달성	2등급					
12	합계	319	417	441	450	380	427	2434							
13															
14															
15															
16															

채우기 핸들 더블클릭

나만 모르는 엑셀 꿀팁　　**IF 함수 중첩하는 방법 알아보기**

[J4] 셀에 완성된 IF 중첩 함수식은 다음과 같습니다.

=IF(H4>=330, "1등급", IF(H4>=300, "2등급", "3등급"))

위 함수식을 풀면 다음과 같습니다.

=IF(H4>=330, "1등급", ➡ [H4] 셀이 330보다 크거나 같으면 '1등급'을 표시하고 아니면

IF(H4>=300, "2등급", "3등급")) ➡ [H4] 셀이 300보다 크거나 같으면 '2등급', 아니면 '3등급'을 표시하라

간단히 말해 첫 번째 IF 수식의 [Value_if_false] 인수에 두 번째 IF 수식을 입력하여 한 번 더 조건을 확인하는 것입니다. 마지막에))는 IF 함수가 두 번 사용되었기 때문에 괄호를 두 번 닫는 것입니다.

❶ [Logical_test] : H4>=330

❷ [Value_if_true] : "1등급"

❸ [Value_if_false] : IF(H4>=300, "2등급", "3등급")

다른 예를 들어, [H4] 셀이 270보다 작을 때 '4등급'을 표시하는 조건을 하나 더 추가하면 다음과 같은 함수식이 됩니다.

=IF(H4>=330, "1등급", IF(H4>=300, "2등급", IF(H4>=270, "3등급", "4등급")))

즉, 두 번째 쓰인 IF 함수의 [Value_if_false] 인수에 IF 함수를 추가하고 닫는 괄호를 하나 더 추가해주는 것입니다. 이처럼 IF 함수는 [Value_if_false]에 다른 IF 함수를 추가하여 중첩할 수 있습니다.

IFS 함수로 더욱 쉽게 조건 중첩하기

01 IFS 함수는 엑셀 2016 이상 버전에서 사용할 수 있는 함수입니다. IFS 함수를 사용하면 여러 개의 IF 함수를 중첩할 필요 없이 여러 조건에 따른 결괏값을 편리하게 구할 수 있습니다. **1** [J4:J11] 범위를 드래그해 지정한 후 **2** Delete 를 눌러 IF 함수 중첩으로 입력했던 결과를 삭제합니다.

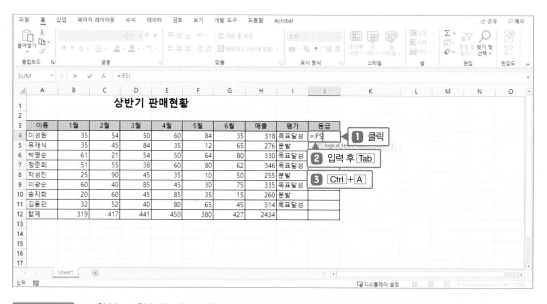

02 IFS 함수를 이용해 등급을 구할 **1** [J4] 셀을 클릭합니다. **2** =IFS를 입력하고 Tab 을 누릅니다. **3** Ctrl + A 를 누릅니다.

누구나아는 Tip IFS 함수는 IF 함수와는 달리 IF 함수를 여러 개 중첩하지 않고 조건, 반환값을 연속해 입력할 수 있습니다.

03 IFS 함수의 [함수 인수] 대화상자가 표시됩니다. **1** [Logical_test1] 입력란에 조건값인 **H4>=330**을 입력한 후 `Tab` 을 누릅니다. **2** [Value_if_true1] 입력란에 **1등급**을 입력한 후 `Tab` 을 누릅니다. **3** [Logical_test2] 입력란에 두 번째 조건값인 **H4>=300**을 입력한 후 `Tab` 을 누릅니다. **4** [Value_if_true2] 란에 **2등급**을 입력 후 `Tab` 을 누릅니다. **5** [Logical_test3] 입력란에 세 번째 조건값인 **TRUE**를 입력한 후 `Tab` 을 누릅니다. **6** [Value_if_true3] 입력란에서 **3등급**을 입력한 후 `Enter` 를 누릅니다.

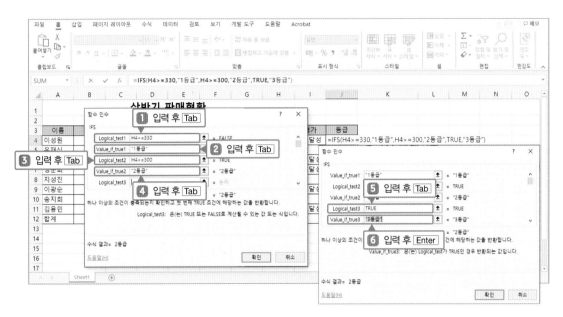

> **누구나 아는 Tip** IFS 함수의 세 번째 [Logical_test3]에 **TRUE**라고 입력한 것은 무조건 참인 논리식을 만드는 것입니다. 앞의 두 조건이 모두 거짓일 때 세 번째 조건은 무조건 참을 만들어야 자동으로 '3등급'이 됩니다.

04 [J4] 셀에 '2등급'이 표시됩니다. [J4] 셀의 채우기 핸들 🔳을 더블클릭하면 [J11] 셀까지 등급이 표시됩니다. IF 함수를 중첩해 사용한 것과 동일한 결과입니다.

A	B	C	D	E	F	G	H	I	J
			상반기 판매현황						
이름	1월	2월	3월	4월	5월	6월	매출	평가	등급
이성원	35	54	50	60	84	35	318	목표달성	2등급
유재식	35	45	84	35	12	65	276	분발	3등급
박명순	61	21	54	50	64	80	330	목표달성	1등급
정준회	51	55	38	60	80	62	346	목표달성	1등급
지성진	25	90	45	35	10	50	255	분발	3등급
이광순	60	40	85	45	30	75	335	목표달성	1등급
송지회	20	60	45	85	35	15	260	분발	3등급
김용민	32	52	40	80	65	45	314	목표달성	2등급
합계	319	417	441	450	380	427	2434		

채우기 핸들 더블클릭

> **누구나 아는 Tip** 완성된 수식은 **=IFS(H4>=330, "1등급", H4>=300, "2등급", TRUE, "3등급")**입니다.

나만 모르는 엑셀 꿀팁　　IFS 함수를 사용해 다중 조건을 간단히 입력하기

IFS 함수는 IF 함수를 중첩하는 대신 다중 조건으로 논리 판단을 하는 함수로 [Logical_test] 인수와 [Value_if_true] 인수가 쌍을 이루어 반복됩니다. 첫 번째 판단 조건은 [Logical_test1]에 입력하고 참일 경우 [Value_if_true1]에 입력된 값이 출력되며, 거짓일 경우 [Logical_test2]에 입력된 조건을 판단하는 식으로 조건 확인이 이루어집니다.

한 가지 다른 점은 가장 마지막 조건에 해당하는[Logical_test] 인수에 **TRUE**를 입력하고 [Value_if_true] 인수에 출력할 값을 입력하는 것입니다. 마지막 조건은 값에 상관없이 참으로 만들어 항상 동일한 값을 출력합니다. 물론 예제에서는 300 미만이면 '3등급'을 출력하면 되므로 TRUE 대신 **H4<300**으로 입력해도 문제는 없습니다. 인수 구성은 다음과 같습니다.

=**IFS**([Logical_test1], [Value_if_true1], [Logical_test2], [Value_if_true2], …)

→ **IFS**(첫 번째 조건, 조건이 참일 경우 출력할 값, 두 번째 조건, 조건이 참일 경우 출력할 값, …)

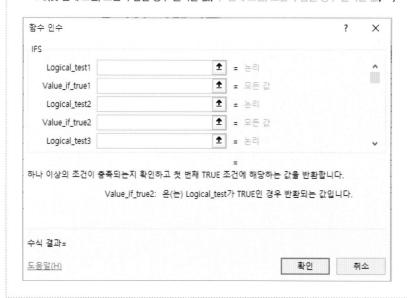

Lesson 10

텍스트의 원하는 부분만 추출하는 다양한 함수

실습 파일 | CHAPTER02\10_텍스트함수.xlsx
완성 파일 | CHAPTER02\10_텍스트함수_완성.xlsx

엑셀에는 텍스트를 다루는 함수가 있습니다. LEFT, MID, RIGHT는 대표적인 텍스트 함수로 각각 텍스트의 왼쪽, 중간, 오른쪽부터 텍스트를 추출하는 함수입니다. 이 함수들은 상품 코드나 주민등록번호에서 일정 부분을 추출할 때 사용하면 좋은 함수입니다. 또한 이렇게 추출한 데이터를 CHOOSE 함수를 이용해 특정한 텍스트로 변환하는 방법도 알아보겠습니다.

왼쪽부터 텍스트를 추출하는 LEFT 함수로 주민등록번호에서 연도만 추출하기

01 LEFT 함수를 이용해 주민등록번호에서 연도만 추출해보겠습니다. 추출 인원이 한두 명이면 일일이 입력해도 되지만 직원이 100명 이상이면 쉬운 일이 아닙니다. 이때 함수를 이용하면 빠르게 연도만 추출할 수 있습니다. 주민등록번호는 가장 왼쪽 두 자리가 년도에 해당하므로 LEFT 함수를 사용합니다. **1** [D3] 셀을 클릭합니다. 데이터에서 왼쪽 두 자리를 추출할 것이기 때문에 **2** =LEFT(를 입력한 후 **3** Ctrl + A 를 누릅니다.

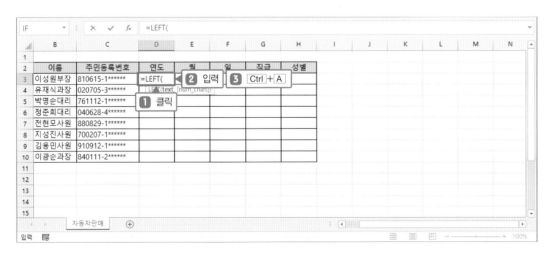

02 LEFT 함수의 [함수 인수] 대화상자가 표시됩니다. ❶ [Text] 입력란에 연도를 추출할 C3 셀을 입력한 후 Tab 을 누릅니다. 주민등록번호에서 연도는 앞의 두 숫자만 필요합니다. ❷ 추출할 글자수에 해당하는 [Num_chars] 입력란에 2를 입력한 후 ❸ [확인]을 클릭합니다. 주민등록번호에서 연도에 해당하는 '81'이 추출됩니다.

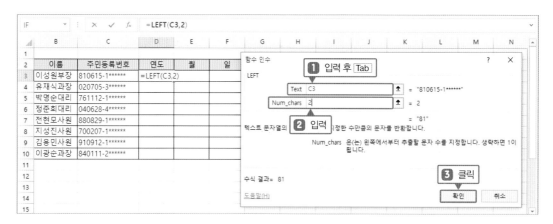

누구나아는Tip [Text] 인수는 추출할 대상이 되는 텍스트 혹은 셀, [Num_chars] 인수는 추출할 텍스트의 글자수를 지정합니다.

중간부터 텍스트를 추출하는 MID 함수로 주민등록번호에서 월과 일 추출하기

01 월을 구하려면 주민등록번호의 3~4자리를 추출해야 하므로 텍스트의 중간 위치부터 텍스트를 추출하는 MID 함수를 사용합니다. ❶ [E3] 셀을 클릭합니다. ❷ =MID(를 입력한 후 ❸ Ctrl + A 를 누릅니다. MID 함수의 [함수 인수] 대화상자가 표시됩니다. ❹ [Text] 입력란에 월을 추출할 C3 셀을 입력하고 Tab 을 누릅니다. ❺ [Start_num] 입력란에 주민등록번호의 월에 해당하는 세 번째 자리인 3을 입력하고 Tab 을 누릅니다. ❻ [Num_chars] 입력란에 월에 해당하는 두 자리 2를 입력합니다. ❼ [확인]을 클릭하면 '06'이 추출됩니다.

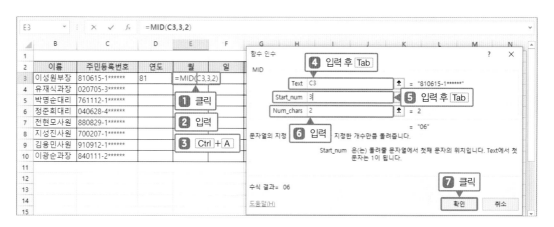

나만 모르는 엑셀 꿀팁 **LEFT 함수와 MID 함수 비교해 알아보기**

LEFT 함수는 텍스트 데이터의 왼쪽에서부터 지정한 글자수만큼 텍스트를 추출하라는 의미의 함수입니다. 추출할 텍스트나 셀 주소를 지정하는 인수와 얼마나 글자를 추출할지 결정하는 인수로 이루어져 있으며 인수 구성은 아래와 같습니다.

=LEFT([Text], [Num_chars]**)** ➔ **=LEFT(글자를 추출할 텍스트 혹은 셀,** 추출할 글자수**)**

함수 인수		?	×
LEFT			
Text		↑	= 텍스트
Num_chars		↑	= 숫자

MID 함수는 중간에 위치한 텍스트를 추출합니다. 그래서 LEFT 함수와는 달리 중간이 어느 곳인지는 사용자가 지정해야 되므로 [Start_num] 인수가 하나 더 추가된 구조입니다. 인수 구성은 아래와 같습니다.

=MID([Text], [Num_chars], **[Num_chars])** ➔ **=MID(글자를 추출할 텍스트 혹은 셀,** 추출 시작 위치, **추출할 글자수)**

함수 인수		?	×
MID			
Text		↑	= 텍스트
Start_num		↑	= 숫자
Num_chars		↑	= 숫자

02 일자를 구하는 방식도 월을 구하는 방식과 동일합니다. 이번에는 직접 수식을 입력해보겠습니다. 일은 주민등록번호의 다섯 번째 자리부터 두 글자입니다. **❶** [F3] 셀을 클릭한 후 **❷** =MID(C3,5,2)를 입력합니다. [F3] 셀에 '15'가 추출됩니다.

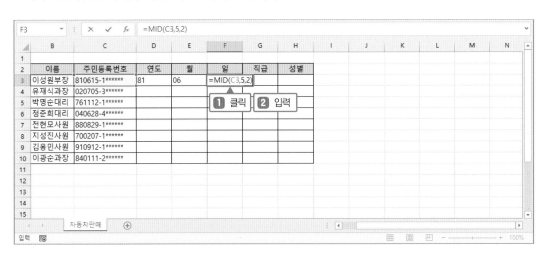

오른쪽부터 텍스트를 추출하는 RIGHT 함수로 직급 추출하기

01 이번에는 RIGHT 함수를 이용해 이름에서 직급을 추출해보겠습니다. RIGHT 함수는 LEFT 함수와 구조는 동일하고 오른쪽부터 추출하는 점만 다릅니다. '이름' 항목을 보면 이름 세 글자와 직급 두 글자로 이루어져 있다는 점에 착안하여 직접 수식을 이용해보겠습니다. **1** [G3] 셀을 클릭하고 **2** **=RIGHT(B3,2)**를 입력합니다. 직급인 '부장'이 추출됩니다.

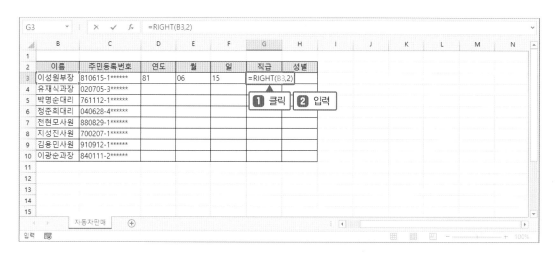

누구나 아는 Tip RIGHT 함수도 LEFT 함수와 동일하게 [Text], [Num_chars] 두 개의 인수가 있습니다. [Text] 인수는 추출할 대상이 되는 텍스트 혹은 셀, [Num_chars] 인수는 추출할 텍스트의 글자수를 지정합니다.

02 **1** [D3:G3] 범위를 드래그해 지정합니다. **2** [G3] 셀의 채우기 핸들 🔳을 더블클릭하면 [G10] 셀까지 입력한 함수식이 채워지고 결과가 나타납니다.

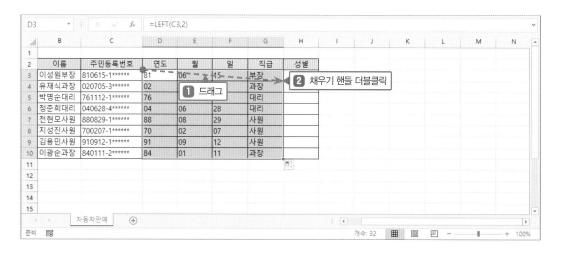

CHOOSE 함수와 MID 함수를 조합하여 주민등록번호로 성별 구하기

주민등록번호 뒤 일곱 자리의 시작 번호가 1, 3이면 남자, 2, 4면 여자입니다. 이러한 점에 착안하여 주민등록번호로 성별을 구하는 방법에 대해 알아보겠습니다. 이때 사용하면 좋은 함수가 CHOOSE 함수입니다. 우선 함수를 입력해본 후 원리에 대해 알아보겠습니다.

01 **①** [H3] 셀을 클릭한 후 **②** =CHOOSE(를 입력합니다. **③** `Ctrl` + `A` 를 누르면 CHOOSE 함수의 [함수 인수] 대화상자가 표시됩니다. [Index_num] 입력란에 주민등록번호에 해당하는 [C3] 셀에서 뒤 일곱 자리에서 첫 번째 숫자만 추출하는 MID 함수의 수식을 입력합니다. **④** **MID(C3, 8, 1)**를 입력합니다. **⑤** [Value1]부터 [Value4]까지 각각 **남**, **여**, **남**, **여**를 번갈아 입력합니다. **⑥** 확인을 클릭합니다.

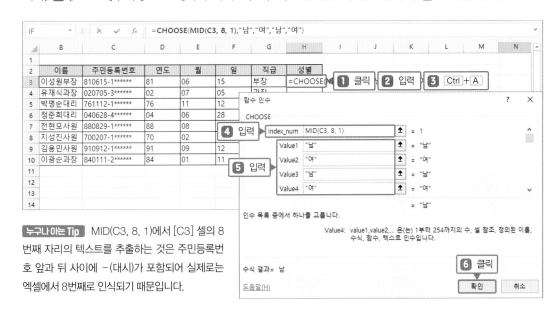

누구나아는 Tip MID(C3, 8, 1)에서 [C3] 셀의 8번째 자리의 텍스트를 추출하는 것은 주민등록번호 앞과 뒤 사이에 −(대시)가 포함되어 실제로는 엑셀에서 8번째로 인식되기 때문입니다.

02 [H3] 셀에 '남'이 표시됩니다. [H3] 셀의 채우기 핸들을 더블클릭하면 [H10] 셀까지 추출한 성별이 표시됩니다.

나만 모르는 엑셀 꿀팁 **숫자대로 데이터를 출력하는 CHOOSE 함수 알아보기**

CHOOSE 함수는 특정 값이나 혹은 데이터를 지정하고 값, 데이터의 숫자를 다른 텍스트로 변환해 출력해주는 함수입니다. CHOOSE 함수는 [Index_num], [Value] 인수로 구성되어 있습니다. CHOOSE 함수의 [함수 인수] 대화상자로 살펴보겠습니다.

1 [Index_num]은 색인 번호로 간단히 말해 [Value] 인수에서 대응하는 값을 찾을 대상이 되는 데이터입니다. 단순히 숫자 데이터가 될 수도 있고, 셀 혹은 함수식이 될 수도 있습니다. **2** [Value] 인수는 출력할 값으로 [Value1~254]까지 입력할 수 있습니다. [Value] 인수는 [Index_num]에 지정된 값만큼 있어야 합니다. [Index_num]에 추출된 데이터가 7이라면 [Value] 인수는 [Value7]까지 있어야 합니다. 인수 구성은 아래와 같습니다.

=CHOOSE([Index_num], [Value1], [Value2], ⋯) ➡ =CHOOSE(숫자 데이터가 있는 셀, 출력값1, 출력값2, ⋯)

예를 들어 [Index_num] 인수에 1이 입력되면 [Value1] 인수에 해당하는 텍스트를 출력하고, 10이 입력되면 [Value10] 인수에 해당하는 텍스트를 출력해줍니다. 따라서 앞선 예제에서 [Value1~4]에 각각 남, 여, 남, 여를 입력하고 1, 3에 해당되면 '남'이, 2, 4에 해당하면 '여'가 출력되는 것입니다.

Lesson

11 셀의 개수를 세는 COUNT 계열 함수

실습 파일 | CHAPTER02\11_COUNT함수.xlsx
완성 파일 | CHAPTER02\11_COUNT함수_완성.xlsx

셀의 개수를 세는 함수를 이용하면 많은 데이터를 빠르게 셀 수 있습니다. COUNT 계열 함수 중 많이 사용하는 함수 COUNT, COUNTA, COUNTBLANK를 이용하여 야유회 참석 인원과 회비를 납입한 인원을 세어보겠습니다.

COUNT 계열 함수 인수 알아보기

01 COUNT 계열 함수는 인수 구조가 간단해 먼저 구조를 확인하고 어떻게 구현되는지 확인하는 것이 훨씬 편리합니다. COUNT, COUNTA 함수는 [Value] 인수로 이루어져 있습니다. **1** COUNT 함수는 숫자 데이터만 있는 셀이나 범위, 혹은 데이터의 개수를 구합니다. **2** COUNTA 함수는 데이터가 있는(모든 데이터) 셀이나 범위, 혹은 데이터의 개수를 구합니다. **3** COUNTBLANK 함수는 [Value](값) 대신 [Range](범위) 인수로만 이루어져 있습니다. 비어 있는 셀의 개수를 세는 함수이므로 값이 아닌 범위 형식이 필요하기 때문입니다.

함수 인수		? ×
COUNT **1**		
Value1		↑ = 숫자
Value2		↑ = 숫자

함수 인수		? ×
COUNTA **2**		
Value1		↑ = 숫자
Value2		↑ = 숫자

함수 인수		? ×
COUNTBLANK **3**		
Range		↑ = 참조

숫자 데이터 셀을 세는 COUNT 함수로 전체 인원 구하기

01 야유회에 참석하는 인원을 COUNT 함수를 사용해 구해보겠습니다. COUNT 함수는 숫자 데이터만 셀 수 있으므로 명단에서 숫자 데이터로 이루어진 'no(연번)' 항목으로 범위를 지정하겠습니다. ❶ [G4] 셀을 클릭하고 ❷ **=COUNT(** 를 입력합니다. ❸ [A4:A16] 범위를 드래그해 지정한 후 ❹ **)** 를 입력하고 Enter 를 누릅니다. 전체 인원인 '13'이 표시됩니다.

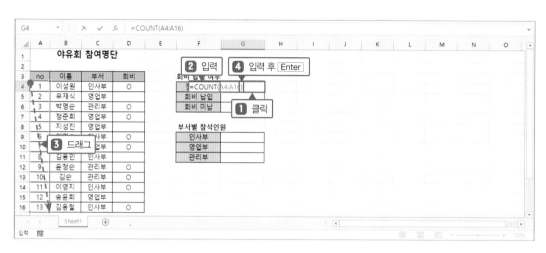

나만 모르는 엑셀 꿀팁   자동 계산 기능으로 개수 구하기

❶ [홈] 탭-[편집] 그룹-[자동 합계 Σ]의 목록 버튼 을 클릭하면 [숫자 개수]가 있습니다. ❷ [숫자 개수]를 클릭해 COUNT 함수를 쉽게 입력할 수 있습니다. [숫자 개수] 기능을 사용해 COUNT 함수를 입력한 후 사용하는 방법은 **01**의 자동 계산 내용과 동일합니다.

데이터가 있는 셀을 모두 세는 COUNTA 함수로 회비 납입한 인원 구하기

01 야유회 참석자 중 COUNTA 함수를 이용해 회비를 납부한 인원만 구해보겠습니다. '회비' 항목을 보면 납부한 인원들은 'O'가 표시되어 있습니다. COUNTA 함수는 데이터가 있는 셀의 개수(비어 있지 않은 셀)를 세는 함수이므로 이런 데이터의 개수를 세기에 편리합니다. **1** [G5] 셀을 클릭하고 **2** =COUNTA(를 입력합니다. **3** [D4:D16] 범위를 드래그해 지정한 후 **4**)를 입력하고 Enter 를 누릅니다. 회비를 납부한 인원 '9'가 표시됩니다.

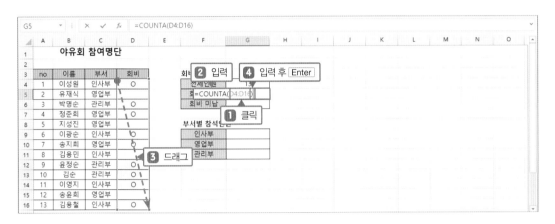

빈 셀을 세는 COUNTBLANK 함수로 회비 미납 인원 구하기

01 빈 셀의 개수를 세는 COUNTBLANK 함수를 이용해 미납 인원을 구해보겠습니다. **1** [G6] 셀을 클릭하고 **2** =COUNTBLANK(를 입력합니다. **3** [D4:D16] 범위를 드래그한 후 **4**)를 입력하고 Enter 를 누릅니다. 회비 미납 인원인 '4'가 표시됩니다.

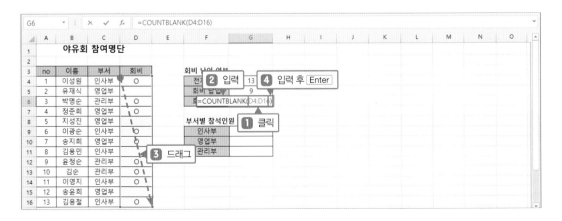

Lesson

12 조건에 따라 원하는 셀만 세는 COUNTIF 함수

실습 파일 | CHAPTER02 \ 12_COUNTIF함수.xlsx
완성 파일 | CHAPTER02 \ 12_COUNTIF함수_완성.xlsx

COUNT 계열 함수는 셀의 데이터 유무에 따른 조건만 해당되면 범위에서 해당하는 셀의 개수를 구하는 함수입니다. 특정 조건에 따라 셀의 개수를 세려면 COUNTIF 함수를 사용합니다. 조건을 지정하면 조건에 맞는 셀의 개수만 셀 수 있으므로 범용성이 뛰어난 함수입니다.

조건에 맞는 셀 개수만 세는 COUNTIF 함수 구조 알아보기

COUNTIF 함수는 [Range], [Criteria] 인수로 이루어져 있습니다. [Range] 인수는 다른 COUNT 계열 함수와 마찬가지로 셀의 개수를 구할 범위, [Criteria] 인수는 개수를 구할 조건입니다. COUNTIF 함수의 [함수 인수] 대화상자로 인수 구조를 살펴보겠습니다.

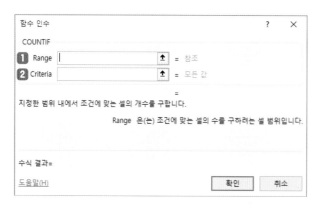

누구나아는 Tip [함수 인수] 대화상자에서는 텍스트 형식을 입력하면 자동으로 따옴표가 붙지만 수식을 직접 입력할 때 텍스트 형식은 항상 ""(큰따옴표)를 같이 입력해야 합니다.

1 [Range] : 조건에 맞는 셀의 개수를 구할 범위입니다.
2 [Criteria] : 셀의 개수를 구할 조건입니다. 텍스트 형식으로 입력할 수도 있고 수식의 형태로 입력할 수도 있습니다. 예제에서는 우선 텍스트 형식의 조건을 이용해 실습을 진행하겠습니다.

조건에 따라 셀을 세는 COUNTIF 함수로 부서별 참석 인원 구하기

예제에서는 [C4:C16] 범위에 있는 명단의 부서 항목을 이용해 각 부서별 야유회 참석 인원을 구할 예정입니다. 인사부 참석 인원을 먼저 구한 후 나머지 영업부와 관리부는 채우기 핸들🔳을 이용해 구할 예정이므로 인원을 구할 [C4:C16] 범위는 절대 참조 형식으로 입력하겠습니다.

01 🔳 [G9] 셀을 클릭합니다. 🔳 =COUNTIF(를 입력한 후 🔳 Ctrl + A 를 누릅니다. [함수 인수] 대화상자가 나타나면 🔳 [Range] 입력란을 클릭한 후 🔳 [C4:C16] 범위를 드래그해 지정합니다. 🔳 F4 를 누르면 $C$4:$C$16으로 바뀝니다. 🔳 [Criteria] 입력란을 클릭한 후 🔳 [F9] 셀을 클릭합니다. 🔳 [확인]을 클릭합니다. 인사부 인원에 해당되는 '5'가 표시됩니다.

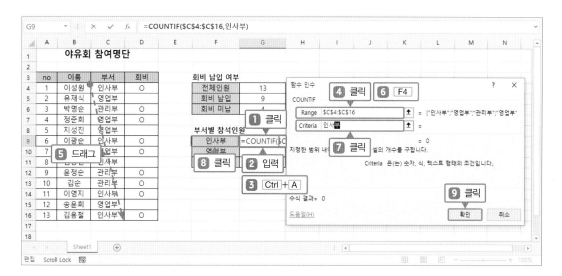

02 [G9] 셀의 채우기 핸들🔳을 더블클릭하면 영업부와 관리부의 참석 인원까지 구할 수 있습니다.

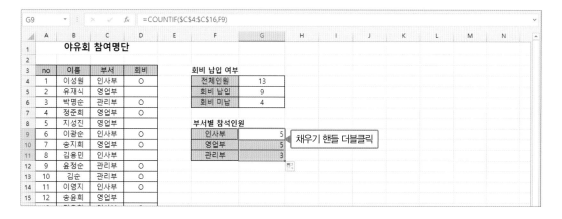

Lesson

13 조건에 따라 원하는 값만 더하는 SUMIF 함수

실습 파일 | CHAPTER02＼13_SUMIF함수.xlsx
완성 파일 | CHAPTER02＼13_SUMIF함수_완성.xlsx

SUM 함수는 합계를 구하고, IF 함수는 조건에 따라 참, 거짓을 구분합니다. SUMIF 함수는 이 두 함수의 기능을 더해 어떤 범위의 값이 참이면 같은 행에 위치한 더할 범위의 데이터의 합계를 구하는 함수입니다. SUMIF 함수의 구조를 먼저 알아보고 실습을 통해 확인해보겠습니다.

조건에 따라 원하는 값만 더하는 SUMIF 함수 구조 알아보기

01 SUMIF 함수의 **1** [Range] 인수는 조건을 판단할 범위, **2** [Criteria] 인수는 조건, **3** [Sum_range] 인수는 [Range] 인수의 조건이 참에 해당할 경우 합계를 구할 범위입니다. 예제에서는 [J4] 셀에 분류가 티셔츠인 제품의 수량을 모두 더할 예정입니다. **4** [I4] 셀은 조건으로 **5** [D4:D35] 범위에서 참, 거짓을 판단해 만약 범위에 참인 데이터가 있다면 **6** [F4:F35] 범위 중 같은 행에 있는 수량의 데이터를 모두 더합니다.

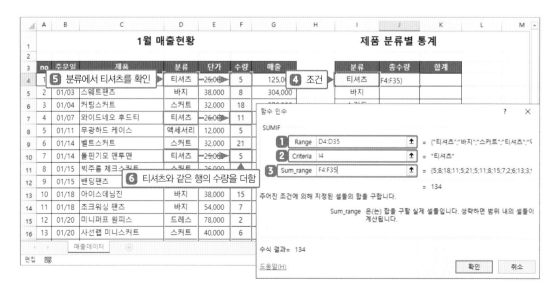

표 범위를 이름 정의하여 활용하기

예제에서는 티셔츠, 바지, 스커트 등 분류에 따라 총수량과 매출 합계를 각각 구해야 합니다. 편하게 채우기 핸들을 사용하려면 분류, 수량, 매출 등의 항목 범위는 변하면 안 되므로 절대 참조 형식을 사용합니다. 이때 범위를 이름으로 정의하면 훨씬 편하게 작업할 수 있습니다.

01 **1** [A3] 셀을 클릭한 후 **2** Ctrl + A 를 누릅니다. [A3:G35] 범위가 지정됩니다. **3** [수식] 탭-[정의된 이름] 그룹-[선택 영역에서 만들기]를 클릭합니다. [선택 영역에서 이름 만들기] 대화상자가 나타나면 **4** [첫 행]에만 체크되었는지 확인한 후 **5** [확인]을 클릭합니다.

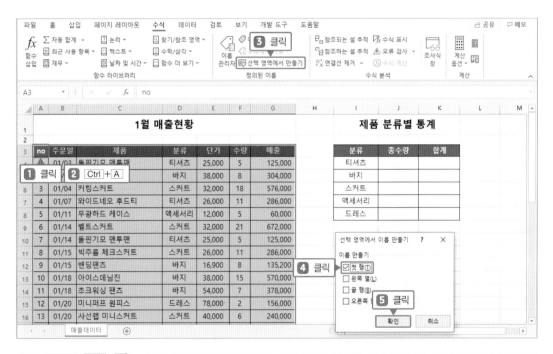

누구나아는Tip Ctrl + A 는 지정된 셀이 포함된 표로 인식되는 범위 전체를 선택하는 단축키입니다. 선택 영역에서 이름을 정의하는 기능과 같이 사용하면 편리합니다.

02 [이름 상자]의 목록 버튼을 클릭하면 정의된 범위 목록이 표시됩니다.

SUMIF 함수로 분류별 총수량 구하기

01 **1** [J4] 셀을 클릭합니다. **2** =SUMIF(를 입력한 후 Ctrl + A 를 누릅니다. [함수 인수] 대화상자가 표시됩니다. 예제에서는 분류 항목이 티셔츠인 [I4] 셀에 해당하는 수량 항목의 데이터를 모두 더해야 합니다. **3** [Range] 입력란에 **분류**를 입력합니다. **4** [Criteria] 입력란을 클릭한 후 **5** [I4] 셀을 클릭합니다. **6** [Sum_range] 입력란을 클릭한 후 **수량**을 입력합니다. **7** [확인]을 클릭합니다.

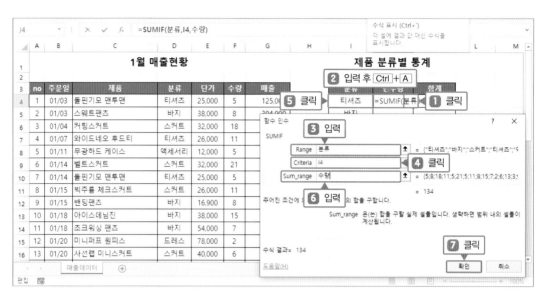

누구나아는Tip **분류**와 **수량**은 앞 단계에서 이름으로 정의한 범위입니다. 정의된 범위는 절대 참조 형식의 범위 대신 사용할 수 있으며, 각 인수에 직접 이름으로 입력해도 됩니다.

02 [J4] 셀에 티셔츠에 해당하는 제품의 총수량이 표시됩니다. [J4] 셀의 채우기 핸들 ▪을 더블클릭합니다. 제품 분류별 수량 합계가 [J8] 셀까지 표시됩니다.

SUMIF 함수로 분류별 매출 합계 구하기

01 **1** [K4] 셀을 클릭합니다. **2** =SUMIF(를 입력한 후 Ctrl + A를 누릅니다. [함수 인수] 대화상자
가 표시됩니다. 예제에서 분류가 티셔츠인 [I4] 셀에 해당하는 수량 항목의 데이터를 모두 더해야 합
니다. **3** [Range] 입력란에 **분류**를 입력합니다. **4** [Criteria] 입력란을 클릭한 후 **5** [I4] 셀을 클릭합
니다. **6** [Sum_range] 입력란을 클릭한 후 **매출**을 입력합니다. **7** [확인]을 클릭합니다.

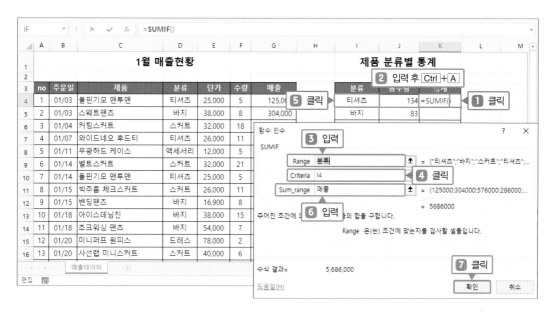

02 [K4] 셀에 '티셔츠' 분류의 매출 합계가 표시됩니다. [K4] 셀의 채우기 핸들을 더블클릭합니다.
제품 분류별 수량 합계가 [K8] 셀까지 입력됩니다.

누구나아는Tip SUMIF 함수도 COUNTIF 함수와 마찬가지로 [Criteria] 인수에 조건식을 동일한 방법으로 사용할 수 있습니다.

14 VLOOKUP 함수로 표에서 원하는 데이터 찾기

실습 파일 | CHAPTER02 \ 14_VLOOKUP함수.xlsx
완성 파일 | CHAPTER02 \ 14_VLOOKUP함수_완성.xlsx

VLOOKUP의 V는 VERTICAL의 약자로 세로(열), LOOKUP은 찾는다는 뜻입니다. VLOOKUP은 원하는 정보를 세로 열로 구성된 데이터에서 찾는 함수입니다. 엑셀 데이터는 주로 열 항목 데이터로 구성됩니다. 따라서 VLOOKUP 함수를 자유자재로 사용할 줄 안다면 원하는 데이터를 쉽고 빠르게 찾을 수 있습니다.

VLOOKUP 함수를 활용해 제품코드로 제품명 찾기

01 VLOOKUP 함수를 사용해 [B3] 셀에 입력된 제품코드로 제품명을 추출하려면 [I2:K7] 범위의 표에서 제품코드와 일치하는 두 번째 행의 제품명 값을 추출하면 됩니다. 우선 [B3] 셀을 참조할 값, [I2:K7] 범위는 표라고 부르겠습니다. [C3] 셀을 클릭합니다.

	A	B	C	D	E	F	G	H	I	J	K
1											
2	지점	제품코드	제품명	수량	단가	금액	할인율		제품코드	제품명	단가
3	강남	ma_015		3					nn_001	이어포트	38,000
4	강북	ct_019		5					ct_019	스마트 키보드	199,000
5	송파			1					ag_058	스포츠 밴드	65,000
6	강동	ct_019		2					ma_015	스마트 커버	65,000
7	강남	qe_005		9					qe_005	라이트닝 독	59,000
8	관악	ag_058		3							
9	서초	ma_015		4					할인점		할인율
10										0	2%
11										100,000	3%
12										200,000	5%
13											

참조할 값 / 클릭 / 표

02 [C3] 셀에 **1** =VLOOKUP(를 입력하고 **2** Ctrl + A 를 누르면 VLOOKUP 함수의 [함수 인수] 대화상자가 표시됩니다.

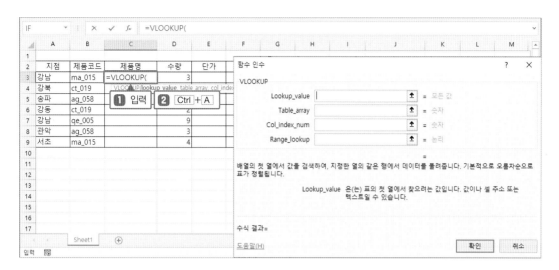

03 우선 **1** [Lookup_value] 입력란을 클릭하고 **2** [B3] 셀을 클릭합니다. **3** [Table_array] 입력란을 클릭하고 **4** [I2:K7] 범위를 드래그해 지정한 후 F4 를 눌러 절대 참조 형식으로 바꿉니다. **5** [Col_Index_num] 입력란에는 두 번째 열에 해당하는 **2**를 입력하고 **6** [Range_lookup] 입력란에는 **0**을 입력한 후 **7** [확인]을 클릭합니다.

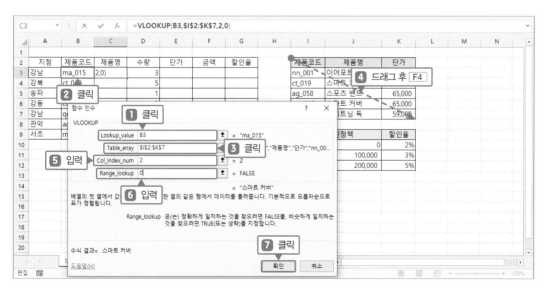

> **누구나 아는 Tip** [Table_array] 인수로 절대 참조 형식의 범위를 입력한 것은 나머지 제품코드에 해당하는 제품명을 입력할 때 채우기 핸들⊞을 이용하기 때문입니다. 표 범위인 [I2:K7] 범위는 채우기 핸들을 이용해도 범위가 변경되면 안 됩니다.

> **누구나 아는 Tip** [Range_lookup] 인수는 정확하게 일치하는 값을 찾을 때 **0**을 입력합니다. 텍스트 형식의 데이터로 원하는 값을 찾을 때는 대부분 **0**을 입력한다고 이해하면 편리합니다.

04 ma_015 제품 코드에 해당하는 제품명 '스마트 커버'가 [C3] 셀에 표시됩니다. [C3] 셀의 채우기 핸들 ■을 더블클릭하면 나머지 셀에도 제품명이 자동으로 표시됩니다.

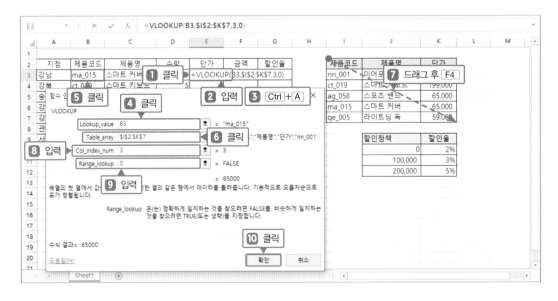

VLOOKUP 함수를 활용해 제품코드로 단가 찾기

01 ❶ [E3] 셀을 클릭한 후 ❷ **=VLOOKUP(**를 입력합니다. ❸ `Ctrl`+`A`를 누릅니다. [함수 인수] 대화상자가 나타나면 ❹ [Lookup_value] 입력란을 클릭하고 참조할 제품 코드인 ❺ [B3] 셀을 클릭합니다. ❻ [Table_array] 입력란을 클릭하고 ❼ 참조할 [I2:K7] 범위를 드래그해 지정한 후 `F4`를 눌러 절대 참조 형식으로 바꿉니다. ❽ [Col_index_num] 입력란에 단가는 세 번째 열에 있으므로 **3**을 입력합니다. ❾ [Range_lookup] 입력란에는 정확히 일치하는 값을 찾을 것이므로 **0**을 입력합니다. ❿ [확인]을 클릭합니다.

02 [E3] 셀에 스마트 커버의 단가에 해당하는 '65000'이 표시됩니다. [E3] 셀의 채우기 핸들 █을 더블클릭해 나머지 제품의 단가도 채웁니다.

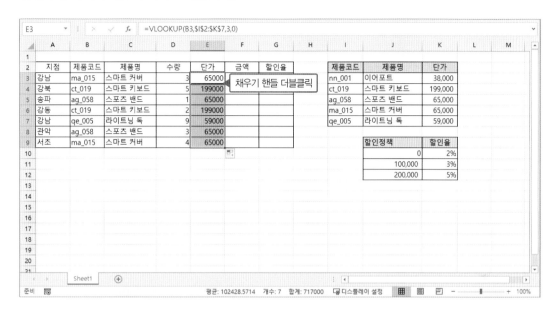

VLOOKUP 함수를 활용해 근삿값으로 할인율 구하기

01 금액은 **=수량×단가**의 공식으로 계산합니다. **1** [F3] 셀을 클릭합니다. **2** =D3*E3을 입력합니다. 수량과 단가를 곱한 '195000'이 표시됩니다.

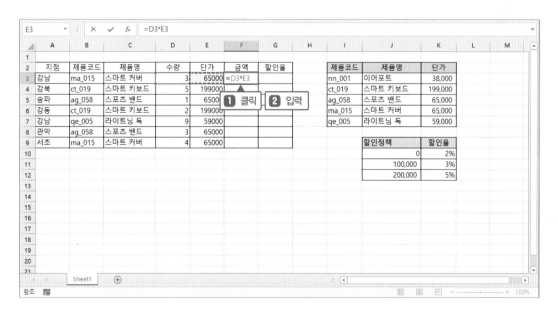

02 ① [F3] 셀의 채우기 핸들⊞을 더블클릭해 나머지 제품의 단가도 채웁니다. [Table_array] 인수는 이름으로 정의한 범위도 사용할 수 있습니다. ② [J9:K12] 범위를 드래그해 지정한 후 ③ [이름 상자]에 **할인율**을 입력하고 ④ Enter 를 누릅니다.

03 ① [G3] 셀을 클릭합니다. ② **=VLOOKUP(** 를 입력하고 ③ Ctrl + A 를 누릅니다. VLOOKUP 인수의 [함수 인수] 대화상자가 표시됩니다. ④ [Lookup_value] 입력란을 클릭하고 참조에 사용할 ⑤ [F3] 셀을 클릭합니다. ⑥ [Table_array] 입력란에 참조할 범위인 **할인율**을 입력합니다. ⑦ [Col_index_num] 입력란에 할인율 범위에서 찾을 두 번째 열인 **2**를 입력합니다. ⑧ [Range_lookup] 입력란은 생략합니다. ⑨ [확인]을 클릭합니다. [G3] 셀에 할인율 '0.03'이 표시됩니다.

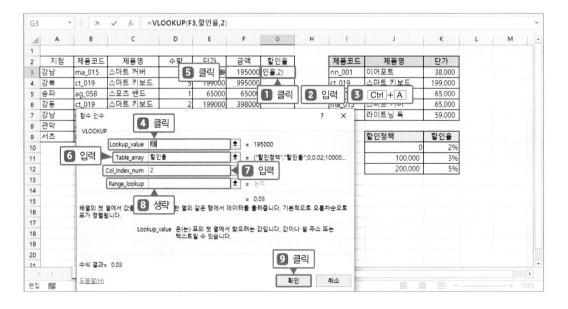

04 ❶ [G3] 셀의 채우기 핸들 ▪️ 을 더블클릭해 나머지 할인율도 채웁니다. ❷ [G3:G9] 범위가 지정된 상태에서 [홈] 탭-[표시 형식] 그룹-[백분율 스타일 %]을 클릭해 소수점을 % 단위로 변경합니다.

> **누구나아는 Tip** 할인율을 구하려면 [J9:K12] 범위에 있는 할인율 표(할인율로 이름 정의된)를 이용해 근삿값으로 찾아야 합니다. 이때 [Range_lookup] 인수를 **TRUE**나 **1**로 입력하거나 생략하면 근삿값으로 찾을 수 있습니다. 단, 근삿값은 195000일 경우 2000000이 아닌 100000을 근삿값으로 판단하고, 65000일 경우 0을 근삿값으로 판단합니다. 이렇게 범위 내의 숫자 데이터를 구해야 할 때 근삿값으로 계산합니다.

VLOOKUP 함수는 [Lookup_value], [Table_array], [Col_index_num], [Range_lookup] 인수로 이루어져 있습니다. 각각의 인수와 기능에 대해 알아보겠습니다.

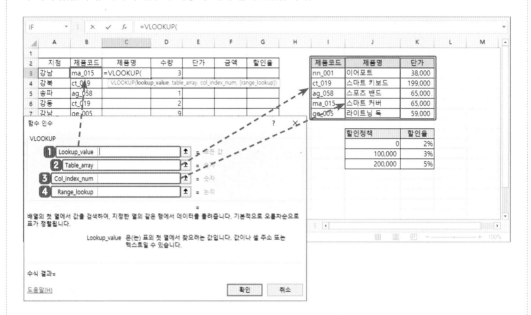

❶ **[Lookup_value]** : [Table_array] 인수의 지정된 범위에서 데이터를 찾기 위해 참조할 값입니다.

❷ **[Table_array]** : 찾을 값과 참조할 데이터가 입력된 표 범위입니다. [Table_array] 인수에 사용할 표를 작성할 때 주의할 점은 첫 번째 열에 [Lookup_value] 인수로 참조할 값이 입력되어야 하고, 찾을 값은 같은 행에 입력되어야 합니다.

❸ **[Col_index_num]** : [Lookup_value] 인수에 사용된 값으로 찾을 데이터가 입력된 열의 위치입니다. 첫 번째 열은 **1**, 두 번째 열은 **2** 식으로 입력합니다. 위 그림에서는 제품명을 찾을 것이므로 두 번째 열인 **2**를 입력해야 합니다.

❹ **[Range_lookup]** : 참조할 값으로 근삿값을 찾을지, 정확히 일치하는 값을 찾을지 결정하는 옵션입니다. 첫 번째 열 값과 동일한 값을 찾으려면 **FALSE** 또는 **0**, 근삿값이면 **TRUE** 또는 **1**을 입력하거나 생략합니다. 단 근삿값을 사용하려면 [Table_array]의 표 데이터는 오름차순으로 정렬되어야 합니다. 오름차순으로 정렬하는 방법은 Chapter 03의 Lesson 02에서 알아보겠습니다.

위 인수 설명을 통해 알아보면 [Lookup_value]에는 제품코드에 해당하는 [B3] 셀을, [Table_array]는 참조할 표인 [I2:K7] 범위를 입력해야 합니다. [Table_array]에 입력된 [I2:K7] 범위 중 제품명 항목을 찾으려면 [Col_index_num]에는 두 번째 열인 **2**를 입력합니다. 마지막으로 [Range_lookup]은 제품코드와 일치하는 정확한 값이 필요하므로 **0**을 입력하면 됩니다.

❶ #NULL! : 셀 주소나 범위 주소를 설정할 때 범위를 잘못 설정한 경우입니다. 보통 직접 입력할 때 ,(쉼표), :(콜론) 등을 잘못 입력할 경우 주로 발생합니다.

❷ #NUM! : 숫자 데이터가 엑셀에서 다룰 수 없이 지나치게 크거나 작은 숫자(소수점)가 결과로 나타나면 발생합니다.

❸ #DIV/0! : 수식에 나누기 계산식이 있을 때 나누는 수가 0이면 발생하는 에러입니다. 수식을 확인한 후 0으로 나누는 수가 있는지 확인한 후 수정합니다.

❹ ###### : 셀에 계산된 숫자 데이터가 셀 너비보다 넓을 경우 발생합니다. 이때 간단히 에러가 발생한 열과 다음 열 사이의 열 머리글 경계선을 더블클릭하면 해결할 수 있습니다.

❺ #VALUE! : 수식에서 텍스트 데이터를 숫자 데이터와 같이 계산하거나 잘못된 연산기호를 사용하는 경우 발생합니다.

❻ #NAME? : 잘못된 함수명을 사용한 경우 발생합니다. 이름으로 정의한 범위가 인식되지 않거나 없을 경우에도 발생합니다. 함수명을 수정하거나 이름 정의한 범위의 이름이 맞는지 확인합니다.

❼ #N/A? : 수식에서 참조하는 값을 찾을 때 해당하는 값을 찾을 수 없다면 발생합니다. 주로 VLOOKUP 함수에서 발생하며 찾을 열, 행을 잘못 지정하거나, 참조한 데이터가 없는 경우 발생합니다.

❽ #REF! : 참조하던 셀이 삭제되거나 다른 엑셀 문서, 시트에 있던 데이터를 복사한 후 붙여 넣을 때 원본을 확인할 수 없다면 발생합니다. 수식에 입력된 셀 주소를 찾을 수 없기 때문에 수식에도 기존에 입력한 주소 대신 #REF!가 표시됩니다. 셀 주소를 다시 입력하면 해결됩니다.

Chapter —————————

03

엑셀 응용 기능으로
편하고 빠르게 업무하기

Lesson

01 데이터 입력할 때 유의 사항 알아보기

실습 파일 | 없음
완성 파일 | 없음

엑셀을 이용하면 방대한 데이터를 간략하게 요약하고 내가 원하는 정보를 빠르게 찾을 수 있습니다. 하지만 이런 편리하고 다양한 기능을 사용하려면 엑셀이 인식할 수 있는 형태로 데이터를 입력해야 합니다. 어려운 내용이 아니므로 편하게 읽으면서 데이터 입력에 관한 유의 사항을 알아보겠습니다.

데이터 입력 시 유의 사항 다섯 가지 알아보기

01 첫 번째로 머리글입니다. 데이터를 입력할 때 표 범위의 첫 행에는 '주문일, 제품, 분류, 지점' 등 해당 열의 데이터가 어떠한 종류인지 표시합니다. 엑셀의 표에서는 이것을 **머리글**이라고 합니다. 그 밑으로는 같은 행에 동일한 종류의 데이터가 입력되어야 합니다. 또 머리글은 가급적 셀 병합 기능을 사용하지 않고 각각 한 개의 셀로 구성합니다. 또 제목 행과는 가급적 한 행을 띄웁니다.

누구나 아는 **Tip** 표의 머리글을 엑셀에서는 속성, 필드 등 다양하게 부릅니다. 예를 들어 피벗 테이블이라면 머리글을 필드라고 부릅니다.

누구나 아는 **Tip** Ctrl + A 를 눌러 선택되는 범위로 엑셀에서 표로 인식되는 범위를 확인할 수 있습니다. 임의의 셀에서 Ctrl + A 를 한 번 누르면 선택되는 범위가 엑셀에서 하나의 표로 인식되는 범위입니다.

02 두 번째로 날짜 데이터를 입력할 때는 연, 월, 일을 각각의 셀로 나누지 않고 한 셀에 입력해야 엑셀이 날짜로 인식할 수 있습니다. 따라서 연, 월, 일을 분리하면 엑셀이 완전한 날짜 데이터로 인식하지 못합니다.

누구나아는 **Tip** 날짜는 날짜 표시 형식을 이용해 원하는 형태로 바꿔 표시할 수 있습니다. 날짜 데이터가 입력된 셀 혹은 범위가 지정된 상태에서 Ctrl + 1 을 누릅니다. [셀 서식] 대화상자가 나타나면 [표시 형식] 탭 - [범주] - [날짜]를 클릭합니다. [날짜] 범주에는 다양한 날짜 형식이 준비되어 있습니다. 원하는 형식을 선택하여 쉽게 적용할 수 있습니다.

03 세 번째로 동일한 종류의 데이터가 열 방향으로 연속되어도 셀을 병합해 관리하지 않습니다. 엑셀은 데이터를 인식할 때 병합된 셀이 있다면 일부 기능에서 이를 제대로 인식하지 못합니다. 병합된 셀은 병합을 풀고 각 셀의 데이터를 별도로 입력합니다.

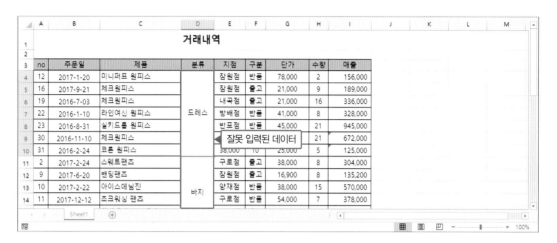

누구나아는Tip 표의 셀 병합을 풀고 데이터를 일괄 입력하려면 병합된 셀을 클릭한 후 [홈] 탭 – [맞춤] 그룹 – [병합하고 가운데 맞춤]을 클릭합니다. 병합 해제된 범위가 지정된 상태에서 [수식 입력줄]을 클릭하고 Ctrl + Enter 를 누르면 병합 해제된 셀에 동일한 데이터가 한번에 입력됩니다.

04 네 번째로 숫자 데이터에 단위 등 문자를 직접 입력하면 안 됩니다. 숫자 뒤에 단위를 직접 입력하면 엑셀은 숫자 데이터가 아닌 일반 텍스트 데이터로 인식합니다. 이렇게 입력된 데이터는 엑셀 수식 등 계산에 사용할 수 없습니다.

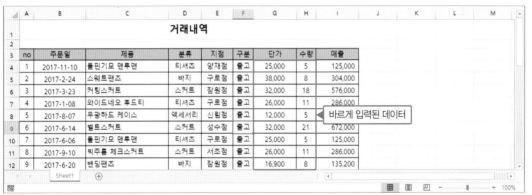

누구나 아는 Tip 셀에 입력된 단위를 한번에 삭제하려면 [찾기 및 바꾸기] 기능을 사용합니다. 해당 기능은 Lesson 03에서 알아보겠습니다.

누구나 아는 Tip 매출 데이터의 금액 끝에 원과 같은 단위를 입력하려면 [셀 서식]에서 설정합니다. [사용자 지정]의 [형식]에 **#,##0원**을 입력하거나 **###0개**를 입력하면 100,000원, 8개와 같은 방식으로 표시 형식을 지정할 수 있습니다.

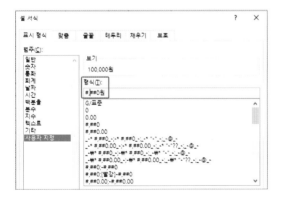

05 다섯 번째로 한 셀에는 한 항목만 관리합니다. 엑셀에서 이름과 직책은 각 열로 분리해서 입력해야 데이터를 관리하기 편합니다. 이렇게 분리된 데이터는 직책만 별도로 분류해 확인할 수 있습니다.

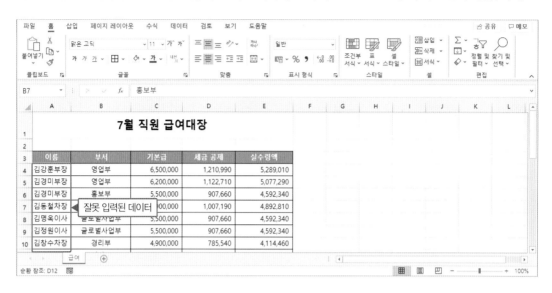

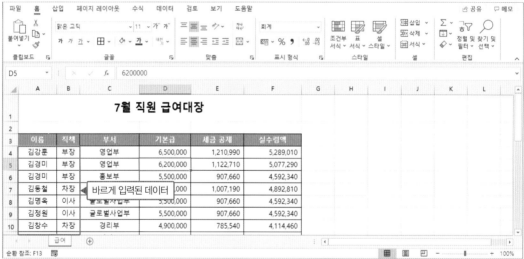

누구나아는 Tip 한 셀에 두 가지 이상의 항목이 입력되었을 때 이를 일괄로 분리하는 작업을 진행하려면 [텍스트 나누기] 기능을 사용합니다. 해당 기능은 Lesson 03에서 알아보겠습니다.

엑셀에서는 하나의 표 범위로 이루어진 데이터의 집합을 테이블이라고 부릅니다. 데이터 테이블의 구조를 지금 꼭 외워야 할 필요는 없습니다. 엑셀을 데이터 분석 혹은 관리 도구로 사용하기 위해 더 공부할 때 유용한 용어입니다. 엑셀로 작업하다 보면 테이블과 필드, 레코드라는 용어를 접할 일이 있을 것입니다. 그때를 위해 읽어두면 좋습니다.

1 **테이블**은 행과 열로 이루어진 표 범위를 의미합니다. 뒤에 설명할 필드와 레코드가 만나 하나의 테이블을 이룹니다. **2** **필드**는 이름, 직책, 부서 등 특정한 데이터끼리 묶인 분류를 의미합니다. 오른쪽 그림에서 한 열의 묶음입니다. **3** **레코드**는 개별 필드로 구성된 데이터 묶음입니다. 오른쪽 그림에서

이름	직책	부서	기본급	세금 공제	실수령액
김강훈	부장	영업부	6,500,000	1,210,990	5,289,010
김경미	부장	영업부	6,200,000	1,122,710	5,077,290
김경미	부장	홍보부	5,500,000	907,660	4,592,340
김동철	차장	홍보부	5,900,000	1,007,190	4,892,810
김명욱	이사	글로벌사업부	5,500,000	907,660	4,592,340
김정원	이사	글로벌사업부	5,500,000	907,660	4,592,340
김창수	차장	경리부	4,900,000	785,540	4,114,460

7월 직원 급여대장

한 행의 묶음을 보면 '김강훈'이라는 이름을 가진 레코드의 경우 직책은 '부장', 부서는 '영업부', 기본급은 '6,5000,000' 등의 데이터로 이루어져 있습니다.

예를 들어 '김동철'이라는 '이름' 필드의 값을 가진 '레코드'에 '부서' 필드는 '홍보부'라는 식으로 구분하는 것입니다. 따라서 필드는 하나의 행, 레코드는 하나의 열로 구성되어야 하고 레코드에 포함된 각 필드 값은 하나의 값만 가지게 됩니다. 또한 위 그림에서 부장급의 평균 기본급을 구하려고 한다면 숫자로 입력된 데이터 필드에는 숫자 데이터만 입력해야 합니다.

Lesson

02 오름차순, 내림차순 으로 데이터 정렬하기

실습 파일 | CHAPTER03 \ 02_오름차순.xlsx
완성 파일 | CHAPTER03 \ 02_오름차순_완성.xlsx

엑셀로 데이터를 정리할 때 금액이 높거나 낮은 순서로 정렬하고, 연명부에서 가나다 순서로 이름을 정렬해야 하는 경우가 있습니다. 이때 엑셀의 오름차순, 내림차순 기능을 활용합니다. 이 기능을 사용하면 데이터에 따라 숫자가 크거나 작은 순서 혹은 가나다, ABC 순서로 쉽게 정렬할 수 있습니다.

회사를 오래 다닌 순으로 정렬

01 예제 파일을 열면 직원 명부에 입사일, 이름, 직급, 부서, 주민번호, 근속년수, 연봉 등 다양한 종류의 데이터가 입력되어 있습니다. 특정한 기준 없이 입력된 데이터이므로 회사를 오래 다닌 순서로 정렬해보겠습니다. 입사일을 기준으로 입사일이 빠르면 회사를 오래 다닌 것입니다. **1** [A3] 셀을 클릭하고 **2** [홈] 탭-[편집] 그룹-[정렬 및 필터]-[날짜/시간 오름차순 정렬]을 클릭합니다.

누구나아는 Tip 데이터 형식에 따라 [날짜/시간 오름차순 정렬]이 [텍스트 오름차순 정렬], [숫자 오름차순 정렬] 등으로 바뀝니다.
누구나아는 Tip [홈] 탭-[편집] 그룹-[정렬 및 필터] 메뉴 대신 [데이터] 탭-[정렬 및 필터] 그룹에서 [오름차순 정렬], [내림차순 정렬]을 클릭해도 됩니다.

02 입사일 기준으로 빠른 날짜 순서(오래 다닌 순서)로 데이터가 정렬된 것을 확인할 수 있습니다. 하나의 셀을 클릭하고 오름차순, 내림차순 정렬을 실행하면 나머지 데이터도 자동으로 같이 정렬됩니다.

누구나아는 Tip 오름차순은 숫자의 경우 낮은 값부터 높은 값으로, 날짜와 시간은 앞서는 순서로, 한글은 ㄱ~ㅎ 순서로, 알파벳은 A~Z 순서로 정렬합니다. 내림차순은 그 반대입니다.

03 **1** [A3] 셀을 클릭하고 **2** [홈] 탭-[편집] 그룹-[정렬 및 필터]-[날짜/시간 내림차순 정렬]을 클릭합니다. 이번에는 입사일이 늦은 순서로 정렬됩니다.

누구나아는 Tip 오름차순, 내림차순 기능을 자주 사용한다면 빠른 실행 도구 모음에 추가하여 사용하는 것도 좋습니다.

동일 직급이면 연봉이 높은 순서로 정렬

01 사용자가 직접 정렬 기준을 정해 정렬할 수도 있습니다. 가나다 순서가 아니라 사용자가 원하는 기준은 물론 두 가지 이상의 기준으로 데이터를 정렬할 수도 있습니다. 직급은 사원, 대리, 과장, 차장, 부장 순서로, 연봉은 높은 순서로 정렬해보겠습니다. **①** 표 데이터에서 임의의 셀을 클릭(예제에서는 [A3] 셀)하고 **②** [홈] 탭-[편집] 그룹-[정렬 및 필터]-[사용자 지정 정렬]을 클릭합니다.

누구나이는Tip [홈] 탭-[편집] 그룹-[정렬 및 필터] 메뉴 대신 [데이터] 탭-[정렬 및 필터] 그룹-[정렬]을 클릭해도 됩니다.

02 [정렬] 대화상자가 나타납니다. [정렬 기준]에 앞서 지정한 [입사일] 기준이 있습니다. **①** [기준 삭제]를 클릭해 이미 추가한 정렬 기준을 삭제합니다. **②** [기준 추가]를 클릭하고 **③** [정렬 기준]은 [직급]을 선택한 후 **④** [정렬]은 [사용자 지정 목록]을 클릭합니다.

03 [사용자 지정 목록] 대화상자가 나타납니다. **❶** [사용자 지정 목록]에서 [새 목록]을 클릭하고 **❷** [목록 항목]에 **사원, 대리, 과장, 차장, 부장**을 입력한 후 **❸** [추가]를 클릭합니다. **❹** [사용자 지정 목록]에 해당 기준이 추가됩니다. **❺** [확인]을 클릭합니다.

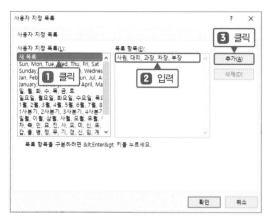 

누구나아는 Tip 목록 항목에 새 지정 목록을 추가하려면 콤마(,)로 구분하거나 Enter 를 눌러 줄 바꿈해 구분합니다.

누구나아는 Tip 추가된 사용자 지정 목록을 삭제하려면 해당 목록이 선택된 상태에서 [삭제]를 클릭합니다.

04 **❶** [정렬] 대화상자에서 [기준 추가]를 클릭합니다. **❷** [다음 기준]이 추가되면 [연봉]을 선택하고 **❸** [정렬]은 [내림차순]을 선택합니다. **❹** [확인]을 클릭합니다. 직급은 사원~부장 순서로, 연봉은 높은 순서로 정렬된 것을 확인할 수 있습니다.

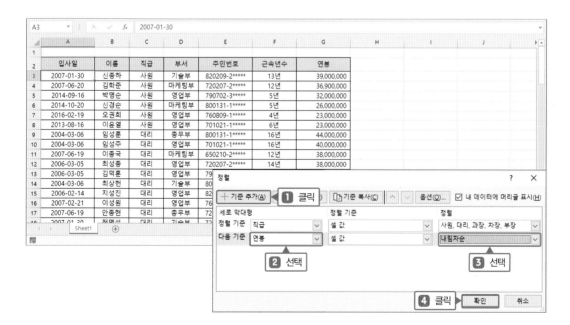

Lesson

03 자주 사용하는 엑셀 기능 네 가지

실습 파일 | CHAPTER03 \ 03_엑셀기능.xlsx
완성 파일 | CHAPTER03 \ 03_엑셀기능_완성.xlsx

엑셀은 편리하게 데이터를 수정하고 가공하기 위한 다양한 기능을 지원합니다. 가장 자주 사용하는 바꾸기, 중복 항목 제거, 빈 셀만 선택하기, 텍스트 나누기 등 네 가지 기능으로 엑셀을 더욱 편리하게 사용할 수 있습니다.

특정 텍스트를 한번에 바꾸는 찾기 및 바꾸기

01 엑셀은 특정 숫자 또는 텍스트를 찾아 한번에 원하는 텍스트로 변경할 수 있습니다. 분류 항목에 있는 **바지** 텍스트를 찾아 **팬츠**로 변경해보겠습니다. 예제 파일의 [매출] 시트에서 작업합니다. [홈]탭-[편집] 그룹-[찾기 및 선택 🔍]-[바꾸기]를 클릭합니다.

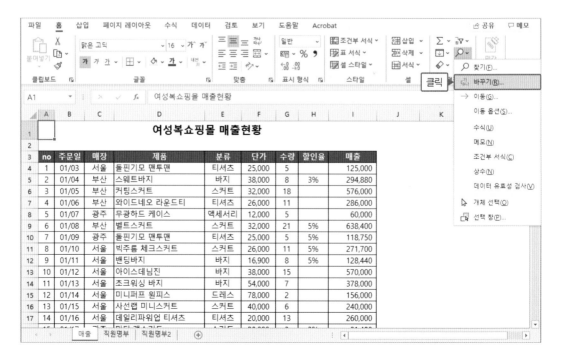

02 [찾기 및 바꾸기] 대화상자가 나타납니다. **1** [찾을 내용]에 **바지**를 입력하고 **2** [바꿀 내용]에 **팬츠**를 입력합니다. **3** [모두 바꾸기]를 클릭합니다. **4** E열의 바지로 되어 있던 분류 항목이 모두 팬츠로 변경됩니다.

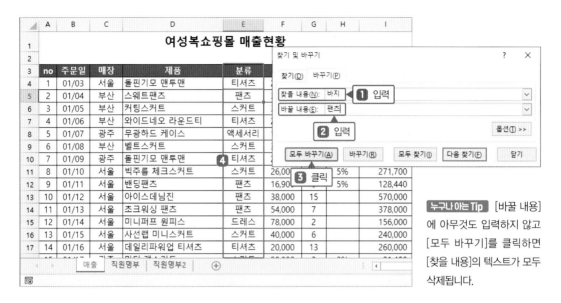

누구나아는Tip [바꿀 내용]에 아무것도 입력하지 않고 [모두 바꾸기]를 클릭하면 [찾을 내용]의 텍스트가 모두 삭제됩니다.

 나만 모르는 엑셀 꿀팁 | **찾기 및 바꾸기의 [옵션] 기능**

[찾기 및 바꾸기] 대화상자에서 [옵션]을 클릭하면 단순히 텍스트 이외에 셀 서식을 검색하여 바꾸거나 범위를 특정하여 찾을 수 있습니다.

1 **[범위] :** 검색할 범위를 현재 작업 중인 시트 혹은 통합 문서 전체로 설정할 수 있습니다.

2 **[검색] :** 검색을 진행할 때 행, 열 방향 중 우선적으로 진행할 방향을 선택할 수 있습니다.

3 **[대/소문자 구분] :** 영문자를 검색할 때 검색할 데이터의 대소문자를 구분합니다.

4 **[전체 셀 내용 일치] :** 셀에 입력된 내용 전체가 [찾을 내용]과 일치할 때만 검색하고 바꾸기를 진행합니다.

동일한 데이터 중 하나만 남기는 중복된 항목 제거

01 E열에 분류에 해당하는 항목을 추출하고 중복된 항목을 제거해 하나씩만 남겨보겠습니다. **❶** [E3:E67] 범위를 드래그해 지정하고 **❷** Ctrl + C 를 눌러 복사합니다.

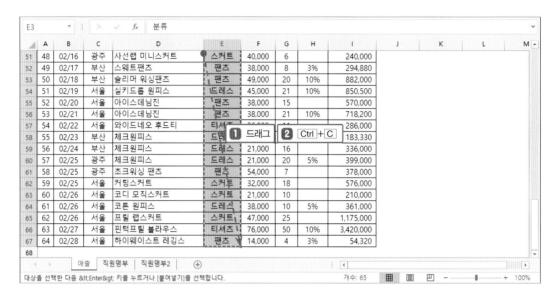

02 **❶** [K3] 셀을 클릭합니다. **❷** Ctrl + V 를 눌러 복사한 범위를 붙여 넣습니다.

03 [K3:K67] 범위가 지정된 상태에서 [데이터] 탭-[데이터 도구] 그룹-[중복된 항목 제거 🔀]를 클릭합니다.

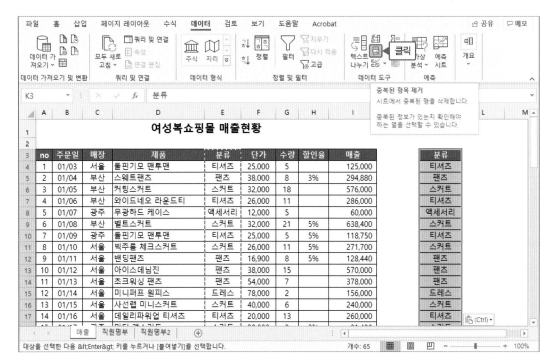

누구나아는 Tip [E3:E67] 범위를 지정한 후 바로 [중복된 항목 제거]를 실행하면 다른 데이터까지 삭제될 수 있으니 주의합니다.

04 [중복 값 제거] 대화상자가 나타납니다. [열]을 확인하면 [분류]가 체크되어 있습니다. [확인]을 클릭합니다.

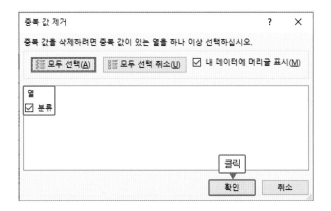

05 59개의 중복된 값이 제거되고 5개의 항목만 유지한다는 메시지가 나타납니다. [확인]을 클릭합니다. 이렇게 중복이 제거된 항목을 가지고 COUNTIF나 SUMIF 함수에 쉽게 활용할 수 있습니다. 예제에서는 SUMIF 함수로 매출 합계를 구해보겠습니다.

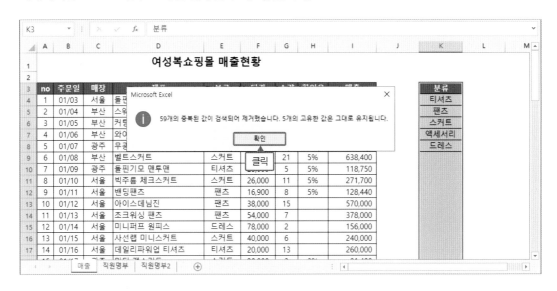

06 ❶ [L4] 셀을 클릭한 후 ❷ =SUMIF(를 입력하고 ❸ Ctrl + A 를 누릅니다. [함수 인수] 대화상자가 나타나면 ❹ [Range] 입력란에 $E$4:$E$67, [Criteria] 입력란에 K4, [Sum_range] 입력란에 $I$4:$I$67을 각각 입력한 후 ❺ [확인]을 클릭합니다.

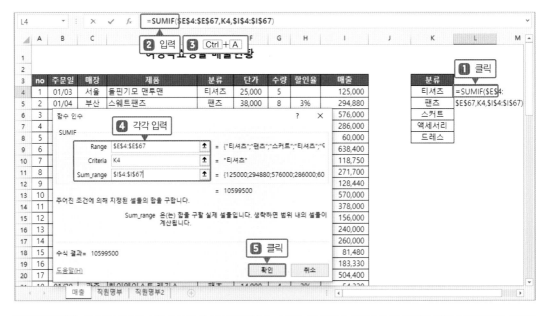

누구나 아는 Tip SUMIF 함수를 사용할 때 [L4] 셀 아래의 팬츠, 스커트, 액세서리, 드레스의 총 매출은 채우기 핸들▣을 사용해 구할 것이므로 분류와 매출에 해당하는 범위는 절대 참조로 입력했습니다.

07 [L4] 셀에 '티셔츠' 분류 상품의 매출 금액의 합계가 나타납니다. **1** [L4] 셀의 채우기 핸들 을
더블클릭합니다. 나머지 셀에도 결과가 나타납니다. **2** [L3] 셀에 **총매출**을 입력합니다. **3** [K3:K8] 범
위를 드래그해 지정하고 **4** [홈] 탭-[클립보드] 그룹-[서식 복사]를 클릭합니다.

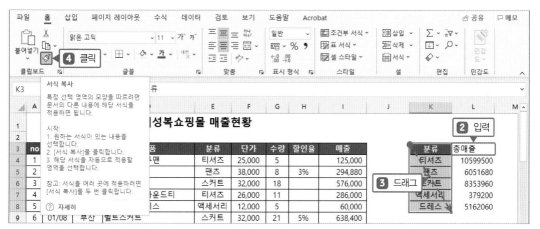

08 **1** [L3:L8] 범위를 드래그해 지정합니다. [K3:K8] 범위의 스타일이 붙여 넣어집니다. **2** L열 머
리글의 오른쪽 경계선을 더블클릭해 셀 내용이 다 보이도록 열 너비를 넓혀줍니다.

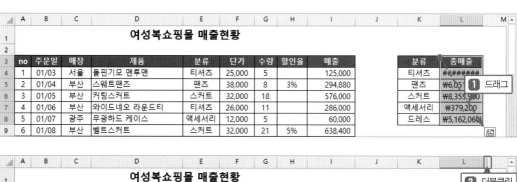

선택한 범위에서 빈 셀만 찾아 선택하기

01 선택한 범위에서 데이터가 없는 빈 셀만 찾아 선택한 후 동일한 데이터를 일괄적으로 입력할 수 있습니다. **1** [H4:H67] 범위를 드래그해 지정합니다. **2** [홈] 탭-[편집] 그룹-[찾기 및 선택 🔎]-[이동 옵션]을 클릭합니다.

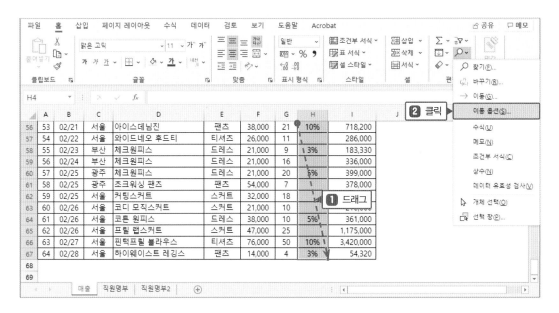

02 [이동 옵션] 대화상자가 나타나면 **1** [빈 셀]을 클릭하고 **2** [확인]을 클릭합니다.

누구나아는 Tip 반대로 데이터가 있는 셀만 지정하려면 [상수], 수식으로만 입력된 셀을 지정하려면 [수식]을 클릭하면 됩니다.

03 [H4:H67] 범위 중 빈 셀만 선택됩니다. 이 상태에서 다른 셀을 클릭하지 않고 **1** [수식 입력줄]에 **0**을 입력한 후 **2** Ctrl + Enter 를 누릅니다.

누구나아는Tip 데이터를 입력할 때 Ctrl + Enter 를 눌러 입력하면 선택된 셀에 모두 동일한 데이터가 입력됩니다.

04 빈 셀에 0이 한번에 입력됩니다. [홈] 탭-[표시 형식] 그룹-[백분율 스타일 %]을 클릭합니다. 0이 **0%**로 바뀝니다.

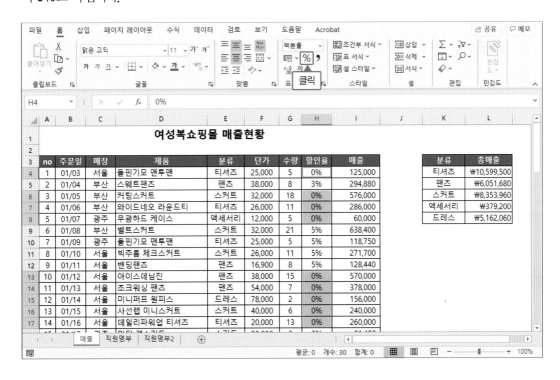

텍스트 나누기

01 텍스트 나누기 기능을 사용하면 쉼표, 띄어쓰기 등 다양한 기호 혹은 텍스트 길이를 기준으로 데이터를 두 개 이상의 열로 분리할 수 있습니다. **1** [직원명부] 시트 탭을 클릭합니다. B열에 이름과 직급이 같이 삽입되어 있는 것을 분리해보겠습니다. **2** C열의 열 머리글을 클릭합니다. C열 전체가 범위 지정되면 **3** C열 머리글을 마우스 오른쪽 버튼으로 클릭합니다. **4** [삽입]을 클릭합니다.

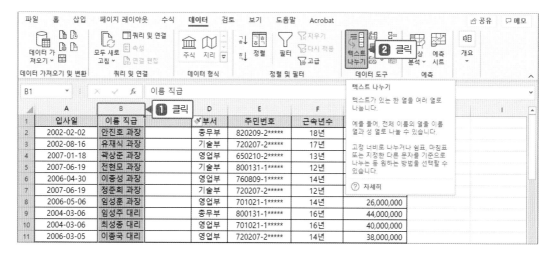

02 빈 C열이 추가됩니다. **1** B열 머리글을 클릭하여 B열 범위를 지정하고 **2** [데이터] 탭-[데이터 도구] 그룹-[텍스트 나누기]를 클릭합니다.

누구나 아는 Tip 텍스트 나누기를 실행할 때는 텍스트를 나눌 열 오른쪽에 나눌 열의 개수만큼 빈 열이 있어야 합니다. 실습에서는 이름, 직급을 분리할 예정이므로 직급이 들어갈 하나의 열만 추가했습니다. 만약 세 개로 나눈다면 두 개 열을 더 추가해야 합니다.

03 [텍스트 마법사] 1단계 대화상자가 나타납니다. ➊ [구분 기호로 분리됨]이 선택된 것을 확인하고 ➋ [다음]을 클릭합니다. [텍스트 마법사] 2단계 대화상자가 나타납니다. ➌ [구분 기호]에서 [탭]의 체크를 해제하고 ➍ [공백]에 체크합니다. ➎ [다음]을 클릭합니다.

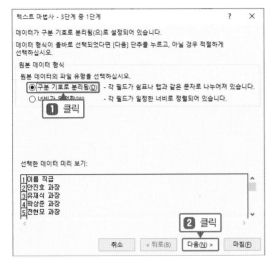
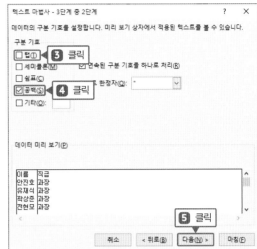

04 [텍스트 마법사] 3단계 대화상자가 나타납니다. ➊ [데이터 미리 보기]를 확인하면 텍스트가 어떻게 나눠지는지 각 열의 데이터 서식은 어떤 형식인지 확인할 수 있습니다. ➋ [마침]을 클릭합니다.

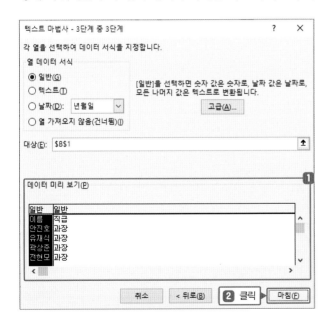

05 해당 영역에 이미 데이터가 있어 기존 데이터를 바꾸겠냐는 메시지가 나타납니다. 앞서 빈 C열을 준비했으므로 [확인]을 클릭합니다. B, C 열에 각각 이름과 직급으로 나눠진 것을 확인할 수 있습니다.

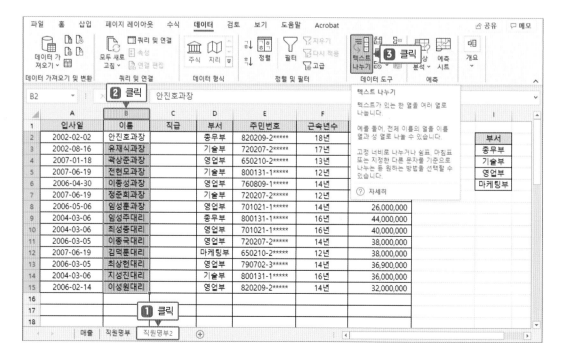

06 ❶ [직원명부2] 시트 탭을 클릭합니다. 이번에는 별도의 구분 기호 없이 연속해서 입력된 데이터를 두 개 열로 분리해보겠습니다. 이 방법은 연속된 데이터의 길이(글자수)가 일정할 때만 써야 하는 방법이며 수식 등으로 입력된 데이터는 사용하지 않는 것이 좋습니다. [직원명부2] 시트에는 미리 '직급' 열을 삽입했습니다. ❷ B열 머리글을 클릭하여 B열 범위를 지정하고 ❸ [데이터] 탭-[데이터 도구] 그룹-[텍스트 나누기]를 클릭합니다.

07 [텍스트 마법사] 1단계 대화상자가 나타납니다. **1** [너비가 일정함]을 클릭하고 **2** [확인]을 클릭합니다. [텍스트 마법사] 2단계 대화상자가 나타납니다. **3** [데이터 미리 보기]에서 이름과 직급 사이를 클릭합니다. 구분선이 나타납니다. **4** [다음]을 클릭합니다.

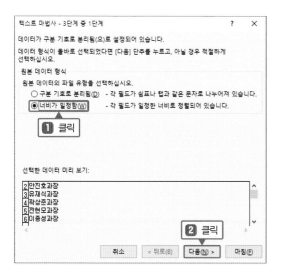
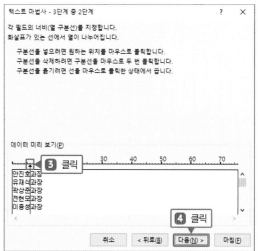

누구나아는Tip 새로운 기준을 지정할 때는 나눌 위치를 클릭하고 기준을 삭제할 때는 삽입된 기준을 더블클릭하면 됩니다. 지정된 기준 위치는 드래그하여 수정할 수 있습니다.

08 [텍스트 마법사] 3단계 대화상자가 나타납니다. **1** [데이터 미리 보기]를 확인하면 텍스트가 어떻게 나누어지는지 각 열의 데이터 서식은 어떤 형식인지 확인할 수 있습니다. **2** [마침]을 클릭합니다.

09 해당 영역에 이미 데이터가 있어 기존 데이터를 바꾸겠냐는 메시지가 나타납니다. 앞서 빈 C열을 준비했으므로 메시지에 관계없이 [확인]을 클릭합니다. B, C 열에 각각 이름과 직급으로 나눠진 것을 확인할 수 있습니다.

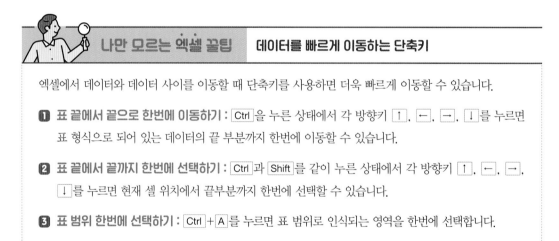

나만 모르는 엑셀 꿀팁 **데이터를 빠르게 이동하는 단축키**

엑셀에서 데이터와 데이터 사이를 이동할 때 단축키를 사용하면 더욱 빠르게 이동할 수 있습니다.

❶ 표 끝에서 끝으로 한번에 이동하기 : Ctrl 을 누른 상태에서 각 방향키 ↑, ←, →, ↓를 누르면 표 형식으로 되어 있는 데이터의 끝 부분까지 한번에 이동할 수 있습니다.

❷ 표 끝에서 끝까지 한번에 선택하기 : Ctrl 과 Shift 를 같이 누른 상태에서 각 방향키 ↑, ←, →, ↓를 누르면 현재 셀 위치에서 끝부분까지 한번에 선택할 수 있습니다.

❸ 표 범위 한번에 선택하기 : Ctrl + A 를 누르면 표 범위로 인식되는 영역을 한번에 선택합니다.

04 데이터 유효성으로 지정된 데이터만 입력하기

실습 파일 | CHAPTER03 \ 04_데이터유효성.xlsx
완성 파일 | CHAPTER03 \ 04_데이터유효성_완성.xlsx

엑셀 데이터에는 다양한 데이터를 입력하는 만큼 각 위치에 정확한 값이 입력되어야 관리 유지가 편리해지고 함수를 이용한 계산 기능을 사용할 수 있습니다. 데이터 유효성 기능을 사용하면 셀에 정확한 값만 입력할 수 있고 잘못 입력된 값을 찾기 편리합니다.

데이터 유효성 검사로 목록에서 선택해 입력하기

01 데이터 유효성 검사를 사용하면 셀에 적절한 데이터만 입력하도록 제한할 수 있습니다. [B16] 셀에 임의의 이름을 입력합니다. **1** [C2:C16] 범위를 드래그해 지정합니다. **2** [데이터] 탭–[데이터 도구]–[데이터 유효성 검사 [≡]]를 클릭합니다. **3** [데이터 유효성] 대화상자가 나타나면 [제한 대상]은 [목록]을 선택하고 **4** [드롭다운 표시]에 체크합니다. **5** [원본]에 **사원, 대리, 과장, 차장, 부장**을 입력합니다.

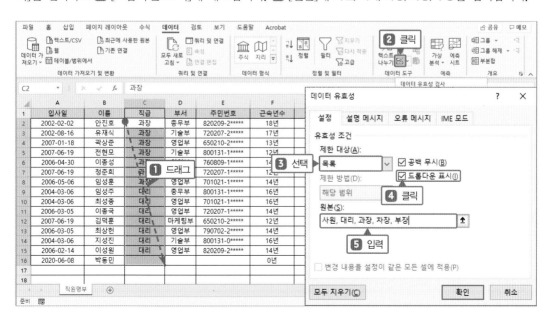

02 ❶ [설명 메시지] 탭을 클릭합니다. ❷ [제목]에 **직급을 선택합니다**를 입력합니다. ❸ [오류 메시지] 탭을 클릭합니다. [스타일]은 [중지]를 그대로 사용합니다. ❹ [제목]에 **직급 입력**을 입력하고, ❺ [오류 메시지]에 **직급을 잘못 입력했습니다.**를 입력합니다. ❻ [확인]을 클릭합니다.

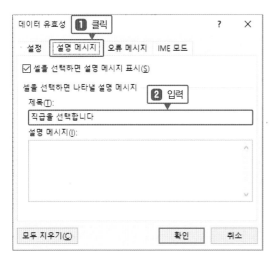
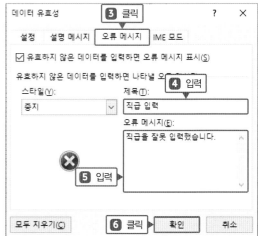

03 ❶ [C16] 셀을 클릭하면 옆에 유효성 검사 목록 버튼 ⬇이 나타나는 것을 확인할 수 있습니다. ❷ 유효성 검사 목록 버튼 ⬇을 클릭합니다. 목록에서 원하는 직급을 직접 선택해 입력할 수 있습니다. ❸ [사원]을 클릭합니다.

	A	B	C	D	E	F	G	H	I
1	입사일	이름	직급	부서	주민번호	근속년수	연봉		
2	2002-02-02	안진호	과장	총무부	820209-2*****	18년	68,000,000		부서
3	2002-08-16	유재식	과장	기술부	720207-2*****	17년	52,000,000		총무부
4	2007-01-18	곽상준	과장	영업부	650210-2*****	13년	48,000,000		기술부
5	2007-06-19	전현모	과장	기술부	800131-1*****	12년	44,000,000		영업부
6	2006-04-30	이종성	과장	영업부	760809-1*****	14년	42,000,000		마케팅부
7	2007-06-19	정준회	과장	기술부	720207-1*****	12년	42,000,000		
8	2006-05-06	임성훈	과장	영업부	701021-1*****	14년	26,000,000		
9	2004-03-06	임성주	대리	총무부	800131-1*****	16년	44,000,000		
10	2004-03-06	최성종	대리	영업부	701021-1*****	16년	40,000,000		
11	2006-03-05	이종국	대리	영업부	720207-1*****	14년	38,000,000		
12	2007-06-19	김덕훈	대리	마케팅부	650210-2*****	12년	38,000,000		
13	2006-03-05	최상헌	대리	영업부	790702-2*****	14년	36,900,000		
14	2004-03-06	지성진	기술부		800131-0*****	16년	36,000,000		
15	2006-02-14	이성원		영업부	820209-2*****	14년	32,000,000		
16	2020-06-08	박동민				0년			
17									
18									

04 목록에서 선택하는 대신 셀에 데이터를 직접 입력할 수도 있습니다. 이때 목록에 포함된 내용을 입력해야 에러가 발생하지 않습니다. **1** [C16] 셀에 **주임**을 입력합니다. **사원, 대리, 과장, 차장, 부장** 직급에 포함되지 않는 직급이기 때문에 직급을 잘못 입력했다는 에러 메시지가 나타나고 입력할 수 없습니다. **2** [취소]를 클릭합니다.

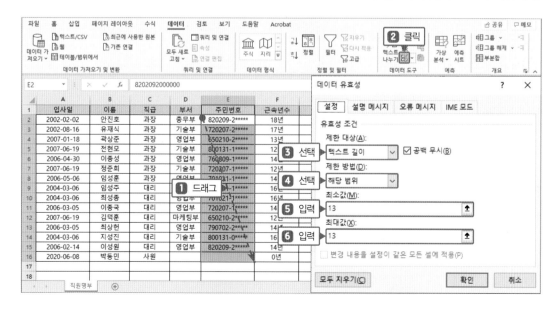

데이터 유효성 검사로 텍스트 길이 제한해 입력하기

01 데이터 유효성 검사는 주민등록번호와 같이 일정한 길이로 입력해야 하는 일련번호 종류의 텍스트를 관리할 때도 유용합니다. **1** [E2:E16] 범위를 드래그해 지정합니다. **2** [데이터] 탭-[데이터 도구]-[데이터 유효성 검사]를 클릭합니다. [데이터 유효성] 대화상자가 나타나면 **3** [제한 대상]은 [텍스트 길이], **4** [제한 방법]은 [해당 범위]를 선택하고 **5** [최소값]에 **13**, **6** [최대값]에 **13**을 입력합니다.

02 **1** [설명 메시지] 탭을 클릭합니다. **2** [셀을 선택하면 설명 메시지 표시]에 체크를 해제합니다. **3** [오류 메시지] 탭을 클릭합니다. [스타일]은 [중지]를 그대로 사용합니다. **4** [제목]에 **주민번호입력**을 입력합니다. **5** [오류 메시지]에 **주민 번호를 잘못 입력했습니다.**를 입력하고 **6** [확인]을 클릭합니다.

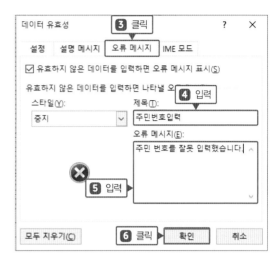

03 **1** [E16] 셀에 임의의 14자리 숫자를 입력합니다. 주민 번호를 잘못 입력했다는 에러 메시지가 표시됩니다. **2** [취소]를 클릭합니다.

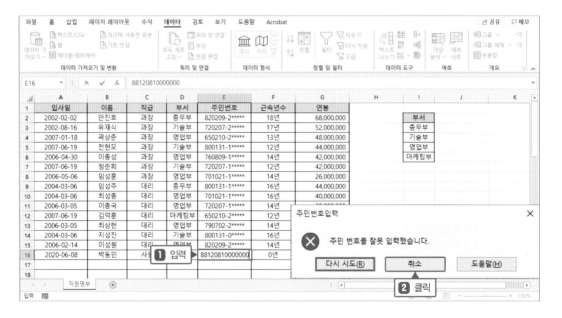

04 이번에는 [E16] 셀에 13자리의 임의의 주민등록번호를 입력합니다. 정상적으로 입력되는 것을 확인할 수 있습니다.

누구나아는Tip 13자리의 숫자를 주민등록번호 형식으로 처리하고 뒤 6자리를 별표로 처리하려면 [셀 서식] 대화상자의 [표시 형식] 탭 – [범주] – [사용자 지정]에서 **######-#,,"******"**를 입력하면 됩니다. [셀 서식] 대화상자의 단축키는 Ctrl + 1 입니다.

Lesson

05 데이터를 한눈에 보여주는
차트 삽입하기

실습 파일 | CHAPTER03 \ 05_차트.xlsx
완성 파일 | CHAPTER03 \ 05_차트_완성.xlsx

차트는 복잡한 숫자로 되어 있는 표 데이터를 그림으로 한눈에 파악할 수 있어서 데이터 분석은 물론 다양한 상황에서 매우 유용하게 쓰입니다. 범위를 지정하고 원하는 차트 종류를 클릭하면 엑셀이 분석하여 차트를 최적화된 모양으로 삽입해줍니다.

표 데이터로 차트 만들기

01 ❶ [A2:E8] 범위를 드래그해 지정합니다. ❷ [삽입] 탭-[차트] 그룹-[세로 또는 가로 막대형 차트 삽입 ▥▾]-[묶은 세로 막대형]을 클릭합니다.

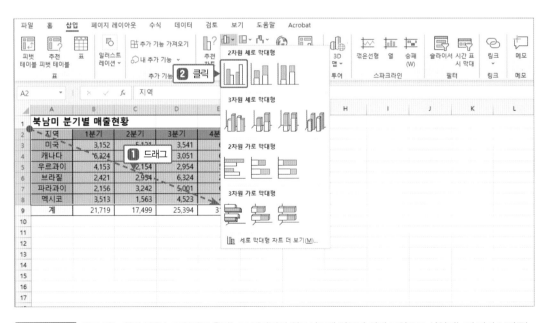

누구나아는Tip 차트 메뉴 위에 마우스 포인터를 올려놓고 기다리면 워크시트에 차트가 어떤 모양으로 삽입되는지 미리 보여주는 샘플이 나타납니다. 차트가 어떤 모양으로 나타날지 미리 확인하고 삽입하는 것도 좋은 방법입니다.

02 엑셀에서 개체를 이동하거나 크기를 조절할 때 `Alt`를 누른 상태에서 드래그하면 셀 가장자리에 정확히 맞출 수 있습니다. 차트가 삽입되면 `Alt`를 누른 상태로 [A11] 셀에 차트의 왼쪽 상단 모서리가 위치할 수 있도록 드래그합니다.

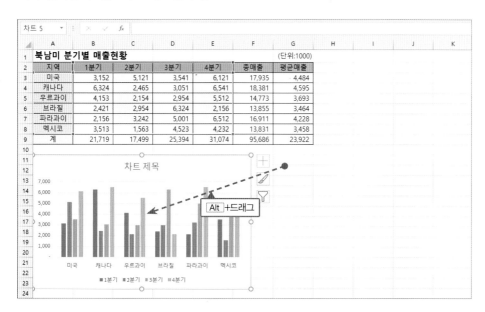

누구나아는 **Tip** 차트를 만들 셀 범위를 드래그해 지정한 후 `Alt` + `F1`를 누르면 묶은 세로 막대형 차트가 바로 삽입됩니다.

누구나아는 **Tip** 잘못 삽입된 차트는 차트가 선택된 상태에서 `Delete`를 눌러 삭제할 수 있습니다.

03 `Alt`를 누른 상태로 오른쪽 하단 모서리의 크기 조절 핸들을 드래그해 [F24] 셀 오른쪽 하단 모서리에 맞춰줍니다.

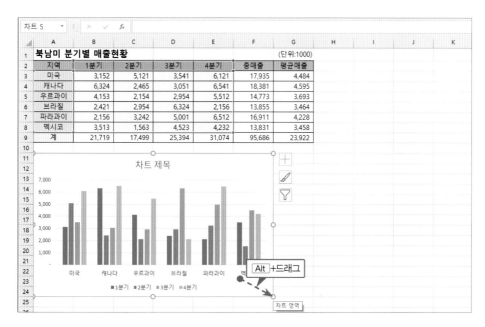

01 차트는 원하는 범위만 선택한 후 삽입할 수도 있습니다. **1** [A2:A8] 범위를 드래그해 지정하고 **2** Ctrl 을 누른 상태로 [F2:F8] 범위를 드래그해 같이 지정합니다.

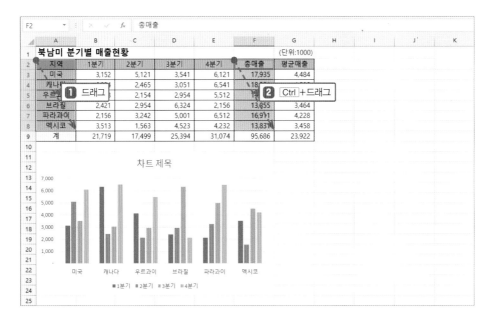

02 [삽입] 탭-[차트] 그룹-[원통 또는 도넛형 차트 삽입 ▦▾]-[원형]을 클릭합니다.

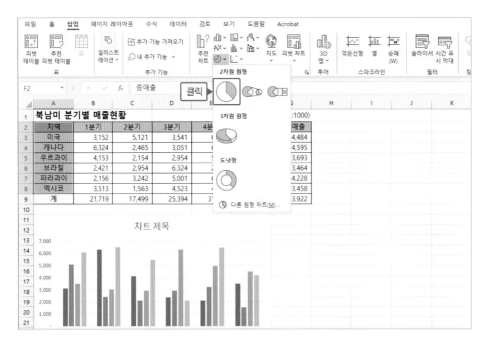

03 차트가 삽입되면 Alt 를 누른 상태로 [H11] 셀에 차트의 왼쪽 상단 모서리가 위치할 수 있도록 드래그합니다.

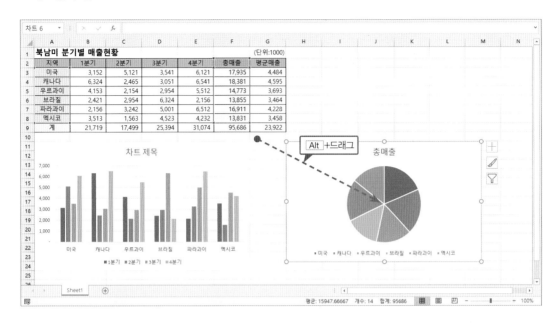

04 Alt 를 누른 상태로 오른쪽 하단 모서리의 크기 조절 핸들 ◯을 드래그해 [M24] 셀에 맞춰줍니다.

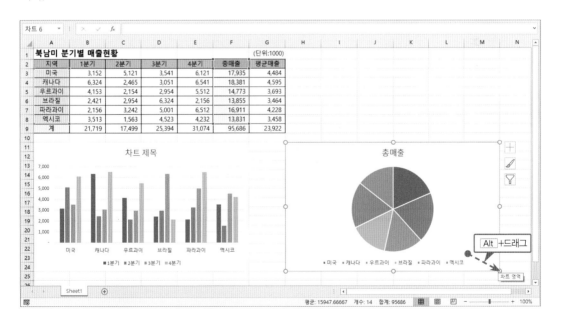

05 1 첫 번째로 삽입한 차트의 [차트 제목] 부분을 더블클릭한 후 2 **분기별 매출현황**을 입력합니다.

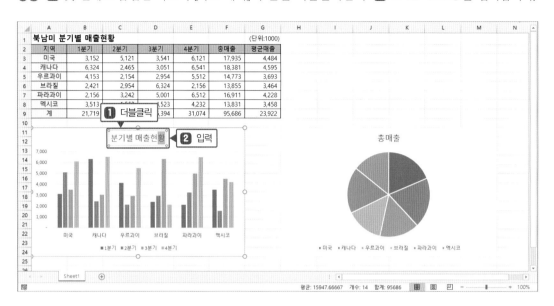

나만 모르는 엑셀 꿀팁 — **엑셀에서 추천하는 차트 삽입하기**

실습 파일 | CHAPTER03 \ 05_추천차트.xlsx

01 범위를 드래그해 지정하면 지정된 범위 오른쪽 아래에 [빠른 분석圖]이 나타납니다. [빠른 분석] 기능을 사용하면 다양한 차트를 훨씬 빠르게 삽입할 수 있습니다. 1 [A2:E8] 범위를 드래그해 지정합니다. 2 [빠른 분석圖]을 클릭하고 3 [차트]를 클릭합니다.

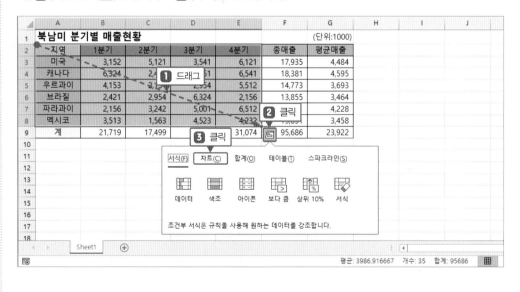

02 차트 위에 마우스 포인터를 올려놓고 기다리면 워크시트에 차트가 어떤 모양으로 삽입될지 샘플이 나타납니다. [묶은 세로 막대형]을 클릭합니다.

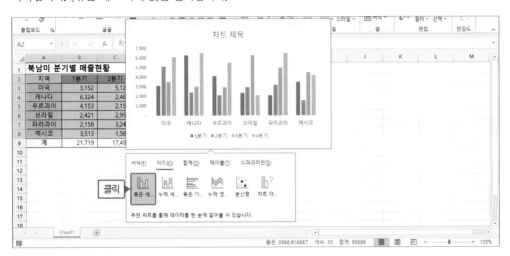

03 차트가 삽입됩니다. 다른 방법으로 차트를 삽입하기 위해 오른쪽 상단으로 드래그해 배치합니다.

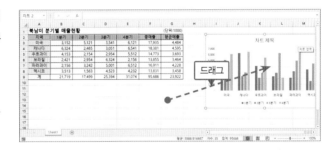

04 ❶ [A2:E8] 범위를 드래그해 지정합니다. ❷ [삽입] 탭-[차트] 그룹-[추천 차트]를 클릭합니다.

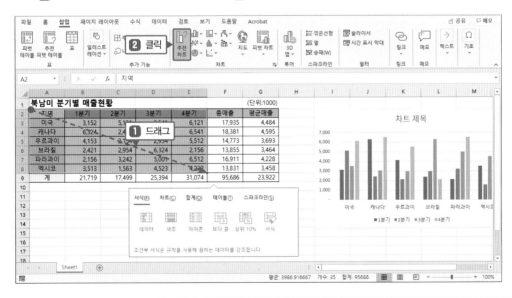

05 [차트 삽입] 대화상자가 나타납니다. [추천 차트] 탭에서 엑셀이 데이터를 분석했을 때 가장 최적화된 형태의 그래프를 추천합니다. **1** [추천 차트]의 첫 번째 차트를 클릭한 후 **2** [확인]을 클릭합니다.

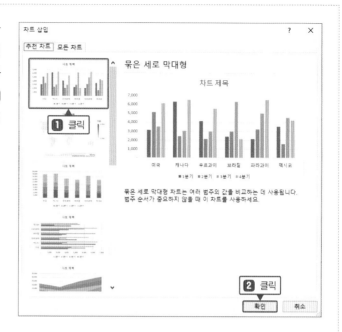

06 엑셀에서 추천한 최적화된 모양의 차트가 삽입됩니다.

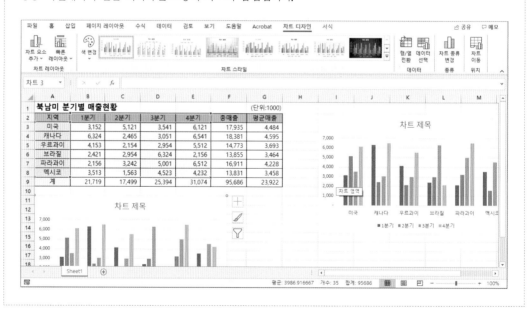

06 내가 원하는 모양으로 차트 수정 하기

실습 파일 | CHAPTER03 \ 06_차트수정.xlsx
완성 파일 | CHAPTER03 \ 06_차트수정_완성.xlsx

엑셀 차트는 기본적으로 데이터에 최적화된 설정으로 구성되지만 사용자가 원하는 모양으로 얼마든지 수정할 수 있습니다. 차트는 편의에 따라 제목은 물론 디자인과 스타일을 수정해 보는 사람이 필요한 데이터를 일목요연하게 확인할 수 있도록 만드는 것이 좋습니다.

셀 내용에 따라 자동으로 제목이 바뀌도록 만들기

01 **1** 왼쪽 차트의 '분기별 매출현황' 제목 부분을 클릭합니다. **2** [수식 입력줄]을 클릭한 후 **3** =를 입력하고 **4** [A1] 셀을 클릭합니다. **5** Enter 를 누릅니다. [A1] 셀의 내용이 그대로 제목에 반영됩니다. [A1] 셀의 내용이 바뀌면 차트의 제목도 자동으로 변경됩니다.

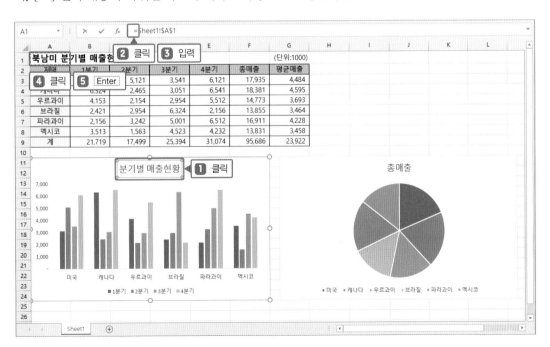

그래프에 숫자 데이터가 표시되는 차트 만들기

01 **1** 왼쪽 차트를 클릭해 선택합니다. 오른쪽에 나타나는 세 개의 아이콘 중 **2** [차트 요소 🞤]를 클릭한 후 **3** [데이터 레이블]에 체크합니다. 각 그래프에 숫자 레이블이 나타납니다. **4** 다시 체크를 해제합니다.

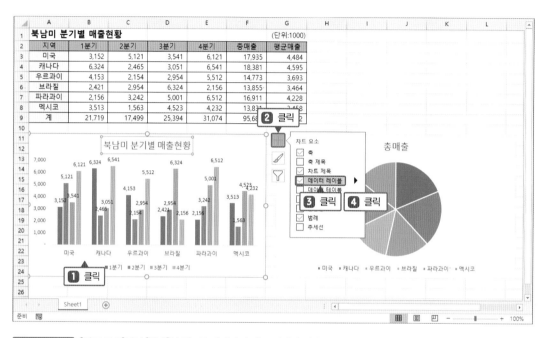

누구나 아는 Tip [차트 요소]에서 [범례]의 체크를 해제하면 차트 아래에 삽입된 범례를 없앨 수 있고 [범례] 메뉴에서 범례의 위치를 수정할 수도 있습니다.

02 **1** 노란색으로 표시된 4분기 그래프만 클릭하면 별도로 선택됩니다. 이 상태에서 **2** [차트 요소 🞤]를 클릭한 후 **3** [데이터 레이블]에 체크합니다. 선택된 4분기 데이터에만 레이블이 추가됩니다.

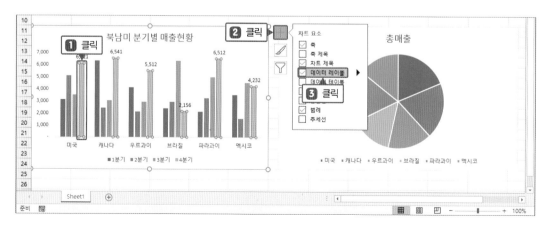

차트에 축 제목 추가하기

01 그래프의 축에 제목을 추가해 어떤 항목인지 쉽게 확인할 수 있습니다. **①** 왼쪽 차트를 클릭합니다. **②** [차트 요소⊞]를 클릭한 후 **③** [축 제목]-[기본 세로]에 체크합니다. 차트 왼쪽에 '축 제목'이 추가됩니다.

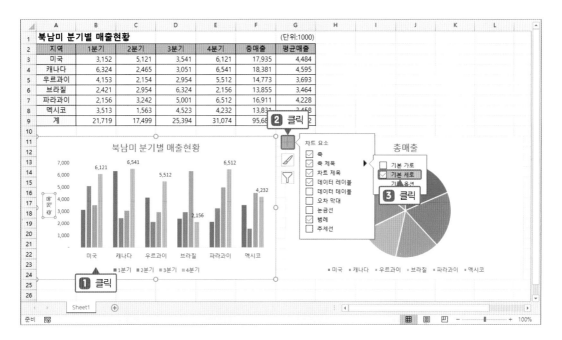

02 다시 **①** [차트 요소⊞]를 클릭한 후 **②** [축 제목]-[기타 옵션]을 클릭합니다.

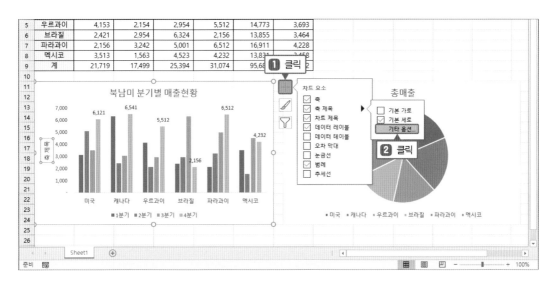

03 [축 제목 서식] 작업 창이 나타나면 **1** [텍스트 방향]-[세로]를 클릭합니다. **2** 축 제목을 클릭하고 **3 수량**을 입력합니다. **4** [축 제목 서식] 작업 창을 닫습니다.

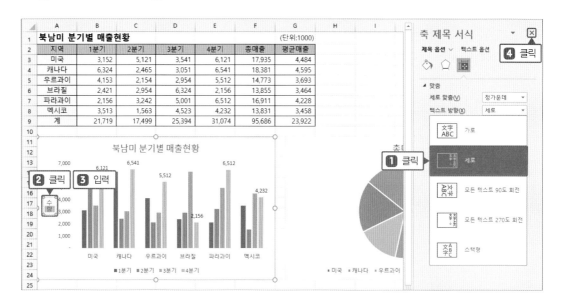

그래프의 축 숫자 단위 수정하기

01 **1** 1,000 단위로 되어 있는 가로축을 더블클릭합니다. [축 서식] 작업 창이 나타납니다. **2** [축 옵션]-[단위]-[기본]에 **2000**을 입력합니다. **3** [축 서식] 작업 창을 닫습니다.

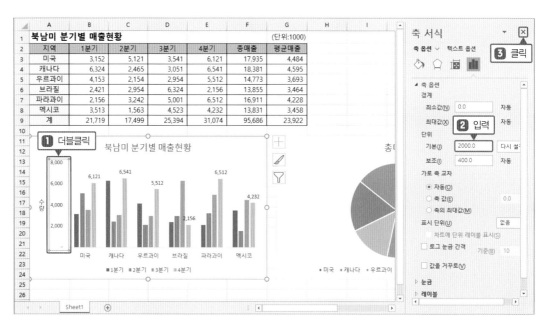

차트 스타일 변경하기

01 ① 왼쪽 차트를 클릭합니다. ② [차트 스타일 ✏]을 클릭한 후 ③ [스타일 4]를 클릭합니다. 원하는 스타일이 있다면 다른 것을 선택해도 무방합니다.

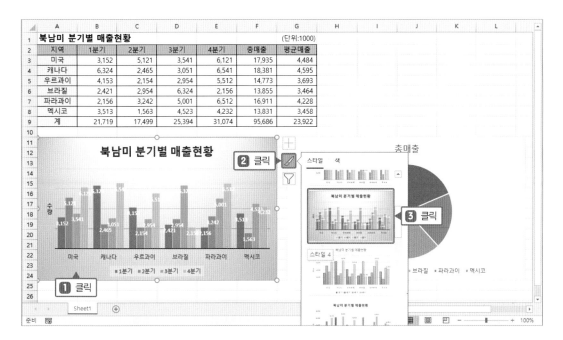

02 ① [색]을 클릭한 후 ② [단색형]-[단색 색상표 1]을 클릭합니다. 차트의 스타일과 색을 바꿨습니다.

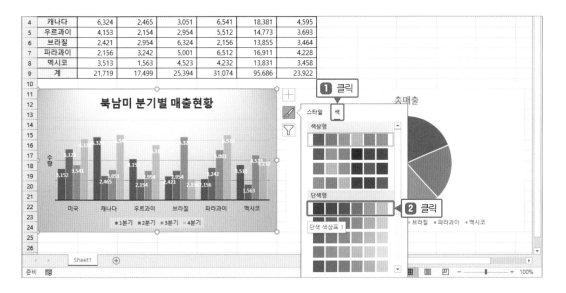

차트 필터 활용해 원하는 데이터만 표시하기

01 **1** 왼쪽 차트를 클릭하고 **2** [차트 필터 ▽]를 클릭합니다. **3** [계열]–[1분기]의 체크를 해제하고
4 [범주]–[미국]의 체크도 해제합니다. **5** [적용]을 클릭합니다.

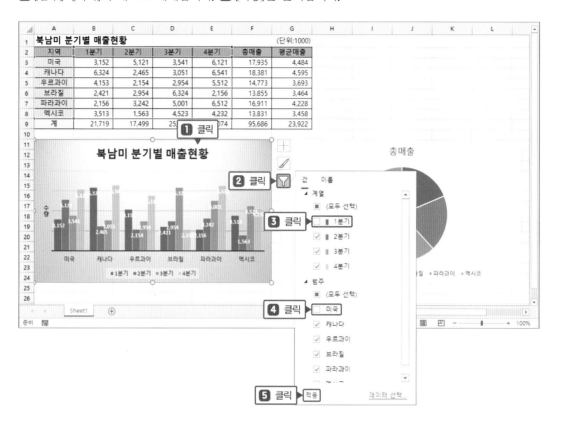

02 왼쪽 차트를 확인하면 1분기 데이터와 미국의 데이터가 차트에서 사라진 것을 확인할 수 있습니다.

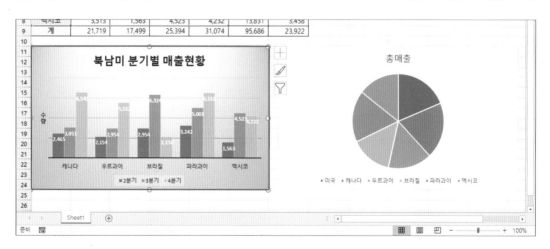

나만 모르는 엑셀 꿀팁 **차트의 축을 바꿔서 표시하기**

엑셀은 표의 데이터 방향에 따라 차트가 생성되지만 기본 설정과 반대 방향으로 수정할 수 있습니다. 예를 들어 예제에서 왼쪽 차트는 각 국가별로 분기 데이터가 묶인 형식이었지만 각 분기별로 국가를 묶어 보여줘야 할 수도 있습니다. 이때는 데이터 원본의 행과 열을 전환해주면 됩니다.

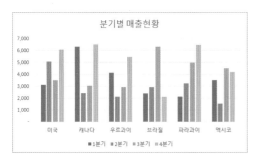
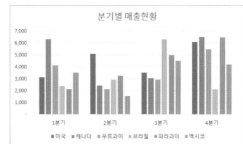

우선 [차트 필터 🔽]를 클릭하여 나타나는 데이터 범위에서 **1** [데이터 선택]을 클릭합니다. **2** [데이터 원본 선택] 대화상자가 나타나면 [행/열 전환]을 클릭합니다. **3** [확인]을 클릭하면 차트의 축이 바뀌어 행과 열이 전환됩니다.

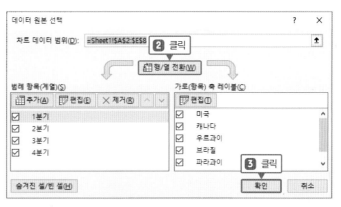

차트의 종류를 변경하고 별도의 시트로 분리하기

01 ❶ 오른쪽 차트를 클릭합니다. ❷ [차트 디자인] 탭-[종류] 그룹-[차트 종류 변경]을 클릭합니다.

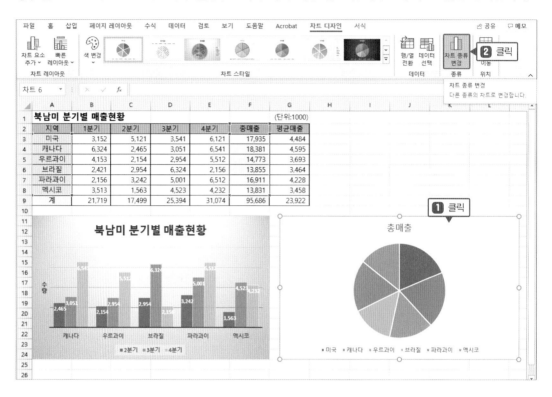

02 [차트 종류 변경] 대화상자가 나타납니다. ❶ [3차원 원형]을 클릭하고 ❷ [3차원 원형]의 첫 번째 차트를 클릭합니다. ❸ [확인]을 클릭합니다.

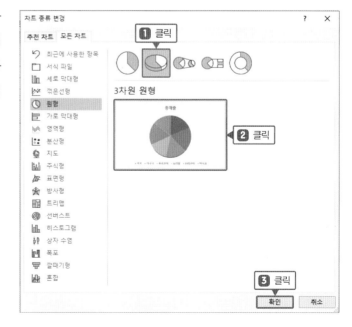

03 오른쪽 차트의 모양이 3차원 원형 차트로 변경됩니다.

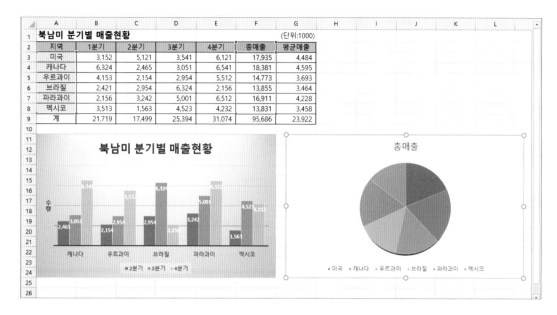

04 ❶ [차트 디자인] 탭-[차트 스타일] 그룹에서 세 번째 차트 스타일을 클릭합니다. 차트 스타일이 변경됩니다. ❷ [차트 디자인] 탭-[위치] 그룹-[차트 이동]을 클릭합니다.

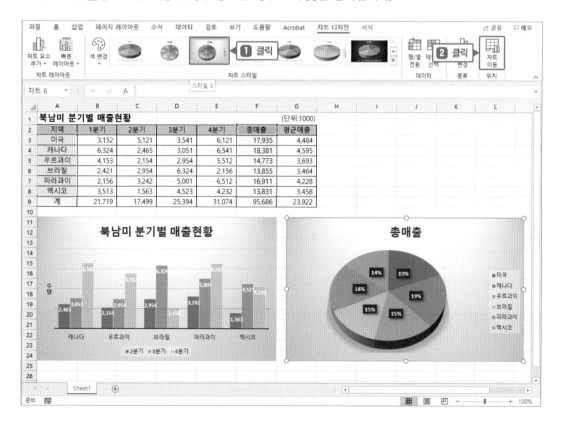

05 [차트 이동] 대화상자가 나타납니다. **1** [새 시트]를 클릭하고 **2** 이름을 **차트시트**로 바꿉니다. **3** [확인]을 클릭합니다.

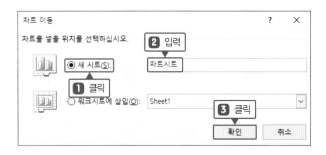

06 새 [차트시트] 시트가 생성됩니다. 차트시트는 워크시트와 달리 셀은 없고 차트만 있는 시트입니다.

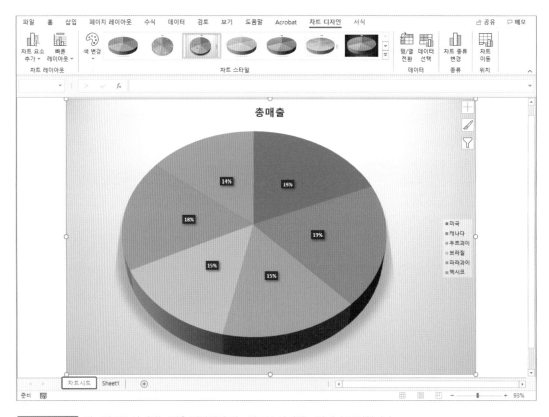

누구나아는 Tip 차트시트를 삭제하는 것은 일반적인 워크시트를 삭제하는 방법과 동일합니다.

07 [Sheet1] 시트 탭을 클릭해보면 오른쪽에 있던 차트가 이동한 것을 확인할 수 있습니다.

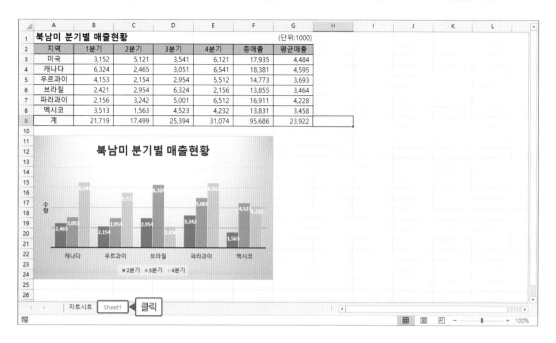

Lesson

07 자동 필터로 데이터를 정리하고 분류해서 보기

실습 파일 | CHAPTER03\07_자동필터.xlsx
완성 파일 | CHAPTER03\07_자동필터_완성.xlsx

자동 필터를 사용하면 방대한 데이터에서 자신이 원하는 데이터만 분류하여 확인할 수 있습니다. 각 데이터 형식에 맞게 숫자, 날짜, 일반 텍스트 등을 필터링할 수 있으므로 매우 편리한 기능입니다.

필터 적용하고 간단한 필터링하기

01 필터는 엑셀에서 하나의 범위로 인식되는 표에 적용할 수 있습니다. **1** [A3] 셀을 클릭하고 **2** [데이터] 탭–[정렬 및 필터] 그룹–[필터]를 클릭합니다. **3** 각 머리글 행에 필터 목록 버튼▼이 나타나고 필터가 적용됩니다.

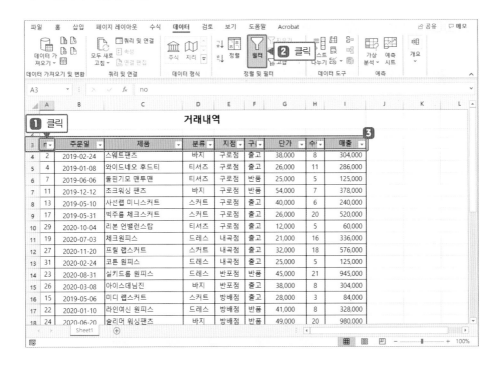

02 ❶ 지점 머리글의 필터 목록 버튼 ▼을 클릭하고 ❷ [모두 선택]의 체크를 해제한 후 ❸ [반포점]만 체크합니다. ❹ [확인]을 클릭합니다.

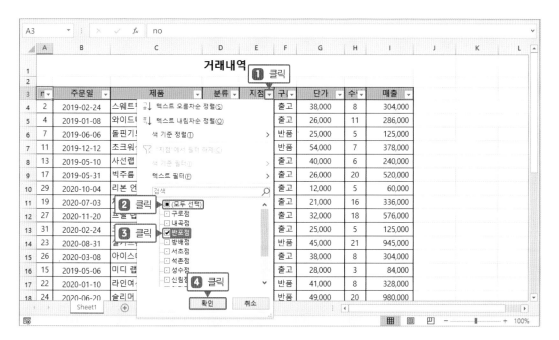

03 ❶ 필터가 실행된 항목은 필터 목록 버튼 ▼이 ▼으로 바뀝니다. ❷ 필터된 데이터의 행 머리글에도 파란색으로 표시됩니다. 나머지 데이터는 숨김 처리된 것으로 데이터가 사라진 것이 아닙니다.

04 ❶ 지점 머리글의 필터 목록 버튼 🔽을 클릭합니다. ❷ ["지점"에서 필터 해제]를 클릭합니다. 필터된 내용이 초기화되고 전체 데이터가 나타납니다.

출고된 티셔츠에서 200,000원 이상 매출의 데이터만 필터링하기

01 ❶ 분류 머리글의 필터 목록 버튼 🔽을 클릭합니다. ❷ [모두 선택]의 체크를 해제하고 ❸ [티셔츠]만 체크한 후 ❹ [확인]을 클릭합니다.

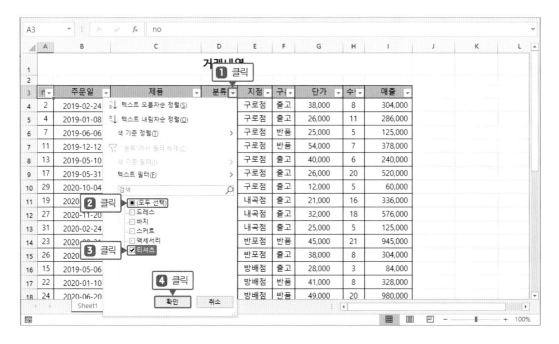

02 분류가 티셔츠인 항목만 필터링됩니다. **1** 매출 머리글의 필터 목록 버튼 ▼을 클릭합니다. **2** [숫자 필터]-[크거나 같음]을 클릭합니다.

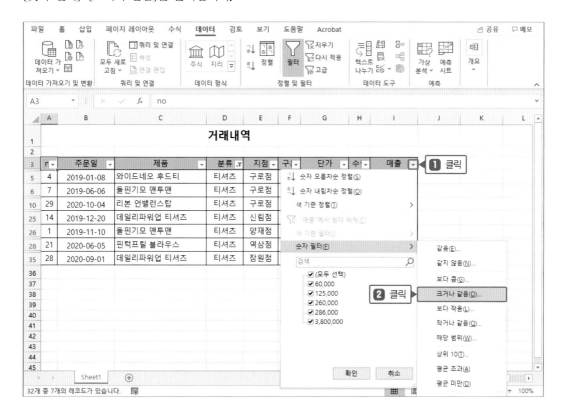

03 [사용자 지정 자동 필터] 대화상자가 나타나고 첫 번째 [찾을 조건]에 [매출]이 [>=] 즉, 크거나 같은 경우로 선택되어 있습니다. **1** 입력란에 200000을 입력합니다. **2** [확인]을 클릭합니다.

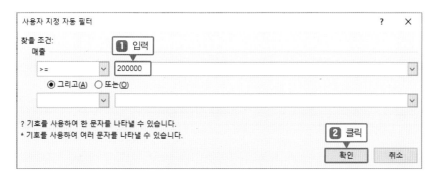

누구나아는 Tip [그리고], [또는]을 사용하면 두 개의 조건을 적용할 수도 있습니다. [그리고]로 설정하면 두 개의 조건이 모두 일치하는 경우만 필터링되고, [또는]으로 설정하면 둘 중 하나의 조건만 일치해도 필터링됩니다.

04 분류와 매출 머리글에 필터 목록 버튼이 ☑으로 바뀝니다. 분류가 티셔츠인 항목 중 매출이 200,000 이상인 항목만 필터링되었습니다.

필터링 데이터 조건 한번에 해제하기

01 ❶ 필터가 적용된 표에서 임의의 셀을 클릭(예제에선 [A3] 셀)한 후 ❷ [데이터] 탭-[정렬 및 필터] 그룹-[지우기]를 클릭합니다. 필터가 한번에 해제되며 전체 데이터가 다시 나타납니다.

원피스라는 단어가 들어간 제품만 필터링하기

01 **①** 제품 머리글의 필터 목록 버튼 ▼을 클릭합니다. **②** 입력란에 **원피스**를 입력합니다. **③** [확인]을 클릭합니다.

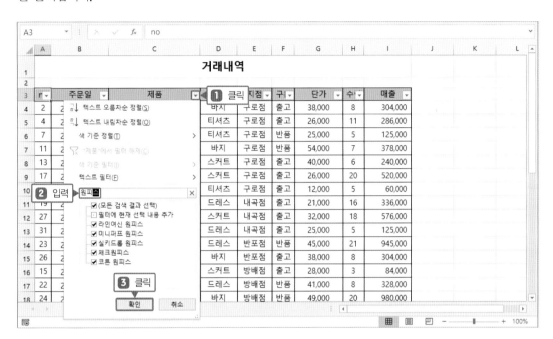

02 **①** 제품 이름에 원피스가 들어가는 제품만 필터링되었습니다. **②** [데이터] 탭–[정렬 및 필터] 그룹–[지우기]를 클릭합니다.

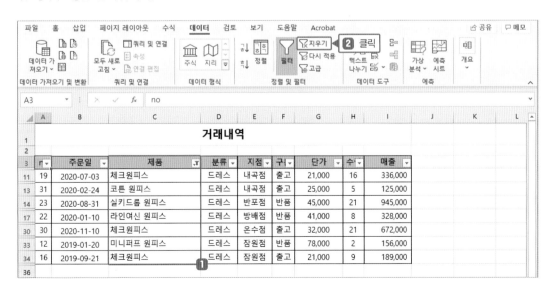

원하는 날짜 필터링하기

01 ❶ 주문일 머리글의 필터 목록 버튼 ▾을 클릭합니다. ❷ [2019년]의 체크를 해제한 후 ❸ [확인]을 클릭합니다.

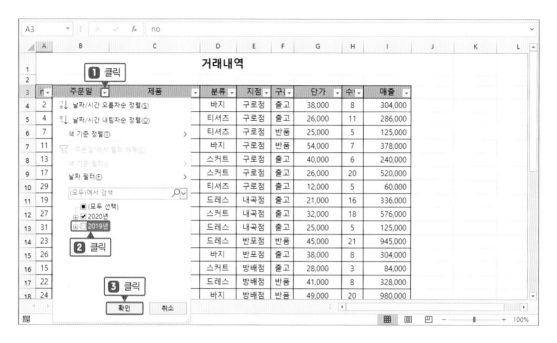

02 주문일이 2020년에 해당하는 자료만 필터링되었습니다.

no	주문일	제품	분류	지점	구분	단가	수량	매출
29	2020-10-04	리본 언밸런스탑	티셔츠	구로점	출고	12,000	5	60,000
19	2020-07-03	체크원피스	드레스	내곡점	출고	21,000	16	336,000
27	2020-11-20	프릴 랩스커트	스커트	내곡점	출고	32,000	18	576,000
31	2020-02-24	코튼 원피스	드레스	내곡점	출고	25,000	5	125,000
23	2020-08-31	실키드롭 원피스	드레스	반포점	반품	45,000	21	945,000
26	2020-03-08	아이스데님진	바지	반포점	출고	38,000	8	304,000
22	2020-01-10	라인여신 원피스	드레스	방배점	반품	41,000	8	328,000
24	2020-06-20	슬리머 워싱팬츠	바지	방배점	반품	49,000	20	980,000
25	2020-10-10	무광하드 케이스	액세서리	방배점	반품	25,000	5	125,000
20	2020-05-31	벨트스커트	스커트	석촌점	출고	32,000	15	480,000
32	2020-03-23	코디 모직스커트	스커트	석촌점	출고	26,000	11	286,000
21	2020-06-05	핀턱프릴 블라우스	티셔츠	역삼점	반품	76,000	50	3,800,000
18	2020-12-07	하이웨이스트 레깅스	바지	온수점	출고	14,000	4	56,000
30	2020-11-10	체크원피스	드레스	온수점	출고	32,000	21	672,000
28	2020-09-01	데일리파워업 티셔츠	티셔츠	잠원점	출고	26,000	11	286,000

나만 모르는 엑셀 꿀팁 **날짜 필터 사용하기**

날짜 데이터가 충분히 많다면 날짜 필터에서 월 단위로도 필터를 선택할 수 있습니다.

1 날짜 데이터를 세분화해 보려면 날짜 데이터에 해당하는 필터 목록 버튼 ▾을 클릭한 후 [날짜 필터] 메뉴에서 원하는 단위를 선택합니다. 내일, 오늘, 어제는 물론 주, 월, 분기, 연 단위로 필터링할 수 있습니다.

2 구체적인 날짜 범위를 지정해 필터링하고 싶다면 [해당 범위]를 클릭합니다. **3** [사용자 지정 자동 필터] 대화상자가 나타나면 [찾을 조건]에 날짜 범위를 직접 입력하거나 **4** 📅를 클릭해 선택할 수도 있습니다.

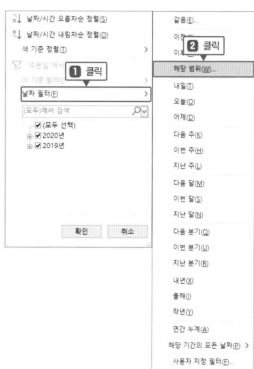

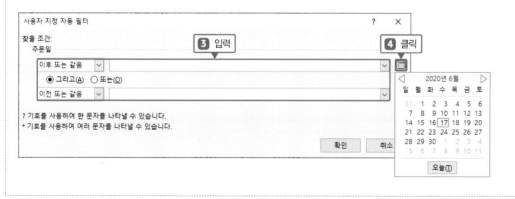

데이터에 적용된 자동 필터 해제하기

01 ❶ 필터가 적용된 표 범위 중 임의의 셀을 클릭합니다. ❷ [데이터] 탭-[정렬 및 필터] 그룹-[필터]를 클릭합니다.

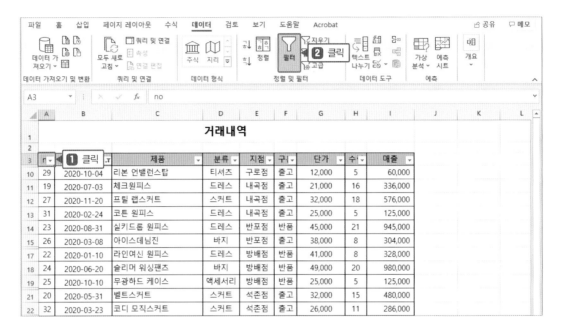

02 표 범위에 적용되었던 자동 필터가 모두 해제되었습니다.

no	주문일	제품	분류	지점	구분	단가	수량	매출
2	2019-02-24	스웨트팬츠	바지	구로점	출고	38,000	8	304,000
4	2019-01-08	와이드네오 후드티	티셔츠	구로점	출고	26,000	11	286,000
7	2019-06-06	돌핀기모 맨투맨	티셔츠	구로점	반품	25,000	5	125,000
11	2019-12-12	초크워싱 팬츠	바지	구로점	반품	54,000	7	378,000
13	2019-05-10	사선랩 미니스커트	스커트	구로점	출고	40,000	6	240,000
17	2019-05-31	빅주름 체크스커트	스커트	구로점	출고	26,000	20	520,000
29	2020-10-04	리본 언밸런스탑	티셔츠	구로점	출고	12,000	5	60,000
19	2020-07-03	체크원피스	드레스	내곡점	출고	21,000	16	336,000
27	2020-11-20	프릴 랩스커트	스커트	내곡점	출고	32,000	18	576,000
31	2020-02-24	코튼 원피스	드레스	내곡점	출고	25,000	5	125,000
23	2020-08-31	실키드롭 원피스	드레스	반포점	반품	45,000	21	945,000
26	2020-03-08	아이스데님진	바지	반포점	출고	38,000	8	304,000
15	2019-05-06	미디 랩스커트	스커트	방배점	출고	28,000	3	84,000
22	2020-01-10	라인여신 원피스	드레스	방배점	반품	41,000	8	328,000
24	2020-06-20	슬리머 워싱팬츠	바지	방배점	반품	49,000	20	980,000

08 데이터 범위에 표 기능 적용하여 활용하기

실습 파일 | CHAPTER03 \ 08_표.xlsx
완성 파일 | CHAPTER03 \ 08_표_완성.xlsx

데이터 입력 유의 사항에서 배운 것처럼 표 형태로 데이터 범위를 작성하면 엑셀의 다양한 편의 기능을 사용할 수 있습니다. 표 기능을 사용하면 데이터 범위를 하나의 데이터 범주로 묶어 편리하게 관리하는 다양한 기능을 활용할 수 있습니다.

데이터 범위에 표 기능 적용하기

01 표 형식으로 작성된 데이터 범위에 **①** 임의의 셀을 클릭합니다. 예제에서는 [A3] 셀을 클릭했습니다. **②** [삽입] 탭-[표] 그룹-[표]를 클릭합니다.

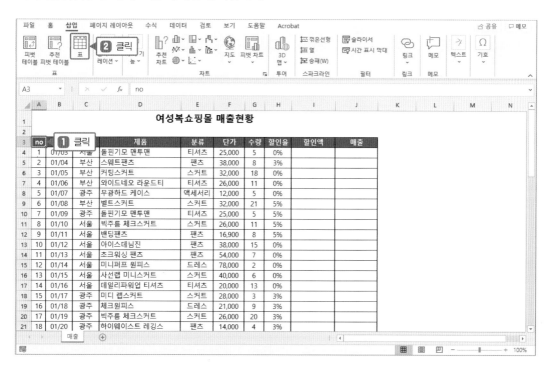

02 [표 만들기] 대화상자가 나타납니다. **1** 데이터 입력 규칙에 맞게 작성했다면 범위가 자동으로 선택됩니다. **2** [머리글 포함]의 체크를 확인한 후 **3** [확인]을 클릭합니다.

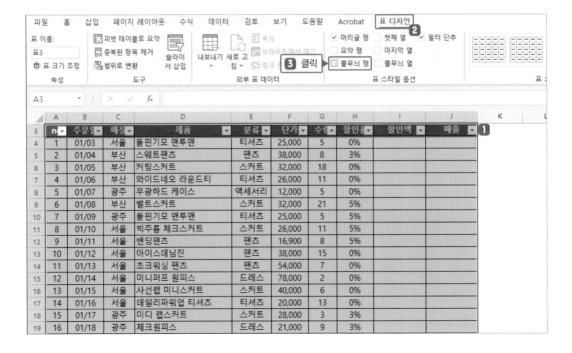

03 데이터 범위에 표가 적용됩니다. **1** 표가 적용된 데이터는 각 머리글에 필터 목록 버튼▼이 나타나고 **2** 표 범위가 지정된 상태에서는 [표 디자인] 탭이 활성화됩니다. **3** [표 디자인] 탭-[표 스타일 옵션] 그룹-[줄무늬 행]의 체크를 해제해 데이터에 적용된 줄무늬를 해제합니다.

표에서 수식 입력해 계산하기

01 표 기능을 사용하면 편리한 일괄 계산 기능을 사용할 수 있습니다. 우선 할인액을 구하는 공식을 표 기능을 사용해 입력해보겠습니다. **1** [I4] 셀을 클릭한 후 **2** =를 입력합니다. **3** [F4] 셀을 클릭한 후 **4** *를 입력합니다. **5** [H4] 셀을 클릭합니다. [I4] 셀에 수식으로 **=[@단가]*[@할인율]**이 입력됩니다. **6** Enter 를 누릅니다.

02 **1** 할인액 항목에 전체 계산 결과가 나타납니다. **2** [홈] 탭-[표시 형식] 그룹-[회계]를 선택합니다.

누구나 아는 Tip 표 기능을 사용하면 일반적인 셀 주소 대신 열 머리글로 수식이 입력됩니다. 표 기능에선 열 단위로 계산되기 때문에 셀 주소 대신 '[@열 머리글 이름]' 형식으로 입력됩니다.

03 수식을 확인하면 셀 주소 대신 머리글을 사용하기 때문에 더욱 직관적으로 입력된 내용을 확인할 수 있습니다. 매출을 구하는 공식은 단가와 수량을 곱한 값에서 할인액과 수량을 곱한 값을 빼면 되므로 '=단가×수량−할인액×수량'이 됩니다. **❶** [J4] 셀을 클릭하고 해당 공식인 **❷** **=[@단가]*[@수량]-[@할인액]*[@수량]**을 입력합니다. **❸** Enter 를 누릅니다.

n▼	주문일▼	매장▼	제품 ▼	분류▼	단가▼	수량▼	할인율▼	할인액 ▼	매출 ▼
1	01/03	서울	돌핀기모	티셔츠	25,000	5	=[@단가]*[@수량]-[@할인액]*[@수량]		
2	01/04	부산	스웨트팬츠	팬츠	38,000	8	3%	₩ 1,140	
3	01/05	부산	커팅스커트	스커트	32,000	18	0%	₩ -	
4	01/06	부산	와이드네오 라운드티	티셔츠	26,000	11	0%	₩ -	
5	01/07	광주	무광하드 케이스	액세서리	12,000	5	0%	₩ -	
6	01/08	부산	벨트스커트	스커트	32,000	21	5%	₩ 1,600	
7	01/09	광주	돌핀기모 맨투맨	티셔츠	25,000	5	5%	₩ 1,250	
8	01/10	서울	빅주름 체크스커트	스커트	26,000	11	5%	₩ 1,300	
9	01/11	서울	밴딩팬츠	팬츠	16,900	8	5%	₩ 845	
10	01/12	서울	아이스데님진	팬츠	38,000	15	0%	₩ -	
11	01/13	서울	초크워싱 팬츠	팬츠	54,000	7	0%	₩ -	
12	01/14	서울	미니퍼프 원피스	드레스	78,000	2	0%	₩ -	
13	01/15	서울	사선랩 미니스커트	스커트	40,000	6	0%	₩ -	
14	01/16	서울	데일리파워업 티셔츠	티셔츠	20,000	13	0%	₩ -	
15	01/17	광주	미디 랩스커트	스커트	28,000	3	3%	₩ 840	

04 결과가 매출 항목에 일괄적으로 입력됩니다. 표 기능을 사용하면 일반적인 셀 계산 수식과 다르게 머리글 이름으로 직접 계산하므로 더욱 직관적으로 계산할 수 있습니다.

J5 fx =[@단가]*[@수량]-[@할인액]*[@수량]

n▼	주문일▼	매장▼	제품 ▼	분류▼	단가▼	수량▼	할인율▼	할인액 ▼	매출 ▼
1	01/03	서울	돌핀기모 맨투맨	티셔츠	25,000	5	0%	₩ -	125,000
2	01/04	부산	스웨트팬츠	팬츠	38,000	8	3%	₩ 1,140	294,880
3	01/05	부산	커팅스커트	스커트	32,000	18	0%	₩ -	576,000
4	01/06	부산	와이드네오 라운드티	티셔츠	26,000	11	0%	₩ -	286,000
5	01/07	광주	무광하드 케이스	액세서리	12,000	5	0%	₩ -	60,000
6	01/08	부산	벨트스커트	스커트	32,000	21	5%	₩ 1,600	638,400
7	01/09	광주	돌핀기모 맨투맨	티셔츠	25,000	5	5%	₩ 1,250	118,750
8	01/10	서울	빅주름 체크스커트	스커트	26,000	11	5%	₩ 1,300	271,700
9	01/11	서울	밴딩팬츠	팬츠	16,900	8	5%	₩ 845	128,440
10	01/12	서울	아이스데님진	팬츠	38,000	15	0%	₩ -	570,000
11	01/13	서울	초크워싱 팬츠	팬츠	54,000	7	0%	₩ -	378,000
12	01/14	서울	미니퍼프 원피스	드레스	78,000	2	0%	₩ -	156,000
13	01/15	서울	사선랩 미니스커트	스커트	40,000	6	0%	₩ -	240,000
14	01/16	서울	데일리파워업 티셔츠	티셔츠	20,000	13	0%	₩ -	260,000
15	01/17	광주	미디 랩스커트	스커트	28,000	3	3%	₩ 840	81,480
16	01/18	광주	체크원피스	드레스	21,000	9	3%	₩ 630	183,330
17	01/19	광주	빅주름 체크스커트	스커트	26,000	20	3%	₩ 780	504,400
18	01/20	광주	하이웨이스트 레깅스	팬츠	14,000	4	3%	₩ 420	54,320
19	01/21	부산	체크원피스	드레스	21,000	16	0%	₩ -	336,000
20	01/22	부산	벨트스커트	스커트	32,000	15	0%	₩ -	480,000
21	01/23	부산	퍼터프린 블라우스	티셔츠	76,000	50	10%	₩ 7,600	3,420,000

매출

표에 요약 행 추가하고 필터 사용하기

01 **1** [표 디자인] 탭-[표 스타일 옵션] 그룹-[요약 행]을 클릭합니다. **2** 가장 마지막 행에 '요약'이라는 이름과 함께 매출 합계가 추가됩니다.

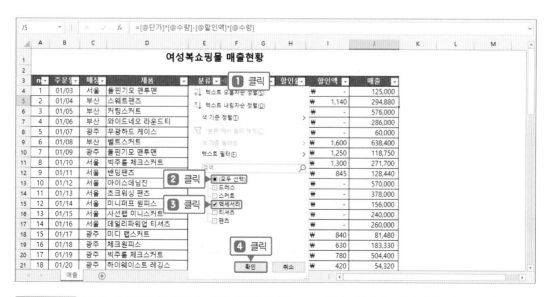

누구나아는 Tip [J68] 셀에 ######가 나타나면 J열 머리글의 오른쪽 경계선을 더블클릭합니다. 합계가 나타나지 않는다면 [J68] 셀을 클릭하고 요약 행 목록 버튼 ▼을 클릭한 후 [합계]를 클릭합니다.

누구나아는 Tip [표 디자인] 탭이 나타나지 않는다면 표 범위에서 임의의 셀을 클릭합니다.

02 **1** [분류] 머리글의 필터 목록 버튼 ▼을 클릭하고 **2** [모두 선택]의 체크를 해제한 후 **3** [액세서리]에 체크합니다. **4** [확인]을 클릭합니다.

누구나아는 Tip 표 기능이 적용된 데이터를 스크롤해 아래로 내리면 A, B, C 열의 이름이 각각의 열 머리글 이름으로 바뀝니다.

03 분류가 액세서리인 항목만 필터링됩니다. 요약 행을 확인하면 액세서리 항목의 매출 합계만 표시됩니다.

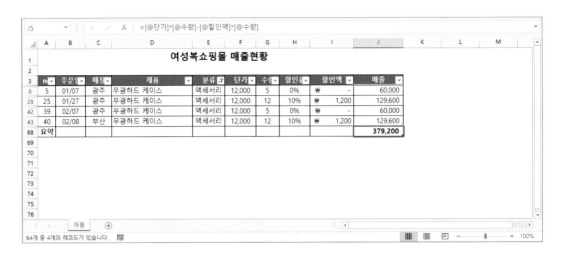

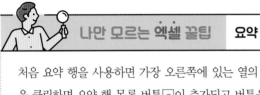

나만 모르는 엑셀 꿀팁   **요약 행에 요약 셀 추가하기**

처음 요약 행을 사용하면 가장 오른쪽에 있는 열의 데이터만 요약 행으로 표시됩니다. 요약 행의 각 셀을 클릭하면 요약 행 목록 버튼▼이 추가되고 버튼을 클릭하면 각 열에서 어떤 계산을 수행할지 선택할 수 있습니다. 예를 들어 예제에서 수량에 해당하는 **1** G열(수량 열)의 마지막 요약 행 셀을 클릭한 후 **2** 요약 행 목록 버튼▼을 클릭하면 선택할 수 있는 요약 행 유형이 나타납니다. **3** [합계]를 클릭하면 요약 행에 합계가 나타납니다.

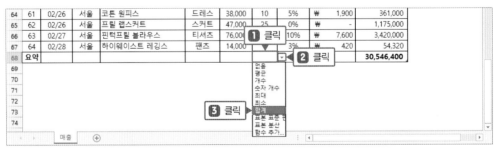

표 기능 슬라이서 사용하기

01 표 기능의 슬라이서를 사용하면 필터를 일일이 적용할 필요없이 간단한 클릭만으로 편리하게 데이터를 확인할 수 있습니다. **1** [표 디자인] 탭-[도구] 그룹-[슬라이서 삽입]을 클릭합니다. [슬라이서 삽입] 대화상자가 나타나면 **2** [매장]과 [분류]에 각각 체크하고 **3** [확인]을 클릭합니다.

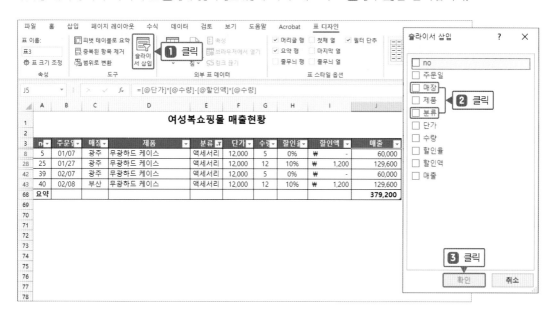

02 워크시트에 [매장], [분류] 슬라이서가 각각 삽입됩니다. 앞서 분류는 액세서리 항목만 필터링했으므로 [분류] 슬라이서에 [액세서리]만 선택된 상태입니다.

03 ❶ [분류] 슬라이서의 제목 부분을 드래그해 표 왼쪽 상단에 배치하고 ❷ [매장] 슬라이서의 제목 부분을 드래그해 [분류] 슬라이서 하단에 배치합니다.

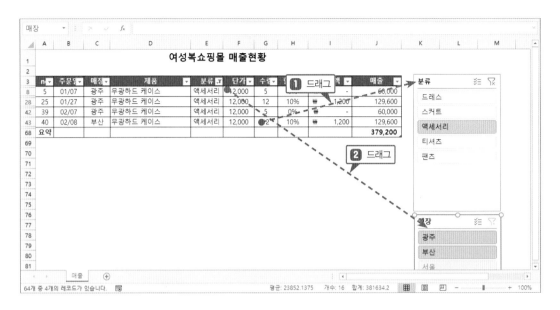

04 [분류] 슬라이서의 ⊠를 클릭합니다. 데이터가 전부 나타납니다.

05 **①** [분류] 슬라이서의 [액세서리]를 클릭하고 **②** Ctrl 을 누른 상태에서 [티셔츠]를 클릭합니다. 슬라이서에서 항목을 두 개 이상 선택하려면 Ctrl 을 누른 상태에서 각 항목을 클릭합니다.

표 기능 해제하기

01 **①** 범위의 임의의 셀을 클릭한 후 **②** [표 디자인] 탭-[도구] 그룹-[범위로 변환]을 클릭합니다. 표를 정상 범위로 변환한다는 메시지가 나타나면 **③** [예]를 클릭합니다.

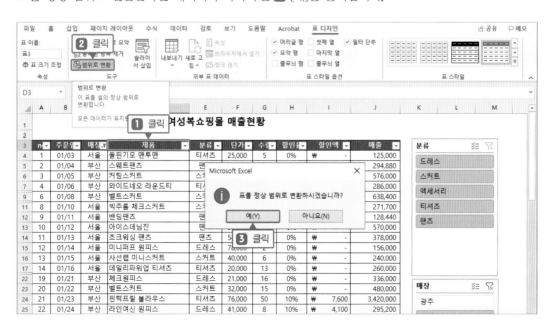

02 표 기능이 적용되었던 데이터가 일반 데이터 범위로 변환됩니다. 계산한 수식 결과와 요약 행은 그대로 유지됩니다.

여성복쇼핑몰 매출현황

no	주문일	매장	제품	분류	단가	수량	할인율	할인액		매출
1	01/03	서울	돌핀기모 맨투맨	티셔츠	25,000	5	0%	₩	-	125,000
2	01/04	부산	스웨트팬츠	팬츠	38,000	8	3%	₩	1,140	294,880
3	01/05	부산	커팅스커트	스커트	32,000	18	0%	₩		576,000
4	01/06	부산	와이드네오 라운드티	티셔츠	26,000	11	0%	₩	-	286,000
5	01/07	광주	무광하드 케이스	액세서리	12,000	5	0%	₩		60,000
6	01/08	부산	벨트스커트	스커트	32,000	21	5%	₩	1,600	638,400
7	01/09	광주	돌핀기모 맨투맨	티셔츠	25,000	5	5%	₩	1,250	118,750
8	01/10	서울	빅주름 체크스커트	스커트	26,000	11	5%	₩	1,300	271,700
9	01/11	서울	밴딩팬츠	팬츠	16,900	8	5%	₩	845	128,440
10	01/12	서울	아이스데님진	팬츠	38,000	15	0%	₩		570,000
11	01/13	서울	조크워싱 팬츠	팬츠	54,000	7	0%	₩	-	378,000
12	01/14	서울	미니퍼프 원피스	드레스	78,000	2	0%	₩	-	156,000
13	01/15	서울	사선랩 미니스커트	스커트	40,000	6	0%	₩		240,000
14	01/16	서울	데일리파워업 티셔츠	티셔츠	20,000	13	0%	₩	-	260,000
15	01/17	광주	미디 랩스커트	스커트	28,000	3	3%	₩	840	81,480
16	01/18	광주	체크원피스	드레스	21,000	9	3%	₩	630	183,330
17	01/19	광주	빅주름 체크스커트	스커트	26,000	20	3%	₩	780	504,400
18	01/20	광주	하이웨이스트 레깅스	팬츠	14,000	4	3%	₩	420	54,320

매출

필터 상태

100%

Lesson

09 부분합으로 긴 목록 요약해 살펴보기

실습 파일 | CHAPTER03 \ 09_부분합.xlsx
완성 파일 | CHAPTER03 \ 09_부분합_완성.xlsx

부분합 기능을 이용하면 방대한 데이터에 각각의 요약 행을 추가하여 데이터를 쉽게 확인할 수 있습니다. 필요에 따라 원하는 부분만 펼쳐 볼 수도 있으므로 긴 목록의 데이터를 요약해서 볼 때 매우 유용한 기능입니다.

부분합 적용하기

01 부분합을 실행할 때는 먼저 기준이 되는 항목을 오름차순으로 정렬해야 합니다. **1** [A4] 셀을 클릭하고 **2** [데이터] 탭−[정렬 및 필터] 그룹−[정렬]을 클릭하면 [정렬] 대화상자가 나타납니다. **3** [정렬 기준]에 [지점] 이름이 [오름차순]으로 정렬되어 있습니다. **4** [확인]을 클릭합니다.

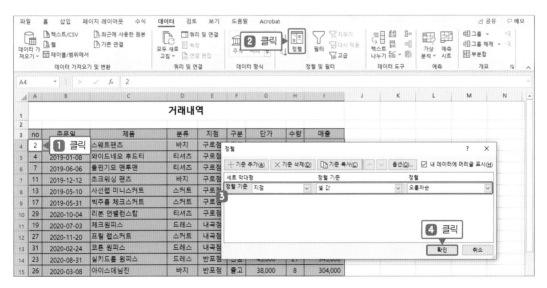

누구나아는 Tip [홈] 탭−[편집] 그룹−[정렬 및 필터 ▼]−[텍스트 오름차순 정렬]을 클릭해도 됩니다.

02 ① [데이터] 탭–[개요] 그룹–[부분합]을 클릭합니다. [부분합] 대화상자가 나타나면 ② [그룹화할 항목]은 [지점]을 선택하고 ③ [부분합 계산 항목]의 [매출]에 체크한 후 ④ [확인]을 클릭합니다.

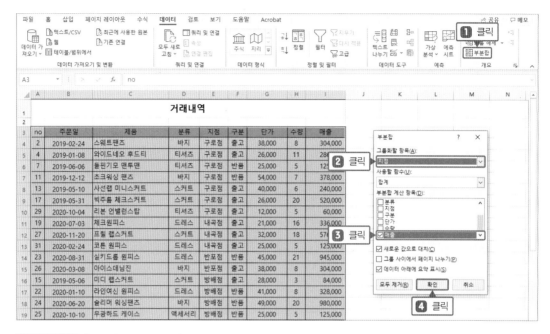

누구나아는 Tip [부분합] 대화상자에는 [새로운 값으로 대치], [데이터 아래에 요약 표시]에 기본으로 체크되어 있습니다. 특별한 경우가 아니라면 두 항목은 체크하는 것이 좋습니다.

03 표 범위에 부분합이 적용됩니다. 부분합이 적용된 데이터는 가장 왼쪽의 행 머리글에 부분합 기호가 나타납니다. 1 2 3은 각 부분합의 각 단계를 나타냅니다. 현재는 3단계까지 모두 나타난 상태입니다.

04 ①을 클릭하면 가장 상위 단계인 매출 총합계만 나타납니다. ➕와 ➖를 각각 클릭해 각 요약된 내용을 펼쳐서 확인할 수 있습니다.

05 ②를 클릭하면 두 번째 단계인 지점별 부분합의 요약 행만 나타납니다. ➕와 ➖를 각각 클릭해 각 요약된 내용을 펼치거나 접어서 확인할 수 있습니다.

06 **1** 3을 클릭해 전체 내용을 펼칩니다. '○○점 요약'이라고 되어 있는 요약 행에서 '요약'이라는 단어를 지워서 보기 깔끔하게 만들어보겠습니다. **2** [홈] 탭-[편집] 그룹-[찾기 및 선택]-[바꾸기]를 클릭합니다. [찾기 및 바꾸기] 대화상자가 나타나면 **3** [찾을 내용]에 **요약**을 입력하고 **4** [바꿀 내용]은 비워둡니다. **5** [모두 바꾸기]를 클릭합니다. 12개 항목이 바뀌었다는 메시지가 나타납니다. **6** [확인]을 클릭합니다.

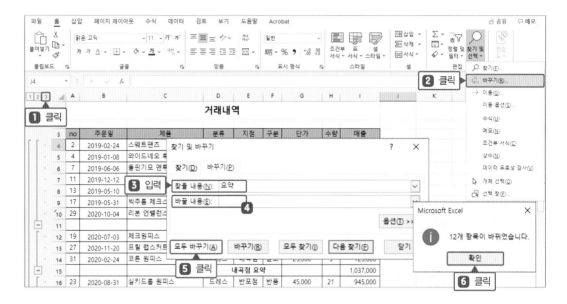

부분합 해제하기

01 **1** [A3] 셀을 클릭하고 **2** [데이터] 탭-[개요] 그룹-[부분합]을 클릭합니다. [부분합] 대화상자가 나타나면 **3** [모두 제거]를 클릭합니다.

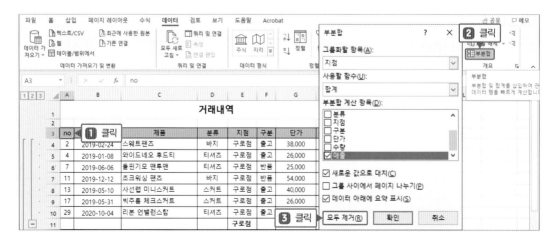

02 표 범위에 부분합이 해제되어 일반 데이터로 바뀝니다.

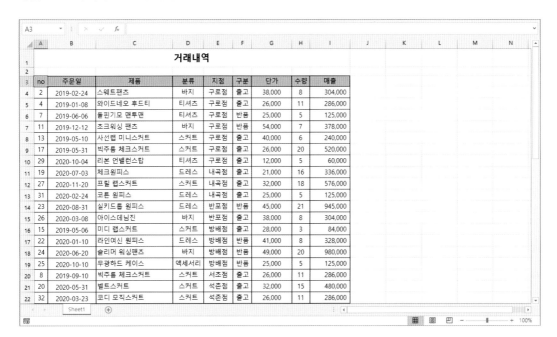

no	주문일	제품	분류	지점	구분	단가	수량	매출
2	2019-02-24	스웨트팬츠	바지	구로점	출고	38,000	8	304,000
4	2019-01-08	와이드네오 후드티	티셔츠	구로점	출고	26,000	11	286,000
7	2019-06-06	돌핀기모 맨투맨	티셔츠	구로점	반품	25,000	5	125,000
11	2019-12-12	초크워싱 팬츠	바지	구로점	반품	54,000	7	378,000
13	2019-05-10	사선랩 미니스커트	스커트	구로점	출고	40,000	6	240,000
17	2019-05-31	빅주름 체크스커트	스커트	구로점	출고	26,000	20	520,000
29	2020-10-04	리본 언밸런스탑	티셔츠	구로점	출고	12,000	5	60,000
19	2020-07-03	체크원피스	드레스	내곡점	출고	21,000	16	336,000
27	2020-11-20	프릴 랩스커트	스커트	내곡점	출고	32,000	18	576,000
31	2020-02-24	코튼 원피스	드레스	내곡점	출고	25,000	5	125,000
23	2020-08-31	실키드롬 원피스	드레스	반포점	반품	45,000	21	945,000
26	2020-03-08	아이스데님진	바지	반포점	출고	38,000	8	304,000
15	2019-05-06	미디 랩스커트	스커트	방배점	출고	28,000	3	84,000
22	2020-01-10	라인여신 원피스	드레스	방배점	반품	41,000	8	328,000
24	2020-06-20	슬리머 워싱팬츠	바지	방배점	반품	49,000	20	980,000
25	2020-10-10	무광하드 케이스	액세서리	방배점	출고	25,000	5	125,000
8	2019-09-10	빅주름 체크스커트	스커트	서초점	출고	26,000	11	286,000
20	2020-05-31	벨트스커트	스커트	석촌점	출고	32,000	15	480,000
32	2020-03-23	코디 모직스커트	스커트	석촌점	출고	26,000	11	286,000

Lesson

10 피벗 테이블로 데이터를 원하는 방식으로 보기

실습 파일 | CHAPTER03 \ 10_피벗테이블.xlsx
완성 파일 | CHAPTER03 \ 10_피벗테이블_완성.xlsx

피벗 테이블은 방대한 양의 데이터에서 열과 행의 요소를 자유롭게 배치해 내가 원하는 정보를 한눈에 볼 수 있는 강력한 기능입니다. 앞선 Lesson에서 배웠던 정렬, 필터, 부분합, 자동 합계 기능이 피벗 테이블 하나에 다 포함되어 있습니다.

피벗 테이블 적용하기

01 ❶ 피벗 테이블을 적용할 표 데이터 중 임의의 셀을 클릭합니다. ❷ [삽입] 탭-[표] 그룹-[피벗테이블]을 클릭합니다.

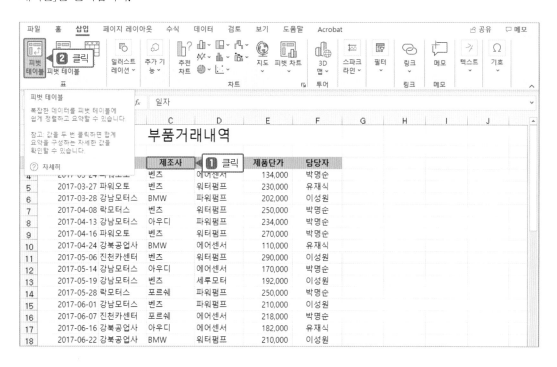

02 [피벗 테이블 만들기] 대화상자가 나타납니다. **①** [표 또는 범위 선택]에 선택한 표 데이터의 범위가 자동으로 선택됩니다. 선택된 범위가 맞는지 확인한 후 **②** [확인]을 클릭합니다.

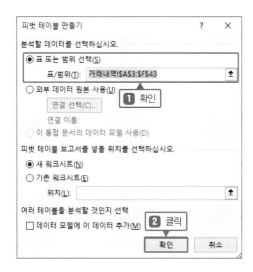

03 새 피벗 테이블 시트가 생성됩니다. [피벗 테이블 필드] 작업 창에서 자유롭게 데이터를 원하는 형식으로 가공하고 확인할 수 있습니다. **①** [거래처]에 체크한 후 **②** [제품단가]에 체크합니다. 각 거래처별로 제품 단가의 합계가 나타납니다.

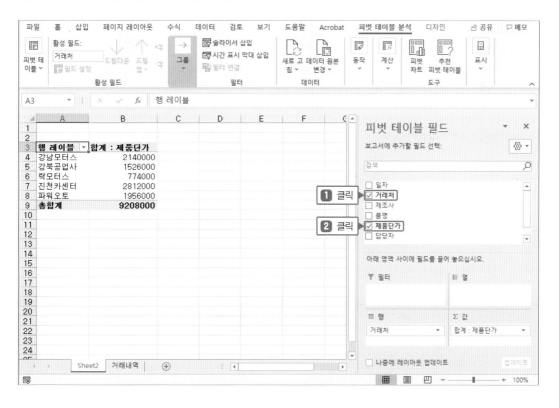

04 ❶ [거래처]의 체크를 해제하고 ❷ [제조사]에 체크합니다. 각 제조사별로 제품단가의 합계가 나타납니다.

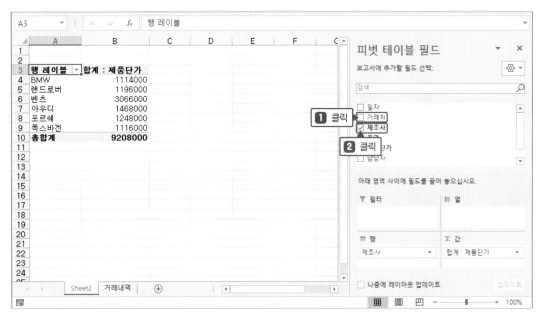

누구나아는Tip 피벗 테이블의 데이터를 직접 수정할 수 없습니다. 수정하려면 원본이 되는 데이터를 수정해야 합니다.

05 ❶ [제조사]의 체크를 해제하고 ❷ [품명]에 체크합니다. 각 품목별로 제품단가의 합계가 나타납니다.

피벗 테이블 데이터에 1,000 단위 구분 기호 추가하기

01 **1** [B3] 셀을 마우스 오른쪽 버튼으로 클릭합니다. **2** [필드 표시 형식]을 클릭합니다.

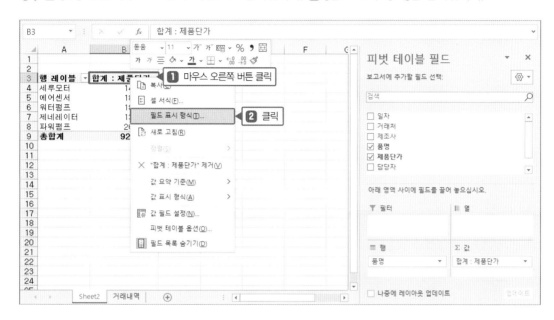

02 [셀 서식] 대화상자가 나타납니다. **1** [범주]에서 [숫자]를 클릭하고 **2** [1000 단위 구분 기호(,) 사용]에 체크합니다. **3** [확인]을 클릭합니다.

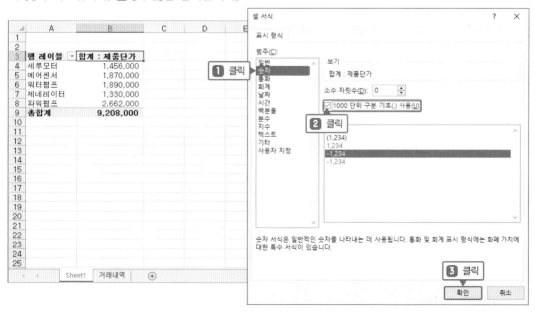

누구나아는 Tip 피벗 테이블의 [피벗 테이블 필드] 작업 창이 사라지면 [피벗 테이블 분석] 탭 – [표시] 그룹 – [필드 목록]을 클릭합니다.

피벗 테이블에 두 개 이상의 필드 기준 적용하고 제거하기

01 ① [피벗 테이블 필드] 작업 창에서 [제조사]에 체크합니다. 각 품목 아래에 제조사 항목이 추가되며 제품단가가 나타납니다. ② [피벗 테이블 필드] 작업 창의 [행] 영역을 확인하면 [품명], [제조사] 두 개의 필드가 추가된 것을 확인할 수 있습니다.

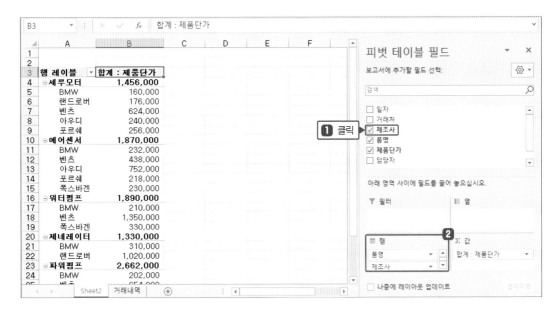

02 [제조사] 필드를 드래그해 [품명] 필드 위로 올립니다. 피벗 테이블의 제조사와 품명 위치가 변경됩니다.

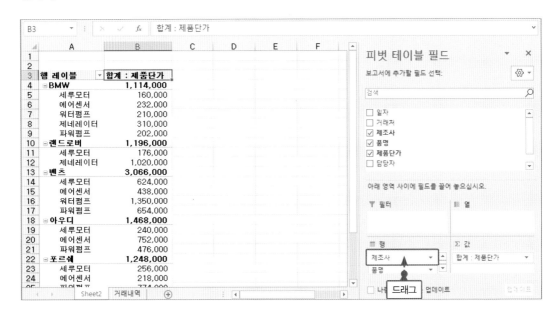

03  **1** [품명] 필드를 클릭하고 **2** [필드 제거]를 클릭합니다. [품명] 필드가 삭제됩니다.

피벗 테이블 필터 적용하기

01 [제조사]는 [행], [합계 : 제품단가]는 [값] 영역에 위치한 상태에서 **1** [거래처]를 드래그해 [필터]에 배치합니다. **2** [품명]을 드래그해 [열]에 배치합니다.

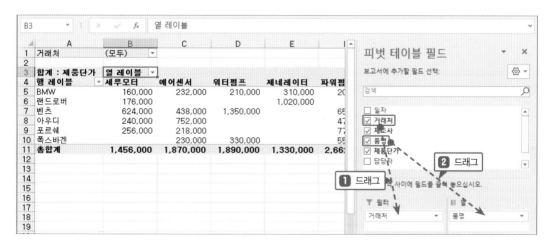

02 거래처 필드의 필터에 해당하는 [B1] 셀의 **①** 필터 목록 버튼▽을 클릭합니다. 각 제조사별 목록이 나타납니다. **②** [강남모터스]를 클릭한 후 **③** [확인]을 클릭합니다.

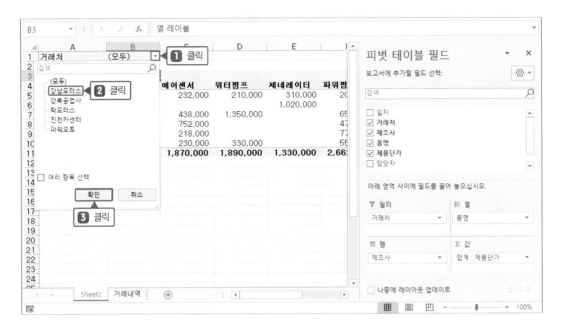

03 거래처 강남모터스에 해당하는 제조사 행, 품명 열의 제품 단가 데이터가 정리된 피벗 테이블이 나타납니다.

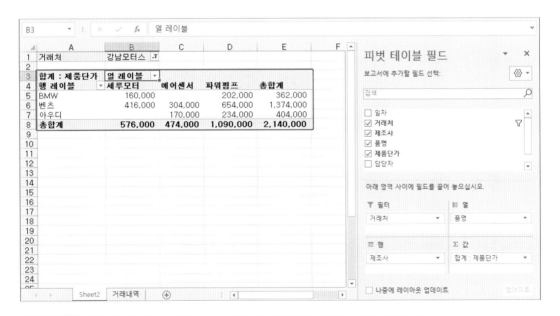

누구나아는 Tip 피벗 테이블 시트를 삭제하는 것은 일반적인 워크시트를 삭제하는 방법과 동일합니다.

누구나아는 Tip 피벗 테이블에서 특정 데이터를 더블클릭하면 해당 데이터와 연관된 셀 데이터만 따로 추출할 수 있습니다. [D6] 셀을 더블클릭하면 제조사가 '벤츠'이고 품명이 '파워펌프'인 데이터만 추출됩니다.

나만 모르는 엑셀 꿀팁 **피벗 테이블 구조 이해와 [값] 필드 설정 수정하기**

01 피벗 테이블의 각 영역은 피벗 테이블을 구성하는 요소가 되며 사용자가 원하는 대로 배치할 수 있기 때문에 특정 값을 정리해서 볼 수 있는 강력한 기능을 제공합니다. 아래의 이미지를 확인하면 각 영역에 필드를 어떻게 배치하는지에 따라 워크시트에 표시되는 피벗 테이블의 모양이 달라집니다.

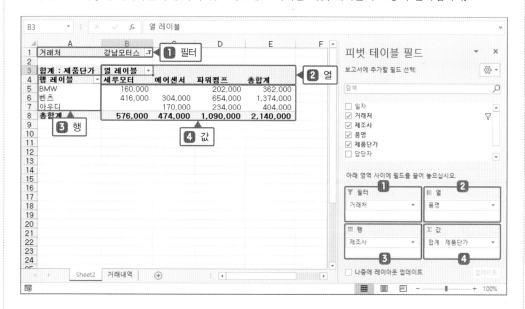

02 피벗 테이블은 값을 원하는 형태로 보여주는 기능이기 때문에 어떻게 값을 보여줄지 설정하는 기능도 있습니다. 우선 **1** 수정하길 원하는 필드를 [피벗 테이블] 필드 작업 창의 [값] 영역에서 클릭한 후 **2** [값 필드 설정]을 클릭합니다.

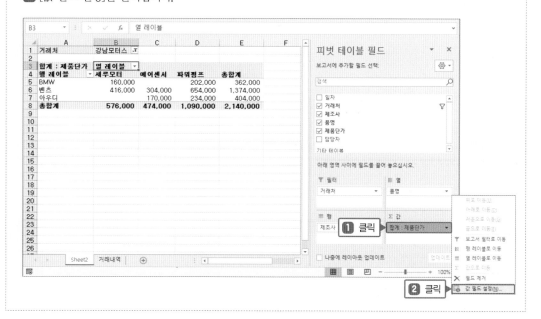

03 **1** [선택한 필드의 데이터]에서 원하는 데이터 형식으로 설정할 수 있습니다. **2** [표시 형식]을 클릭하면 **3** [셀 서식] 대화상자가 나타납니다. [셀 서식] 대화상자에서 표시 형식을 설정할 수도 있습니다.

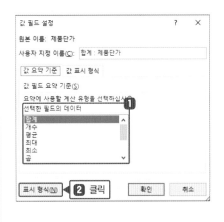
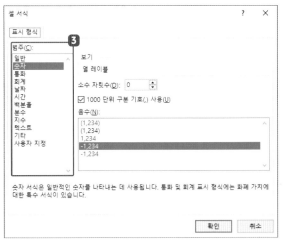

실습 파일 | CHAPTER03 \ 10_피벗슬라이서.xlsx
완성 파일 | CHAPTER03 \ 10_피벗슬라이서_완성.xlsx

나만 모르는 엑셀 꿀팁 **피벗 슬라이서 추가하고 열 개수 수정하기**

피벗 테이블의 필터도 표 기능과 동일하게 슬라이서를 삽입하고 활용할 수 있습니다.

01 **1** 피벗 테이블에서 임의의 셀을 클릭한 후 **2** [피벗 테이블 분석] 탭-[필터] 그룹-[슬라이서 삽입]을 클릭합니다. **3** [슬라이서 삽입] 대화상자가 나타나면 [거래처], [제조사]에 각각 체크한 후 **4** [확인]을 클릭합니다.

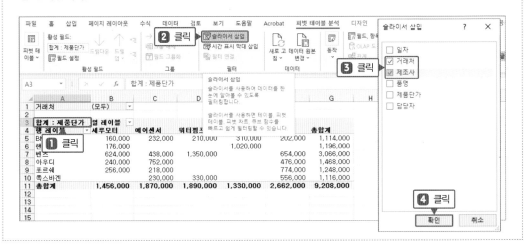

02 [제조사], [거래처] 슬라이서가 삽입되면 적절한 위치에 배치합니다.

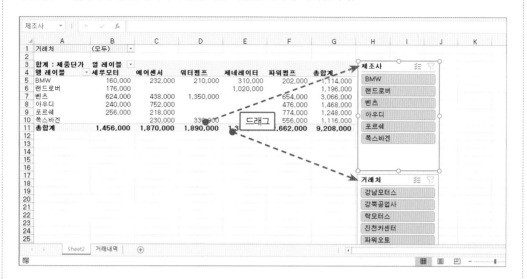

03 슬라이서를 선택한 후 [슬라이서] 탭-[단추] 그룹을 확인하면 슬라이서의 열 개수를 설정할 수 있습니다. ① [제조사] 슬라이서를 클릭한 후 ② [슬라이서] 탭-[단추] 그룹-[열]에 **2**를 입력하고 ③ Enter 를 누릅니다. 슬라이서 단추가 2열로 변경됩니다. ④ [거래처] 슬라이서도 동일하게 변경합니다.

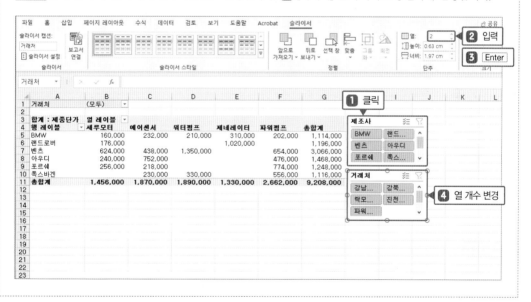

찾아보기

찾아보기

IT 초보자를 위한 누나IT 유 튜 브 채 널

누구나 아는, 나만 모르는 IT!
컴퓨터, 스마트폰 왕초보를 위한 IT 활용 동영상 강의

컴퓨터와 스마트폰 사용에 익숙하지 않은 IT 초보자들이 보다 쉽게 IT 활용 능력을 학습할 수 있도록 도와드립니다.

엑셀, 파워포인트는 물론 이미지 편집, 동영상 촬영, 편집, PC, 스마트폰 등 다양한 IT 활용 기술을 동영상 강좌를 통해 배워보세요! 무료 구독을 통해 매주 업데이트되는 다양한 내용을 만날 수 있습니다.

접속 방법 유튜브 검색에 누나IT 혹은 3분엑셀 채널 검색 후 클릭

엑셀 초보자를 위한 3 분 엑 셀 네이버 카페

이렇게 쉽게 가르쳐준 사람이 없었어요!
엑셀 왕초보 탈출을 위한 동영상 강의

쉽고, 빠르고, 체계적인 학습 방법을 통해 엑셀 왕초보를 탈출할 수 있는 누나IT의 3분 엑셀 커리큘럼을 만나보세요. 엑셀을 처음 시작하거나, 엑셀이 어려워서 포기했거나, 출퇴근시간을 활용해 스마트폰으로 엑셀을 공부하려는 취업준비생, 이직준비자, 자영업자 등 누나 IT 3분 엑셀 도서 내용을 유튜브에서 제공하는 무료 강의로 학습하고 유료 강의를 통해 복습하면 엑셀을 더욱 쉽게 익힐 수 있습니다.

접속 방법 네이버에서 3분엑셀 검색 혹은 https://cafe.naver.com/3excel/ 주소로 접속